JUMEAUX MODE D'EMPLOI

Joies et défis d'élever des jumeaux, et autres multiples

Patricia Maxwell Malmstrom
et Janet Poland

• MARABOUT •

Table des matières

DEUXIÈME PARTIE : GRANDIR ENSEMBLE

Introduction

Il y a six ans, deux de nos filles tombèrent enceintes. Au début de sa grossesse, Camille passa une échographie. Elle nous appela du cabinet du radiologue. «J'attends des jumeaux!», nous annonça-t-elle, la voix tremblante. «Venez ce soir, nous devons parler!» Quelques heures plus tard, mon épouse et moi arrivions chez Camille et Stéphane. Ils étaient assis côte à côte sur le canapé, ne disaient mot, leur visage était pâle et ils avaient l'air catastrophé. Pat Malmstrom et Janet Poland diraient qu'ils avaient subi un choc, le choc gémellaire, un état tout à fait familier aux lectrices de cet ouvrage qui furent un jour enceintes de jumeaux.

Quelques semaines plus tard, notre autre fille enceinte passa également une échographie. «Oh», dit le médecin, «j'en vois deux!»

«Non», répondit Marianne, «c'est ma sœur qui attend des jumeaux.» P. Malmstrom et J. Poland diraient probablement qu'elle subissait aussi les effets du choc gémellaire, un bel exemple du «ça n'arrive qu'aux autres».

Les échographies ne s'étaient pas trompées. Camille et Marianne attendaient toutes deux des jumeaux et lorsqu'elles arrivèrent à terme, à deux jours près, nos filles mirent chacune au monde deux jumelles identiques. Lorsque Léa, notre petite-fille de trois ans, apprit la nouvelle, elle fit cette observation: «Certaines personnes n'ont qu'un bébé à la fois.»

Quoi de plus pratique pour une famille que d'avoir un grand-père pédiatre? Aussi les questions sur les bébés se mirentelles bientôt à pleuvoir. Après avoir pratiqué et enseigné la pédiatrie pendant près de quarante ans, je pensais être suffisamment apte à comprendre tous les problèmes médicaux ou de croissance qui surviendraient. Mais bien que j'eusse soigné des jumeaux, toute une série d'aspects pratiques m'échappaient complètement. Nous aurions tous été plus heureux si nous avions pu consulter cet ouvrage.

Jumeaux mode d'emploi est le fruit d'une immersion de plus de vingt ans dans le monde des jumeaux et des enfants multiples et de leurs familles. La formation universitaire de Pat Malmstrom dans le domaine de l'éducation des jeunes enfants et sa propre expérience en tant que mère de quatre enfants, dont des jumelles, lui ont permis de travailler dans cette formidable institution de Berkeley qu'est BANANAS. Ce centre de soutien et d'information sur les soins infantiles, géré par des parents, sert de point de ralliement à toutes les personnes intéressées par les aspects de la vie familiale. A BANANAS, Pat Malmstrom a créé le TWINLINE®, un service destiné à fournir des informations précises et une aide indispensable aux familles confrontées aux innombrables problèmes des naissances multiples.

TWINLINE est devenu une organisation indépendante appelée **Twin Services, Inc.**, qui est à l'origine de la création de services et de centres d'aide aux naissances multiples. Elle offre aujourd'hui aux parents une grande variété de matériel pédagogique sur les jumeaux et propose aux professionnels une formation axée sur les soins à prodiguer aux jumeaux et à leurs familles.

Au fil des ans, des milliers de parents de jumeaux et autres multiples ont consulté Pat Malmstrom et son équipe à **Twin Services**. Cette expérience l'a incitée à poursuivre ses études sur le développement des jumeaux, lesquelles ont été publiées dans des revues tant spécialisées que de vulgarisation. Elle est aujourd'hui une sommité de l'**International Society for Twin Studies,** consultante auprès des **Mothers of Twins Clubs,** tant nationaux que régionaux, conférencière et professeur très estimée.

Alors que Pat Malmstrom s'est consacrée aux jumeaux, son coauteur, Janet Poland, a mené une carrière de journaliste, d'écrivain et de rédactrice tout en élevant ses deux jeunes fils. Elle aussi s'intéresse depuis longtemps aux problèmes de santé et de développement infantiles. Elle a écrit cinq ouvrages et de nombreux articles à l'attention des parents, parus dans divers magazines et journaux.

Jumeaux mode d'emploi est le fruit de leurs compétences et de leurs expériences. Les deux auteurs nous font entrer dans le monde de l'éducation des jumeaux en répondant aux questions que se posent les parents à propos, par exemple, de la complexité des rapports de jumeau à jumeau, des problèmes concernant l'école (dans une seule classe ou dans des classes distinctes?), des rapports des jumeaux avec leurs amis et de la gestion des tensions créées par les jumeaux au sein de la famille. Cet ouvrage clairement ciblé est une mine d'informations sur les soins à prodiguer aux jumeaux (triplés et autres bébés multiples), qui diffèrent de ceux prodigués à un seul enfant. C'est avec beaucoup de sagesse qu'elles limitent leurs propos aux questions propres aux enfants multiples et à leurs familles. Il faudra donc y adjoindre un manuel général sur les maladies, les allergies, les accidents, l'alimentation, les vaccinations et les autres aspects liés à l'éducation des enfants, auxquels tous les parents sont confrontés. Il n'empêche: le présent ouvrage est un guide indispensable pour comprendre les problèmes liés à l'éducation des jumeaux et sert d'introduction au monde complexe qu'est la vie d'une famille à enfants multiples.

Il me semble qu'il possède de nombreuses vertus spécifiques. Premièrement, il est fondé sur une parfaite compréhension de l'étude scientifique de la croissance et du développement infantiles et des aspects médicaux des naissances multiples. Les caractéristiques particulières de la croissance des jumeaux sont soigneusement expliquées, les informations sur les grossesses et les naissances sont claires et précises et les problèmes éventuels du nouveau-né sont présentés d'une façon détaillée, dans un langage clair et non dans un jargon médical. Les qualités rédactionnelles de Janet Poland ont permis de faire de cet ouvrage – une fois n'est pas coutume – un livre accessible.

Deuxièmement, il est extrêmement pratique parce qu'il s'appuie essentiellement sur l'expérience quotidienne de très nombreux jumeaux, triplés et autres enfants multiples. Il est le fruit à la fois de la sagesse de Pat Malmstrom, de son équipe de conseillers et de parents qui ont été confrontés aux problèmes, qui ont identifié les diverses possibilités et pris plaisir à trouver les solutions adéquates.

Troisièmement, cet ouvrage attire l'attention des parents sur les pièges de l'éducation de jumeaux et notamment sur les mythes coriaces et trompeurs qui entourent les naissances multiples. Dès que vous annoncerez que vous attendez des jumeaux, vous deviendrez le réceptacle de nombreux conseils non souhaités, inutiles et erronés. Presque toutes les personnes que vous rencontrerez auront des choses à vous dire sur les jumeaux et déverseront leur flot d'inepties. *Jumeaux mode d'emploi* vous aidera à vous protéger. Il s'agit d'un excellent ouvrage où vous pourrez trouver des réponses fiables.

Six ans se sont écoulés depuis ces deux échographies qui ont projeté notre famille dans le monde des jumeaux. Nos filles étaient très rondes lorsqu'elles arrivèrent à terme. Leurs mère, père et grands-parents avaient déjà tous surmonté le choc gémellaire et, en proie à une vive émotion, attendaient les quatre bébés. Les deux paires de jumelles naquirent en grande forme et nous plongèrent dans la merveilleuse réalité, les efforts infinis, les nuées de couches, les innombrables allaitements, les flashes des appareils photographiques (comment a-t-on pu avoir des bébés avant l'invention de la photographie?) et le défilé des amis et voisins apportant tous de quoi manger pour empêcher les parents de mourir de faim. Voir ces fillettes grandir fut une expérience vraiment étonnante. L'apparition rapide de différences manifestes de tempérament à mesure que s'exprimait la personnalité de chaque enfant, la complexité des rapports de jumeau à jumeau et les changements dans leur développement physique et intellectuel ne sont que quelques-uns des aspects qui ont attiré notre attention. Mais sachez aussi que si élever des jumeaux représente un travail colossal, c'est également une source de grande joie.

Si donc vous attendez des jumeaux et que vous lisez cet ouvrage, apprenez que vous et votre famille vous embarquez dans une grande aventure. Si vous avez des jumeaux, l'aventure a déjà commencé, faite de plaisirs, de soucis, d'épuisement et d'émotions.

A vous tous, présents et futurs parents de jumeaux, triplés, quadruplés... félicitations et bon voyage!

Elmer R. Grossman, docteur en médecine
Professeur émérite de pédiatrie
Ecole de médecine, Université de Californie
San Francisco
Auteur de *Everyday Pediatrics for Parents*

PREMIÈRE PARTIE

AU COMMENCEMENT

Chapitre 1

Le miracle des naissances multiples

Ce qu'il faut savoir sur la gémellité

Huitième semaine: Carine aperçut Christine dans le berceau. Elle tourna la tête dans sa direction et écarquilla les yeux d'étonnement. Elle sourit et Christine lui rendit joyeusement son sourire.

J'ai retrouvé ces lignes que j'avais griffonnées dans un vieux carnet qui me servait de journal quand mes filles étaient encore bébés. Elles me rappellent la joie que j'éprouvai en observant les signes du lien qui existait entre mes jumelles nouveaunées. Bien que j'aie manqué de sommeil et me sois sentie parfois submergée de travail, un miracle se produisait toujours qui m'aidait à surmonter mes occupations journalières. Il ne peut y avoir travail plus gratifiant ni plus grand défi que d'élever des jumeaux, des triplés ou plus.

La tâche est plus difficile que celle d'élever un seul enfant. Mais elle est différente aussi. Ce n'est pas simplement deux ou trois fois plus de travail. Elever des jumeaux, des triplés, des quadruplés ou plus signifie que les parents doivent porter un tout nouveau regard sur leurs enfants, sur leur famille et sur euxmêmes. Ils ont besoin de savoir ce qui est bien, ce qui est difficile, ce à quoi s'attendre et comment tirer le plus grand profit de cette fabuleuse aventure.

Moi, je le sais. Je suis mère de quatre filles, dont deux jumelles. Pendant plus de vingt ans, en ma qualité de fondatrice et de directrice d'une organisation de conseil et de défense sans but lucratif, appelée **Twin Services, Inc.**®, j'ai conseillé des parents de jumeaux, mené des recherches sur le développement gémellaire et compilé des informations sur tous les aspects de la gémellité, depuis les signes annonciateurs d'un accouchement prématuré jusqu'à la vie sociale des adolescents de quinze ans.

Combien de fois, pendant toutes ces années, des mères en proie au désespoir ne m'ont-elles pas appelée pour me dire: «Personne ne m'avait dit qu'il en serait ainsi.» Leurs dires sont toujours empreints d'un mélange de joie et de panique, d'euphorie et d'épuisement, de fascination et de perplexité. J'ai entendu les mêmes mots de la bouche de parents de jumeaux, triplés et quadruplés, de parents qui se démènent à tous les stades de cette expérience – depuis le stade périnatal jusqu'à l'âge adulte de leurs enfants.

Le besoin d'informations se fait sentir aujourd'hui plus que jamais, les naissances multiples ayant considérablement augmenté au cours des vingt dernières années. Les poussettes doubles dans les rues piétonnières, les photographies dans les journaux de minuscules quadruplés bercés par des parents ébahis, le monde entier fasciné par la naissance de septuplés dans l'Iowa et d'octuplés au Texas – autant d'éléments qui révèlent une évolution spectaculaire. Depuis 1975, le nombre de naissances gémellaires a crû de quelque 50 pour cent. La progression des naissances multiples est encore plus frappante. En 1996, le nombre de triplés a augmenté de 19%. Plus de 100 000 jumeaux, 5 298 triplés, 560 quadruplés et 81 quintuplés ou plus sont nés cette année-là.

Ces chiffres s'expliquent par le nombre plus élevé de grossesses tardives. Les femmes de plus de trente ans ont plus de chances de concevoir naturellement des jumeaux dizygotes («faux jumeaux») que les femmes de plus de vingt ans. Les femmes plus âgées risquent aussi d'avoir davantage de problèmes de conception et de suivre des traitements contre la stérilité, lesquels augmentent également les chances d'enfanter des bébés multiples.

Selon une étude américaine, l'accroissement du nombre de naissances gémellaires et de celui des naissances d'un seul enfant ont été parallèles de 1960 à 1973, tandis que le nombre de naissances de triplés est resté plutôt constant. Après 1973, la technologie de reproduction assistée – y compris les médicaments inducteurs d'ovulation – a fait son apparition, et beaucoup de femmes ont commencé à avoir des enfants à un âge plus tardif. De 1973 à 1990, le nombre de naissances d'un seul enfant a progressé de 32%, les naissances gémellaires se sont accrues de 65% et celles de triplés ou plus, de plus de 220%.

Il est intéressant de constater, d'après les études, que les jumeaux conçus sont beaucoup plus nombreux que ceux qui viennent effectivement au monde. Une conception multiple débouche parfois sur la perte spontanée d'un ou de plusieurs embryons et la survie d'un seul bébé.

Charles Boklage, généticien, pense que la plupart des grossesses gémellaires débouchent sur une fausse couche avant d'avoir été diagnostiquées. Il n'est dès lors pas surprenant que la majorité des grossesses gémellaires se terminent par la naissance d'un seul bébé. Selon ses calculs, pour chaque paire de jumeaux qui survit, il y a onze bébés uniques qui sont le fruit d'une grossesse gémellaire.

Quelle que soit la raison de cette augmentation, de plus en plus de parents se retrouvent embarqués dans l'aventure la plus exaltante de leur vie: enfanter, élever et aimer des jumeaux ou des triplés. Ils ont besoin d'informations spécifiquement axées sur les enfants multiples.

Elever des jumeaux est un mélange de dur labeur et de dévouement qui puise dans les ressources les plus profondes de l'amour, de l'inspiration, de la connaissance et de l'énergie pure. Mais il arrive trop souvent que les parents se lancent dans l'aventure sans s'y être préparés. Ils manquent peut-être d'informations précises sur la manière de relever les défis d'ordre logistique ou émotionnel. Ils peuvent aussi avoir les idées troublées par les mythes et les images romantiques qui voilent les véritables problèmes de la gémellité et les besoins réels de leurs enfants.

Tout au long de ces années de travail, j'ai constaté à maintes reprises l'importance pour les parents de jumeaux d'avoir des informations à la fois pratiques, psychologiques et intellectuelles. Les informations, j'en suis convaincue, sont l'unique moyen dont disposent les parents pour vaincre leurs inévitables anxiétés et leurs idées fausses et se préparer à cette aventure.

Leurs soucis et inquiétudes commencent avant la naissance et se poursuivent tout au long de la petite enfance, de la période préscolaire, de l'âge de la scolarité, de l'adolescence et au-delà. Ils sont émouvants par leur intensité et leur urgence:

- Si j'allaite mes triplés, puis-je avoir la certitude qu'ils auront tous assez ?
- Comment puis-je m'attacher à tant de bébés?
- Puis-je surveiller tous mes enfants au cours d'une promenade dans le parc?
- Comment puis-je aider un triplé qui est terriblement timide alors que les deux autres sont audacieux?
- Comment puis-je me permettre des vacances en famille?
- Aurai-je encore l'occasion de profiter d'un dîner romantique et insouciant avec mon époux?

La plupart des familles qui ont contacté Twin Services l'ont fait pour la première fois lorsqu'elles ont appris leur grossesse gémellaire; elles ont ensuite maintenu le contact à mesure que leurs enfants grandissaient – durant la période difficile de la petite enfance, à l'entrée de leurs enfants à l'école, à l'adolescence et lors de leur départ pour l'université. Lorsque je me remémore les histoires de ces familles, je constate que les parents qui s'en sont le mieux sortis, ceux dont les enfants se sont le mieux épanouis, possèdent plusieurs qualités en commun.

Voici ce dont vous aurez besoin, selon moi, pour vous lancer dans l'aventure.

• *Une base d'informations solide.* Vous voulez savoir ce qu'il y a d'unique – les peines et les joies – dans le fait d'être parents de jumeaux. Vous avez besoin d'informations précises et récentes sur la base desquelles vous pourrez prendre les décisions les plus importantes concernant votre vie et celle de vos enfants. Vous voulez connaître les raisons de votre grossesse gémellaire, savoir si vos jumeaux sont monozygotes, dizygotes ou peut-être même (dans le cas de plusieurs enfants) un mélange des deux.

Vous voudrez connaître les implications d'une naissance multiple sur l'allaitement. Il vous faudra savoir que la plupart des jumeaux se développent normalement et que les éventuels retards de croissance sont davantage imputables à la prématurité qu'à la gémellité. Vous voudrez connaître les recherches les plus récentes menées sur les jumeaux de tous âges. Vous aurez besoin de conseils médicaux pour avoir une grossesse saine et prendre soin de vos enfants prématurés, ainsi que d'informations sur le développement émotionnel et social des jumeaux et autres enfants multiples.

• *Compréhension et réconfort.* Vous devrez essayer de profiter pleinement de l'expérience d'élever et d'aimer vos jumeaux et admettre tout l'éventail de vos émotions – du désespoir à l'exaltation.

Les familles qui réussissent leur parcours s'adressent aux autres, les écoutent et partagent leur expérience. Lorsque la situation devient pénible, elles savent qu'elles ne sont pas seules. Peut-être serez-vous si fatiguée que vous donnerez le bain deux fois au même bébé... ou vous serez si épuisée que vous rêverez de vous enfuir. Quelles que soient les tensions que vous vivez, vous serez réconfortée de savoir que beaucoup d'autres ont vécu les mêmes expériences que vous.

• *Force de persuasion.* Elever des jumeaux ne consiste pas uniquement à gérer le manque de sommeil et à nourrir tant de bouches. Vous devrez aussi vous battre pour défendre les intérêts de vos enfants dans un monde qui ne comprend pas toujours ce qui leur convient le mieux.

L'équipe qui vous accouchera aura ou non connaissance des soins prénatals spécifiques aux jumeaux et des mesures de prévention pour éviter les naissances prématurées.

Le personnel soignant sera sensible ou non à la relation existant entre vos nouveau-nés.

Peut-être serez-vous encouragée à allaiter, peut-être vous faudra-t-il convaincre votre médecin que vous êtes capable d'allaiter vos triplés.

Les amis de vos enfants seront conscients ou non de la nécessité d'inviter ensemble vos jumeaux d'âge préscolaire.

Et il en ira de même pour la politique de votre école en ce qui concerne la scolarité de vos jumeaux. Quand ces situations se présenteront, vous ferez appel à toutes vos connaissances, ressources et imagination pour donner à vos enfants les meilleurs soins.

LES PARENTS DOIVENT ADOPTER DES STRATÉGIES DIFFÉRENTES À MESURE QUE LEURS JUMEAUX GRANDISSENT

Elever des jumeaux n'est pas une sinécure: les problèmes et les défis changent constamment. Chaque étape, de la petite enfance à l'adolescence, exige des stratégies différentes.

La petite enfance

C'est l'étape la plus difficile pour les parents de jumeaux parce qu'ils doivent s'occuper de deux bébés à la fois et ce, après une grossesse qui a souvent épuisé la mère. Distinguer les «vrais jumeaux», allaiter deux bébés ou plus, prendre soin de bébés prématurés, mettre au point des stratégies pour s'occuper du ménage, trouver le meilleur matériel, telles sont les préoccupations concrètes des parents. A ce stade, ils ont besoin de techniques de survie et, à l'occasion, d'un mot d'encouragement qui les aide à imaginer que le bout du tunnel est proche.

Les premiers pas

A ce stade, les jumeaux commencent à saisir leur statut de «couple» et jettent les bases d'une relation à long terme. Au chapitre 10, vous apprendrez comment les jumeaux s'aident mutuellement à comprendre le monde, comment surveiller deux bambins (ou plus) qui commencent à marcher, comment encourager le développement du langage et pourquoi il est si important d'éviter de coller une étiquette sur les jumeaux («le timide, l'autoritaire»).

Avant l'âge de six ans

A l'âge de trois ou quatre ans, la relation gémellaire se stabilise et les enfants commencent à se faire des relations au-delà de leur entourage immédiat. A mesure que les jumeaux – aussi bien en tant qu'individus que comme membres d'un clan – apprennent à connaître d'autres enfants et adultes, ils acquièrent des aptitudes qu'ils développeront durant leur scolarité. Le chapitre 11 vous aidera à préparer les premiers pas de vos jumeaux dans la société ainsi que leur réussite scolaire.

De six à douze ans

Durant ces années, vos enfants réaliseront de grands progrès dans leur développement intellectuel et social. Ils acquerront de nouvelles compétences, se feront de nouveaux amis et seront – inévitablement – comparés l'un à l'autre. Il vous faudra décider de mettre vos jumeaux dans la même classe ou non (et envisager les démarches à suivre si l'école ne répond pas à vos désirs), apprendre à les aider à gérer les pressions scolaires et sociales ainsi que les rivalités qui les opposeront et aussi aider vos jumeaux à évoluer sur le terrain tout nouveau des relations avec leurs semblables.

A l'adolescence

Pour tous les enfants, l'adolescence correspond à la période au cours de laquelle l'individu se sépare de ses parents. Les jumeaux doivent s'acquitter d'une tâche supplémentaire: se séparer, dans une certaine mesure, l'un de l'autre. Vous devrez envisager le processus de l'adolescence sous un nouvel angle pour aider vos enfants à gérer leur indépendance, leurs privilèges, leurs limites et leur sexualité.

ELEVER LES JUMEAUX EST UNE EXPÉRIENCE TOUT À FAIT PARTICULIÈRE

Lorsqu'un couple a des jumeaux, il doit envisager toute une panoplie d'attitudes, d'attentes et d'images romantiques qui peuvent gêner sa mission.

Attentes irréalistes des parents

La plupart des parents de jumeaux n'étant pas eux-mêmes d'origine gémellaire, la nouvelle d'une grossesse multiple peut être inquiétante. D'aucuns, optimistes, pensent que la situation sera parfaitement gérable, mais la plupart des parents sont franchement affolés. On peut imaginer que l'expérience ravive des pensées profondes et parfois troublantes, des pensées sur l'identité, l'individualité, l'intimité. Qu'est-ce qui nous distingue les uns des autres? Qu'est-ce qui fait de nous un être unique? Quelle est notre part de ressemblance? Quel devrait être le degré de séparation, d'attachement entre les personnes?

Le rêve d'une relation dyadique entre la mère et l'enfant peut s'éloigner du fait du lien qui s'établit entre les jumeaux, à l'exclusion de la mère.

L'idée du trio parfait à l'heure du coucher doit également être adaptée à la réalité. Une mère était tellement convaincue que ses deux bambins se blottiraient contre elle pour qu'elle leur raconte une histoire qu'elle s'efforçait d'organiser l'heure du coucher en fonction de l'image qu'elle s'en faisait, alors que ses jumeaux, dizygotes, avaient des idées très différentes sur le sujet. L'un se blottissait contre sa mère pour qu'elle lui raconte une histoire, alors que l'autre voulait trotter dans la chambre.

«J'ai soudain ouvert les yeux et j'ai fini par comprendre que je créais un problème là où il n'y en avait pas», me dit-elle. «Maintenant, mon mari s'occupe de l'un des enfants pendant que je fais la lecture à l'autre.»

Toutes les attentes, grandes et petites, peuvent être écartées d'un grand coup de balai. Une mère qui avait prévu d'emmener son nouveau-né avec elle lorsqu'elle retournerait travailler dans son cabinet d'avocats fut stupéfaite d'apprendre qu'elle attendait des jumeaux. «Il n'y a pas de place pour deux bébés sous mon bureau!», s'exclama-t-elle.

Les parents éprouvent des difficultés à réconcilier mythes et réalité

J'ai la très nette impression que l'image romantique ou mythologique des jumeaux que nous renvoie la société est fallacieuse. Nous utilisons les jumeaux d'une manière symbolique et, ce faisant, nous les dépersonnalisons. Une mère disait, par exemple, que la télévision présente l'enfantement de jumeaux comme un conte de fées. La réalité est très différente. «Les trois premiers mois, nous ne savions pas s'il faisait jour ou nuit; nous dormions lorsqu'ils dormaient. Ce n'est pas ce que montre la télévision.»

A mesure que vos jumeaux grandiront et que vous vous épanouirez, vous finirez par écarter bon nombre de ces mythes. Vous verrez que les jumeaux peuvent jouer ensemble ou être de farouches adversaires. Vous apprendrez que la théorie sur le «développement» de leur individualité est souvent simpliste.

Mais mieux vaut être préparé aux attentes de la société et de vous-même à l'égard de vos jumeaux. Le chapitre 3 abordera plus en détail les hypothèses que les autres peuvent émettre sur vos enfants, vos propres hypothèses et la manière dont la réalité servira votre famille mieux que les idées reçues.

Les parents reçoivent trop de conseils

Que vous le vouliez ou non, l'enfantement de jumeaux ou d'enfants multiples vous projettera, vous et votre famille, sur le devant de la scène. Savoir à quoi vous attendre de la part de vos amis, de votre famille et même d'étrangers fait également partie de votre préparation.

Des badauds peuvent vous aborder dans la rue et vous demander comment vous avez conçu vos enfants (une question à laquelle les parents ayant un seul enfant ne sont généralement pas habitués). Vos voisins mettront vos jumeaux en vedette et les compareront constamment l'un à l'autre: «Qui est le plus gentil? Qui est le plus malin?» Vos amis vous offriront leurs conseils: «Vous feriez mieux de les inscrire dans deux équipes de foot différentes ou vous aurez des problèmes» (ou bien «Vous feriez mieux de les inscrire dans la même équipe de foot»).

Vous devrez élaborer des stratégies pour écarter tout commentaire ou question indésirable. A mesure que les enfants grandiront, les parents devront veiller à donner des réponses qui renvoient aux enfants une image positive d'eux-mêmes. Lorsqu'un étranger s'écrie: «Génial! Des jumeaux! Mais moi je n'en voudrais pas!», les enfants doivent entendre une réponse positive: «Moi, je suis heureuse d'en avoir! »

LES ORIGINES DE LA GÉMELLITÉ

Il est important de s'attarder un moment sur les différents types de jumeaux, les termes que nous utiliserons pour les décrire et les origines de la gémellité.

Il existe deux catégories essentielles de jumeaux: les monozygotes, qui sont communément mais improprement appelés «vrais jumeaux», et les dizygotes, qui sont communément mais improprement appelés «faux jumeaux». Les triplés et autres enfants multiples peuvent être polyzygotes (chaque enfant provenant d'ovules fécondés distincts), monozygotes ou une combinaison des deux.

Les jumeaux monozygotes proviennent de la division d'un seul ovule fécondé ou zygote. Ils ont par conséquent le même patrimoine génétique, mais ne sont pas «identiques» au sens strict du terme.

Environ un tiers des jumeaux sont monozygotes. Ils sont toujours du même sexe et ont généralement une apparence très similaire bien que la couleur de leurs cheveux et la forme de leur visage puissent être légèrement différentes. Ils peuvent également porter des taches de naissance non identiques. Toutefois, leur aspect peut différer très fortement s'il s'avère qu'il y a un grand écart de poids à la naissance. De plus, l'un peut avoir un grave problème de santé et l'autre non. En dehors de ces deux cas, les jumeaux monozygotes se ressemblent de plus en plus en grandissant.

Comment des jumeaux monozygotes, qui partagent le même patrimoine génétique, peuvent-ils présenter de telles différences? L'ovule fécondé dont ils sont issus se divise dans les quatorze jours qui suivent l'ovulation. Si la division se produit dans les cinq jours de la fécondation, chaque fœtus aura son propre placenta, ses propres membrane chorionique et sac amniotique. C'est le cas d'un tiers des jumeaux monozygotes.

Dans la majorité des cas, la division se produit entre le cinquième et le septième jour: les fœtus ont alors le même placenta et sont diamniotiques. Dans 2% des cas, la division se produit après le huitième jour. Les jumeaux partagent alors le même placenta, sont monochoriaux et monoamniotiques. Les embryons monoamniotiques sont très menacés, leur chance de survie n'étant que de 50%.

Quelque 25% des jumeaux monozygotes sont des jumeaux «en miroir» qui présentent des caractéristiques physiques semblables mais opposées. Les boucles de leurs cheveux peuvent tourner dans des directions opposées. L'un peut être gaucher et l'autre droitier. Il peut même arriver que des organes internes comme l'appendice se trouvent à des endroits opposés. De telles différences sont dues à la division tardive de l'ovule.

Les jumeaux monozygotes (environ 66%) qui partagent le même placenta peuvent avoir un accès inégal aux apports nutritifs de la mère. Un jumeau peut être attaché au placenta dans une position favorable, près du centre, tandis que l'autre peut en être éloigné et se trouver à une extrémité. Il se peut également que leurs systèmes circulatoires soient reliés dans une certaine mesure. Lorsque les veines et artères de l'un sont reliées à celles de l'autre, des problèmes tels que le syndrome transfuseur-transfusé et l'hypotrophie peuvent menacer la vie des fœtus.

Les jumeaux sont dizygotes lorsque la mère produit deux ovules au cours du même cycle, ovules qui sont ensuite fécondés par deux spermatozoïdes distincts. Deux tiers des jumeaux sont dizygotes. Il est inapproprié de les appeler «faux jumeaux», car seul un quart est une paire garçon-garçon, un autre quart, une paire fille-fille et la moitié, une paire garçon-fille.

Dès lors qu'ils ont toujours leur propre placenta, les jumeaux dizygotes ont plus souvent le même poids à la naissance que les jumeaux monozygotes. Toutefois, après la naissance, le poids des jumeaux dizygotes diverge rapidement, contrairement à celui des jumeaux monozygotes. Les jumeaux monozygotes avec des placentas distincts ont plus de chances d'avoir le même poids à la naissance que les jumeaux monozygotes qui partagent le même placenta et qui ont un accès inégal aux apports nutritifs de la mère.

Pourrait-il exister un troisième type de jumeau qui serait à moitié vrai? Il existe une théorie selon laquelle, après la première division cellulaire d'un ovule, tant l'ovule que son globule polaire (le petit rejeton qui contient le même nombre de chromosomes) peuvent être fécondés par deux spermatozoïdes différents, de sorte que la contribution génétique de la mère est la même, mais pas celle du père. Cette théorie pourrait expliquer les différences existant chez les jumeaux monozygotes. Mais, à ce jour, elle n'a pu être démontrée dans la pratique. Les différences que l'on rencontre habituellement chez les jumeaux monozygotes peuvent s'expliquer beaucoup plus aisément par la manière dont ils sont reliés au placenta et par leurs expériences prénatales dans l'utérus.

Il existe une autre théorie qui explique ces différences. Charles Boklage, généticien, conteste l'hypothèse généralement admise selon laquelle les jumeaux dizygotes ne diffèrent pas de l'enfant unique. Il suggère qu'ils sont peut-être le résultat d'un ovule qui s'est divisé avant la fécondation et qui a ensuite été fécondé par deux spermatozoïdes distincts.

Au-delà de la génétique et du placenta, d'autres aspects du milieu prénatal ont un effet sur la croissance et le développement des enfants multiples. La position dans l'utérus, la liberté de mouvement, l'ordre de naissance et la naissance en soi sont autant de facteurs qui contribuent à l'aspect, à la santé et à la personnalité des jumeaux.

Bien que les termes *monozygote* et *dizygote* soient peut-être un peu rébarbatifs dans un premier temps, je crois qu'ils sont importants. Ils sont précis et nous rappellent ce qui est vrai plutôt que ce qui est généralement admis au sujet des jumeaux. Les jumeaux monozygotes ne sont pas identiques parce qu'ils ne sont pas une copie exacte l'un de l'autre. Ce sont des êtres entièrement distincts qui sont très étroitement liés et qui ont beaucoup de points communs. Mais le terme «vrai» peut donner lieu à des malentendus. Une mère de jumelles monozygotes m'a dit un jour: «Mes filles ne sont pas de vraies jumelles – je peux aisément les distinguer!»

A QUOI EST DUE LA GÉMELLITÉ ?

Il est tant de choses que nous ignorons sur l'origine des jumeaux. Le mystère plane encore sur la raison qui pousse un ovule fécondé à se diviser en jumeaux monozygotes.

Nous en savons néanmoins un peu plus sur les jumeaux dizygotes. L'âge de la mère est un facteur. Les chances d'avoir des jumeaux dizygotes augmentent entre trente-cinq et trente-neuf ans. Chez les femmes de cet âge, les naissances de jumeaux sont trois fois plus élevées que chez les femmes de moins de trente-cinq ans.

Si la mère est elle-même une jumelle dizygote, ses chances d'avoir des jumeaux sont presque deux fois plus grandes que celles des autres femmes.

Les mères de jumeaux dizygotes ont tendance à être plus grandes, plus massives et plus âgées que les femmes qui portent un seul enfant ou des jumeaux monozygotes.

L'origine ethnique semble également être un facteur de gémellité. Parmi la population américaine, ce sont les femmes noires qui présentent le taux de gémellité le plus élevé avec 25,8 enfants multiples pour 1 000 naissances et les femmes d'origine chinoise qui présentent le taux le plus bas avec 11,2 enfants multiples. Entre ces deux pôles, on trouve les femmes originaires de l'Alaska avec 24,9, les femmes blanches avec 19,6, les Amérindiennes avec 18,8, les Japonaises avec 17, les Hawaïennes avec 15,3 et les Philippines avec 13,2 enfants multiples.

Les femmes qui portent des jumeaux dizygotes révèlent des taux de sécrétion plus élevés de FSH (hormones hypophysaires), qui stimulent la production d'ovules. Le taux de FSH augmente avec l'âge et ces hormones sont également plus nombreuses chez les femmes obèses. Cela pourrait expliquer pourquoi la gémellité augmente avec l'âge et touche souvent les femmes d'un certain poids.

Bien que les raisons de la gémellité soient fascinantes et qu'il soit utile d'en connaître un maximum sur les origines de vos enfants, leur embryologie n'est que la première étape de votre parcours.

LE MÉTIER LE PLUS DIFFICILE ET LE PLUS BEAU DU MONDE

Avec les années, j'en suis venue à comparer l'éducation des jumeaux à l'ascension de l'Everest. Vous n'imagineriez pas vous embarquer dans une aventure aussi éreintante sans un système de soutien complet et de première qualité, sans guides expérimentés, sans équipement fonctionnel et sans une kyrielle d'informations. Et pourtant, aussi épuisante et difficile que puisse être l'aventure, elle est incomparable et vaut le sacrifice.

J'ai la conviction qu'avec une préparation, des informations et un soutien adéquats, les parents de jumeaux peuvent accomplir d'aussi belles prouesses que les alpinistes.

TERMINOLOGIE : MISE AU POINT

Le présent ouvrage s'adresse à tous les parents qui attendent ou qui ont déjà des enfants multiples. Ce terme englobe aussi bien les jumeaux que les octuplés (le plus grand nombre d'enfants multiples nés à ce jour). D'un point de vue technique, par «jumeaux», j'entends deux enfants, tandis que les triplés et plus sont repris sous le terme générique d'«enfants multiples». Mais dès lors qu'il est peu commode d'utiliser «jumeaux et enfants multiples» tout au long de ce livre, nous emploierons le terme jumeaux pour parler de tous les enfants multiples. Ce qui vaut pour les jumeaux vaut aussi, en grande partie, pour les triplés, les quadruplés et ainsi de suite. Si nous jugeons opportun de souligner un aspect spécifique aux enfants multiples, nous ne manquerons pas de le faire.

Tout au long de cet ouvrage, je citerai les experts et les chercheurs qui ont contribué à notre compréhension du développement gémellaire. J'ai changé les prénoms des enfants et des parents que je cite.

Cet ouvrage est le fruit de ce que m'ont appris mes recherches et les milliers de parents qui m'ont demandé conseil ou ont partagé leur expérience avec Twin Services. J'écris ce livre avec Janet Poland, auteur de nombreux ouvrages sur le développement et les soins infantiles, qui nous livre son propre éclairage sur la question. Lorsque j'écris à la première personne, je me réfère à moi-même, Patricia Malmstrom.

Je crois que la relation gémellaire est un droit que l'on acquiert en naissant et que nous pouvons tous envier. Elle ne se caractérise pas par une annihilation de l'indépendance ou par une dépendance écrasante par rapport à une autre personne. Il s'agit plutôt d'une relation qui peut être une richesse unique pour les enfants. Avec cet ouvrage qui vous servira de guide, vous serez à même d'aider vos jumeaux à se frayer leur propre voie et à rester toute leur vie une source de soutien et d'intimité l'un pour l'autre. Et vous serez capable d'entreprendre ce voyage avec eux en les aidant à surmonter les moments difficiles et en profitant des joies qui vous attendent.

Chapitre 2

Préparer l'événement

Attendez-vous à un grand bouleversement

A sa naissance, ma fille Christine pesait environ deux kilos et demi. Comme j'avais pris dix-huit kilos, mon médecin fut surpris de sa petitesse. «Elle est trop petite pour être seule», me dit-il. «Vite, sortons la deuxième.»

Neuf minutes plus tard, Carine naissait à la grande surprise de mon médecin, mais pas à la mienne ni à celle de ma famille. J'avais grossi rapidement et ressentais des mouvements qui, je le savais, ne pouvaient être le fait d'un seul bébé; j'étais donc préparée à cet événement.

Le diagnostic de grossesses multiples n'était pas une science exacte avant l'avènement de l'imagerie par ultrasons. En 1973, lorsque mes jumelles naquirent, à peine la moitié des grossesses gémellaires étaient confirmées avant la naissance.

Aujourd'hui, si les soins prénatals prodigués à la mère sont de bonne qualité, des surprises comme celle que j'ai vécue dans la salle d'accouchement sont rares. De nos jours, les familles ont le temps de se préparer à la naissance de leurs jumeaux. Elles peuvent faire en sorte que la grossesse se passe dans les meilleures conditions. Elles ont le temps de prendre des dispositions concernant leur ménage et leur travail longtemps à l'avance. Elles ont le temps de lire des ouvrages consacrés aux jumeaux et de recueillir toutes les informations disponibles bien avant la naissance. A l'arrivée des bébés, vous n'aurez plus le temps de planifier. La vie se vivra au présent, au jour le jour.

Mais toute médaille a son revers. Savoir à l'avance qu'on attend des jumeaux ou des triplés peut également susciter une vive inquiétude: «Comment vais-je me débrouiller? Cette naissance va-t-elle traumatiser mon aîné? Comment vais-je faire pour payer les factures?»

DE SURPRISE EN SURPRISE

Toute grossesse change la vie. Vous vous faites du souci, vous planifiez, vous rêvez. Vous imaginez votre vie et prévoyez les implications de cette naissance. En cas de grossesse gémellaire, non seulement vous vous retrouvez avec deux bébés, mais votre vie s'en trouve doublement changée. Il vous faut d'abord assumer l'idée que vous êtes enceinte et ensuite, à peine avez-vous commencé à vous faire à cette idée, que vous apprenez que vous attendez des jumeaux. Donc, en plus de tous les projets que vous devrez modifier et des dispositions qu'il vous faudra prendre, vous devrez renoncer aux rêves et aux idées que vous vous étiez faites sur vous et votre enfant unique.

J'ai connu un couple qui espérait depuis longtemps la venue d'un enfant. Lorsqu'ils apprirent la nouvelle de la grossesse, ils étaient aux anges. Pour n'avoir pris aucun médicament contre la stérilité, ils n'avaient aucune raison de soupçonner une grossesse multiple.

Hélène raconte: «Un jour après avoir annoncé la nouvelle à tout le monde, j'ai fait une fausse couche. Je suis restée alitée toute la semaine et je n'ai pas cessé de pleurer.»

Quelques jours plus tard, son médecin procéda à une échographie pour déterminer la cause de cette fausse couche. Elle attendait, triste, sur la table d'examen, son époux à ses côtés, tandis que l'échographiste examinait son utérus. Hélène se souvient: «Soudain, ils se sont écriés: "Attendez, qu'est-ce que c'est? Mais c'est un bébé!"»

«Je n'arrivais pas à croire que j'étais encore enceinte! Je m'efforçais de me faire à cette idée quand, soudain, mon mari pointa l'écran du doigt et dit: "Et ça, qu'est-ce que c'est?"»

«L'échographiste regarda l'écran et dit que c'était encore un autre bébé.»

Hèlène était enceinte de triplés et avait perdu un enfant lors d'une fausse couche. Elle était passée du stade du désir d'un enfant à la réalité d'une grossesse immédiatement suivie d'une fausse couche et ensuite à l'annonce d'un nouveau bébé, puis d'un deuxième. Il n'est guère étonnant que les parents d'enfants multiples aient l'air ébahis.

Pendant toutes ces années, j'ai été contactée par des milliers de futurs parents de jumeaux ou d'enfants multiples. J'ai souvent reçu des appels de mères affolées qui venaient d'apprendre qu'elles attendaient plusieurs enfants. Il arrive même qu'elles nous appellent avant d'avoir annoncé la nouvelle à leur famille et à leurs amis.

Souvent, les appels se ressemblent, comme celui de cette mère: «Je viens d'apprendre que j'attends des jumeaux! Je suis tellement heureuse!» On n'entend plus rien et puis, tout bas: «J'ai tellement peur! Que faut-il que je sache? Comment les autres font-ils pour s'en sortir?»

La réaction de cette mère est typique. Une étude révèle que 88% des couples qui sont informés d'une grossesse se disent heureux. Mais en cas de grossesse multiple, ce chiffre n'est plus que de 54%. Surprise, choc et incertitude se succèdent à l'annonce de ce miracle qui dépasse tous leurs espoirs.

Cette mère aussi était effrayée. Et pourquoi pas? Elle savait qu'avoir des jumeaux représente une somme de travail considérable. Elle n'ignorait pas que la grossesse pourrait être plus difficile et les bébés plus fragiles.

En femme avisée, elle savait qu'elle devait se préparer. Elle voulait savoir ce qu'elle devait apprendre sur la question et comment les autres couples s'en sortaient.

Sa réaction à l'annonce de l'arrivée imminente de jumeaux fut saine. Elle n'a pas cherché à cacher ses sentiments, à la fois positifs et négatifs. Elle avait hâte de s'atteler à la tâche. Elle avait soif d'informations. Elle voulait savoir comment s'en sortaient les autres familles de jumeaux et ce qu'elles pourraient lui apprendre.

UNE PALETTE D'ÉMOTIONS

Au cours de toutes les discussions que j'ai eues avec des parents de jumeaux ou autres enfants multiples, j'ai pu observer toute une palette de réactions émotionnelles. On planifie souvent une grossesse, mais rarement une grossesse gémellaire. Lorsque les couples apprennent qu'ils attendent des jumeaux, leur surprise n'a d'égale que l'intensité de leurs réactions affectives. Voici quelques-unes des émotions souvent, mais pas toujours ressenties.

Incrédulité ou refus

Une mère raconte: «Je me souviens d'avoir vu le regard de l'échographiste se figer. Et de dire: "Je ferais mieux d'aller chercher le gynécologue" et de me laisser étendue là sans me faire savoir quelle chose horrible elle avait vue. Plus tard, quand nous vîmes les trois bébés, mon époux refusa d'en croire ses yeux.»

Ce sentiment de refus – «ça ne peut pas être vrai!» – est une réaction typique et tout à fait normale. Réaliser que l'on est enceinte, que des choses merveilleuses se produisent à notre insu dans notre utérus est souvent à peu près tout ce que l'on est capable de gérer. Il est déjà assez difficile d'imaginer qu'on attend un bébé, mais deux ou plus, c'est incroyable!

«Ce fut un choc terrible», se souvient le père de jumelles monozygotes. «En deux secondes, mon esprit est passé des deux berceaux aux études supérieures qu'il me faudrait payer en double. Comment ne me suis-je pas évanoui?»

Toutefois, il peut arriver que l'incrédulité fasse place au refus. Au lieu d'accepter la nouvelle, les parents peuvent tout bonnement refuser d'y faire face. Ils peuvent aussi ne pas nier la grossesse gémellaire en soi, mais être incapables d'admettre que cela changera leur vie. C'est regrettable parce qu'il est important de mettre à profit les quelques mois de grossesse pour se préparer aux défis futurs; refuser de faire face à la situation est une perte de temps.

Exaltation et craintes

«J'exultais! Après avoir attendu pendant tant d'années, apprendre que j'aurais deux bébés, c'était trop beau!»

«C'est un miracle! Mes prières ont été exaucées – et même doublement.»

«Comment puis-je avoir autant de chance? Je me sens privilégiée.»

Comment peut-on ne pas exulter lorsqu'on apprend qu'on est porteuse d'un miracle? On peut se dire: «Je n'ai jamais gagné au loto, je n'ai jamais fait parler de moi et maintenant, ça!»

L'exaltation est une réaction habituelle et très agréable, mais elle ne dure pas toujours longtemps; elle peut rapidement faire place à un sentiment moins positif.

Panique et angoisse

L'optimisme fait souvent place au pessimisme. Dans le silence de la nuit, l'angoisse prend le pas. «J'avais trente-neuf ans quand je suis tombée enceinte pour la première fois. Mes filles ont été conçues par fécondation *in vitro* et je n'aurais jamais cru qu'un jour j'aurais vraiment la chance d'avoir des enfants. Puis, quand j'ai appris que j'attendais des jumeaux, j'ai paniqué. J'avais presque quarante ans, je ne connaissais rien aux bébés. Comment allions-nous faire?»

Des angoisses soudaines peuvent envahir vos pensées: «Il y a peu, notre petit dernier dormait encore dans notre chambre, et maintenant il y aura deux bébés de plus!» Ou «Comment ferai-je pour garder mon travail? Que faire si je dois rester alitée?»

Excès de confiance

«Je peux y arriver. Beaucoup de couples ont deux enfants.»

«Ma mère a élevé cinq enfants. En élever trois ne peut pas être pire.»

Il arrive fréquemment qu'on passe de la peur ou de la panique à la confiance et, parfois même, à l'excès de confiance. On se focalise sur l'aspect positif de la situation. On essaie souvent de tenir le coup émotionnellement en balayant les véritables soucis et problèmes que pose la gémellité.

Le problème est que cet excès de confiance peut faire perdre un temps de préparation précieux, surtout si l'on estime pouvoir s'en sortir sans avoir besoin d'un soutien particulier après la naissance des bébés.

«Demander de l'aide me met mal à l'aise», entend-on souvent dire par les mères enceintes de plusieurs enfants – une réaction potentiellement désastreuse. «Nous nous en sortirons seuls. Si nous éprouvons des difficultés, il sera toujours temps de nous en soucier le moment venu.»

Dépression

L'excitation initiale fait souvent place à des réactions plus sobres. A mesure que la grossesse avance (et elle avance), les mères peuvent se sentir de plus en plus lasses et fatiguées. A ce stade, le côté négatif de la situation semble plus marqué que si la mère était reposée et pleine d'énergie.

A mesure qu'une grossesse gémellaire avance, le ventre grossit plus et plus vite. A six mois, il est habituel d'avoir le ventre d'une future maman arrivée à terme. La peau tire. Il est difficile de bouger ou de dormir. On peut se dire: «Je peux le supporter.» Puis, on regarde le calendrier et on se rend compte qu'il reste encore trois mois!

J'ai récemment aidé une mère qui donnait tous les signes de la dépression – son attitude et ses traits tirés indiquaient qu'elle avait baissé les bras, qu'elle n'avait plus aucun enthousiasme pour relever les défis à venir. Heureusement, son époux la soutenait en recueillant des informations et en faisant des projets pour leur avenir.

Equilibre

Il est parfaitement normal de ressentir toutes ces émotions, dans n'importe quel ordre, et de passer de l'une à l'autre. Cela ne signifie pas pour autant que vous soyez maniaco-dépressive. Cela ne veut pas dire que vous soyez anormale ou une mauvaise mère. Cela signifie simplement que vous êtes prête sur le plan affectif à vous lancer dans l'aventure surprenante et stimulante qui vous attend.

Normalement, ces sautes d'humeur s'estompent à mesure que vous vous faites à l'idée de l'expérience gémellaire, que vous vous y préparez et que vous vous informez à ce sujet. A mesure que vous organiserez votre ménage, que vous rencontrerez votre employeur pour discuter de votre congé de maternité et de vos avantages, que vous irez voir des spécialistes en matière de soins infantiles et que vous glanerez un maximum de renseignements sur les grossesses multiples et la condition des parents de jumeaux, vos réactions seront plus équilibrées et plus positives. Vous vous lancerez dans l'aventure franchement, sans illusions, mais avec beaucoup d'optimisme.

LES ÉMOTIONS CAS PAR CAS
Mères

Ce sont les mères qui portent les bébés, qui subissent les désagréments de la grossesse, qui mettent au monde et qui doivent vivre les premiers jours qui suivent la naissance dans un état d'épuisement physique. Il est compréhensible qu'à la joie d'avoir enfanté se mêle l'inquiétude de savoir si elles seront des mères capables et aimantes pour leurs jumeaux.

Souvent, la mère est la seule à ressentir ces inquiétudes, notamment si tout son entourage se focalise uniquement sur les aspects excitants et amusants de l'expérience.

Une mère se souvient: «Mes parents étaient fous de joie quand je leur ai appris la nouvelle. Moi, j'ai pleuré pendant toute une semaine.»

En effet, ce sont les mères qui supportent la plus lourde charge et qui assument la responsabilité des soins et du bien-être de leurs enfants. C'est ce qui explique d'ailleurs les hauts et les bas auxquels elles ont à faire face.

Pères

A l'instar des mères, les pères passent par tout un éventail d'émotions, de la fierté et de la joie à la peur et à l'anxiété. Certains pères en restent au stade de la confiance excessive, négligeant les inquiétudes de leur épouse quant au sort de la famille. Ces pères ne se rendent peut-être pas compte de l'importance du rôle qu'ils auront à jouer dans les soins à prodiguer à leurs bébés, notamment s'ils ne se sont pas vraiment occupés de leurs aînés après leur naissance.

Mais, le plus souvent, les pères partagent les inquiétudes des mères et se focalisent alors fréquemment sur l'aspect financier. «Comment va-t-on nourrir tous ces enfants? Comment ferons-nous pour les vêtements, les appareils dentaires, les études? Peut-on se permettre un appartement plus grand?»

Le père peut prendre conscience qu'il devra, d'une part, aider son épouse à s'occuper des bébés et, d'autre part, faire vivre le ménage – peut-être sera-t-il seul à travailler pour la première fois dans la vie du couple. S'il s'agit de sa première grossesse, une femme qui travaillait peut envisager de revoir son plan de carrière après la naissance de jumeaux ou de triplés, décision qui augmentera le poids de la responsabilité financière incombant au père.

Il se peut que les deux parents aient à revoir leur plan de carrière. Les pères aussi peuvent se dire: « Serai-je en mesure d'accepter une promotion qui exige que je voyage et travaille le week-end? Puis-je me permettre de ne pas accepter pareille promotion maintenant que la famille s'est agrandie?» Il peut éprouver du ressentiment à devoir revoir ses objectifs.

Avoir des jumeaux peut contraindre les couples à redéfinir leur relation, notamment en termes de responsabilités ménagères et parentales. Certains pères négligent peut-être ces aspects durant la grossesse, mais cet oubli se fait sentir à la naissance des bébés.

L'annonce que son épouse attend des jumeaux vaut parfois au père une attention et des éloges considérables. Ce dernier peut devenir l'objet de plaisanteries admiratives sur sa virilité, qu'il appréciera ou non.

Fratrie

«Qu'adviendra-t-il de mon fils lorsque je ramènerai les jumeaux à la maison? Nous envisagions de le mettre à l'école maternelle quand ils naîtraient, mais cela ne fera-t-il pas trop de changements à la fois?»

La naissance d'un petit frère ou d'une petite sœur représente toujours un événement majeur dans la vie d'un enfant. Les aînés peuvent souffrir de l'arrivée de deux ou plusieurs enfants dans la famille. Le foyer et la vie quotidienne de l'enfant s'en trouvent complètement bouleversés, et les parents consacrent soudainement tout leur temps et toute leur attention aux bébés.

La réaction de la fratrie – et la meilleure ligne de conduite à adopter – dépendent de nombreux facteurs, le plus important étant l'âge de l'aîné. Au chapitre 7, nous vous donnerons quelques conseils pour aider les frères et sœurs à s'adapter à la situation. Mais, pour l'heure, envisageons les mesures que vous pouvez prendre pour préparer vos aînés aux changements qui les attendent.

Pour les enfants de moins de trois ans, parlez-leur de la naissance à venir, mais ne vous attendez pas à ce qu'ils comprennent vraiment. Empruntez des livres à la bibliothèque qui parlent de l'arrivée de nouveaux bébés dans une famille; expliquez-leur que votre famille comptera bientôt deux nouveaux bébés. Achetez-leur deux poupées pour qu'ils puissent en jouant matérialiser la situation.

De trois à six ans, les enfants comprennent davantage, mais leur compréhension est limitée. Ils connaissent peut-être d'autres enfants qui ont ou auront des petits frères ou des petites sœurs. Vous pouvez leur dire: «La maman de John va aussi avoir un bébé. Ta maman va avoir *deux* bébés.» Ne perdez jamais l'occasion de leur dire: «Ta maman t'aimera toujours autant.»

Une merveilleuse façon d'impliquer les enfants de cet âge dans la naissance consiste à les aider à préparer quelque chose pour les bébés. Ils peuvent, par exemple, réaliser un livre d'images sur la famille. Ils vous dicteront leurs mots et ajouteront leurs dessins.

Les enfants de cet âge ont besoin d'une certaine routine qui les réconforte. Si votre enfant doit laisser sa chambre aux jumeaux, changer de nounou ou entrer à l'école maternelle, veillez à ce que tous ces changements majeurs se produisent avant l'arrivée des bébés de manière à ce qu'il se sente moins menacé.

Les enfants de plus de six ans peuvent poser de nombreuses questions et exprimer leur hostilité autant que leur enthousiasme. Dites à votre enfant ce qui changera et ce qui ne changera pas. Mais surtout, expliquez-lui que, quels que soient votre état de fatigue et votre manque de disponibilité quand les bébés seront petits, vous continuerez à l'aimer de la même façon.

Réaliser quelque chose peut aider vos enfants à mettre de l'ordre dans leurs sentiments. Ils peuvent fabriquer un album de photos de leur famille et même prendre les photos eux-mêmes.

Les enfants de plus de six ans entendent parfois des histoires dérangeantes sur les jumeaux de la bouche de leurs amis ou dans les médias. Quand j'attendais mes jumelles, ma deuxième fille, alors âgée de sept ans, vint me trouver et me dit d'une petite voix tout inquiète: «Maman? Si les bébés sont collés, j'espère que ce sera juste par l'orteil, comme ça on pourra les détacher avec un coupe-ongles.»

Il est important que vous continuiez à parler à vos enfants; ainsi ils vous feront part de leurs inquiétudes et vous pourrez les rassurer. Pour ce faire, il est préférable que vous leur serviez de modèle en leur parlant ouvertement de vos sentiments.

Vos sentiments dépendent de votre situation familiale

Vos réactions émotionnelles, à mesure que vous en apprendrez plus sur votre grossesse gémellaire, varieront de jour en jour et de semaine en semaine. Mais votre humeur et votre manière d'être dépendront également de votre situation familiale et du déroulement tout à fait personnel de votre grossesse.

Parents débutants et parents expérimentés

Si votre première grossesse est gémellaire, il se pourrait bien que vous éprouviez un sentiment très fort de crainte et d'étonnement. L'idée que plusieurs bébés minuscules se retrouveront dans vos bras inexpérimentés pourrait renforcer votre anxiété face à l'avenir.

Les parents qui ont déjà des enfants peuvent avoir des réactions similaires, mais leur point de vue sera quelque peu différent: ils savent à quel point des bébés, c'est merveilleux. Mais ils savent aussi fort bien la somme de travail que cela représente.

D'autre part, ils doivent se soucier du bien-être de leurs aînés.

«Lorsque j'ai appris que j'attendais des jumeaux, j'ai pleuré. J'étais tellement triste à la pensée que je risquais de perdre la relation privilégiée que j'avais avec ma fille de deux ans. J'étais prête à accueillir un autre enfant, mais deux! Aurais-je le temps d'être aussi proche d'eux que je l'étais de ma fille?»

Problèmes de stérilité

Quand les parents ont opté pour la prise de médicaments contre la stérilité ou ont eu recours à la fécondation *in vitro,* ils sont probablement préparés à l'éventualité d'avoir deux bébés ou plus. Pourtant, ils risquent d'avoir des sentiments partagés: joie et craintes. Après tout, il y a quelques mois à peine, ils n'avaient pas d'enfant et souffraient de cette situation. Et voilà que maintenant ils seraient sur le point d'avoir… des triplés!

Cela relève tellement du miracle que vous aurez de la peine à y croire. Pourtant, vous êtes parfois si inquiets que vous en arrivez à souhaiter que tout cela ne soit qu'un rêve. Et puis, vous culpabilisez parce qu'au lieu de ressentir de la gratitude, vous éprouvez un ressentiment.

Les parents qui ont subi de longs traitements contre la stérilité peuvent avoir de meilleures notions d'obstétrique que les autres et utiliser ces connaissances à bon ou à mauvais escient.

Dans un cas, ils peuvent les mettre à profit pour faire en sorte que la grossesse se passe aussi bien que possible et être prêts à réagir au moindre problème. Dans l'autre, il se peut qu'ils se fassent un sang d'encre à l'idée des ennuis qui pourraient se présenter.

Tensions au sein du couple

Toute grossesse peut aggraver les tensions existant au sein d'un couple et ce, d'autant plus s'il s'agit de jumeaux ou de triplés. On a tendance à faire l'impasse sur les problèmes et à les ignorer pour un temps. Mais la naissance d'enfants multiples oblige à voir les choses en face.

C'est notamment le cas si l'un des points de discorde du couple porte sur le nombre d'enfants ou sur le fait d'en avoir ou non. Vous aviez peut-être réglé ce conflit en décidant d'avoir un seul enfant. Puis, vous apprenez que vous attendez des jumeaux et vous vous sentez quelque peu trahis!

Les couples qui s'en sortent le mieux sont ceux qui, faisant preuve de discernement, prévoient quelques tensions dans leur relation. Ils comprennent la nécessité d'avoir une famille soudée et une relation solide. Si celle-ci présente des points faibles ou si vous éprouvez des difficultés à communiquer avec votre partenaire, le moment est venu de vous pencher sur ces problèmes. Si vous parvenez à exprimer vos craintes, à formuler vos besoins et à écouter attentivement ceux de votre partenaire, vous serez mieux à même de surmonter les tensions inévitables dues à l'arrivée de jumeaux.

Soucis financiers

Il est parfaitement normal de se préoccuper de l'aspect financier de la situation. L'arrivée de jumeaux ou de plusieurs enfants à la fois peut bouleverser la situation financière d'une famille. Même si vous êtes assurés, le coût d'une hospitalisation prolongée peut être lourd de conséquences.

Si la famille ne dispose encore que d'un budget précaire, la survenue d'une naissance gémellaire peut être problématique. Nous constatons depuis longtemps que la situation financière de la plupart des familles empire à la naissance de jumeaux. Leur capacité à générer des revenus diminue, tandis que les dépenses augmentent.

Lorsqu'il y a un problème d'argent, il est plus difficile de se réjouir à l'idée d'avoir des jumeaux; il est donc d'autant plus important de planifier, de se préparer et de mettre sur pied un réseau de soutien.

Perte d'un ou de plusieurs bébés avant la naissance

Les grossesses multiples comportent un risque de perte fœtale. Lorsque la grossesse se poursuit avec un ou plusieurs bébés survivants, les parents sont sujets à des émotions parfois très violentes: immense chagrin, d'une part, et amour intense pour les enfants survivants, de l'autre.

Comme si cela ne suffisait pas, les parents éprouvent des sentiments très complexes lors d'une réduction embryonnaire – lorsqu'un ou plusieurs embryons d'une grossesse multiple sont éliminés pour augmenter les chances de survie des autres bébés. Dans ce cas, toute la palette d'émotions décrite dans ce chapitre se trouve amplifiée par un sentiment de culpabilité et le chagrin d'avoir perdu un enfant: «Je me réjouissais tellement d'avoir ces bébés: je suis heureuse d'en avoir gardé trois, mais je ne peux m'empêcher de penser à celui que j'ai dû sacrifier.»

Laissez-vous aller au chagrin d'avoir perdu un enfant. Admettez que ce processus prenne du temps, parfois beaucoup de temps. Ne pensez pas que votre deuil doive être terminé pour la naissance de vos enfants. Vous ne leur «devez» pas de refouler la tristesse que vous éprouvez pour la perte de leur frère ou sœur. Avec le temps, votre peine s'estompera.

Nous reviendrons sur le sujet au chapitre 15.

RESSENTEZ CE QUE VOUS RESSENTEZ ET NON CE QUE VOUS DEVRIEZ RESSENTIR

«Tout notre entourage pense qu'avoir des jumeaux est un merveilleux événement», nous dit une mère. «Mais c'est nous qui allons les avoir, pas les autres. Nous ne savons pas comment nous allons nous en sortir. Nous sommes en état de choc.»

La plupart des gens réagissent positivement à l'annonce d'une naissance gémellaire. Il est normal que les amis et la famille soient émus et excités. Vous pourriez avoir du mal à supporter leur bonne humeur si vous vous sentez anxieuse ou déprimée. Il est indispensable que vous distinguiez vos sentiments de ceux des autres et que vous vous rappeliez que ce sont vos sentiments qui comptent.

Avouez vos émotions

«Je sais que je devrais me réjouir, mais je me sens tellement mal.»

Les autres vous diront peut-être ce que vous «devriez» ressentir, mais vous êtes seul maître de vos émotions. Vous pouvez culpabiliser pour les sentiments négatifs que vous éprouvez, mais vous n'avez pas à vous excuser pour autant.

Acceptez tout l'éventail de vos émotions

Si vous vous mettez à éprouver toutes sortes d'émotions comme celles décrites précédemment, souvenez-vous – cela peut être utile – que ce processus est normal, que vos moments de déprime feront place à des moments de joie. Les sentiments que vous éprouvez sont tous rationnels. Lorsque vous vous sentez bien, profitez de ces moments. Lorsque vous êtes affolée ou effrayée, soyez fière de la franchise avec laquelle vous relevez le défi.

Rappelez-vous que les sentiments négatifs que vous éprouvez à propos de votre grossesse gémellaire ne signifient pas que vous n'aimez pas vos bébés ou que vous ne les aimerez pas de toute votre âme après leur naissance.

Parlez de vos sentiments

Partager avec quelqu'un ses espoirs et ses craintes, en toute sincérité, peut être utile. Si ce quelqu'un est votre époux ou épouse, un parent ou votre meilleur ami, tant mieux. Mais si vous êtes très anxieux ou déprimés, vous feriez mieux de vous adresser à un professionnel compréhensif ou à un groupe de soutien.

Oubliez, non sans une certaine tristesse, votre rêve d'avoir un seul bébé

Rien de plus normal que de se sentir triste et déçu lorsque ses projets et attentes sont bouleversés. Lorsque vous êtes tombée enceinte, peut-être imaginiez-vous vous attacher à un seul enfant et vous représentiez-vous l'arrivée de cet enfant dans la famille? Lorsque cet enfant n'est plus seul et qu'il y en a deux ou plus, il faut changer tous vos plans. Et pour y parvenir, vous devez dire adieu à vos vieux rêves et en faire de nouveaux.

Soulagez votre conscience en faisant des projets et en vous préparant

Plus vous ferez de projets avant la naissance des bébés, mieux vous vous sentirez par la suite. Le bénéfice émotionnel que vous en tirerez est tout aussi important. Plus vous prendrez de dispositions avant la naissance, plus vous vous sentirez calmes, optimistes et confiants tout en restant réalistes.

PRÉPARATIFS - TIREZ LE MEILLEUR PARTI D'UNE BONNE SITUATION

Maison et ménage

Mais où donc allez-vous mettre tous ces bébés? Avez-vous pensé aux berceaux, aux couches, aux soins à prodiguer aux enfants, à la manière dont vous vous rendrez au travail? Les questions pratiques peuvent se poser avec beaucoup d'acuité durant votre grossesse. Plus vous pourrez résoudre de problèmes, plus vous serez calme. Une mère enceinte m'a écrit ceci: «Des questions aussi simples que de savoir si l'on aura besoin tout de suite de deux berceaux peuvent sembler stupides, mais personne n'a pu nous répondre jusqu'à présent. Il est très important aussi, lorsqu'on s'organise, de savoir si on allaitera ou non et quel genre de couches on devra utiliser.»

En effet, il est temps de mettre de l'ordre dans vos idées, dans vos questions, d'organiser votre ménage. Une fois que vous aurez réglé certains problèmes, vous vous sentirez à la hauteur et ferez preuve de plus d'optimisme.

Allez-vous emménager dans une maison ou un appartement plus grand? Votre aîné va-t-il devoir changer de chambre?
Allez-vous devoir faire de la place pour un parent ou une
nounou? Le temps est venu de planifier, d'organiser et de
commencer à déléguer vos responsabilités.

Il peut néanmoins s'avérer difficile de planifier, de savoir
par où commencer. Deux facteurs viennent compliquer cette
étape.

Il se peut, tout d'abord, que les parents appréhendent la
naissance de leurs jumeaux. Ils craignent que quelque chose n'arrive aux bébés et ont peur de faire trop de préparatifs. Le simple
fait de choisir des prénoms ou d'acheter des layettes risque de
tenter le sort.

D'autre part, l'ampleur de la tâche est décourageante. «Où
allons-nous mettre tout ce monde? Que ferons-nous si je ne
peux pas allaiter? Devrions-nous acheter des biberons pour le cas
où?»

«Nous avons un enfant de deux ans et je viens tout juste
d'apprendre que j'attendais des triplés», dit une mère. «Par où
dois-je commencer? Où puis-je trouver une poussette pour
quatre?»

L'heure est venue d'être réaliste et pratique. Vous ne
compromettrez pas votre grossesse en vous organisant; au
contraire, vous donnerez à vos bébés un meilleur départ dans la
vie. Dans les premiers temps, vous n'aurez pas besoin
d'acheter toute la layette. En revanche, vous devrez résoudre des
problèmes essentiels.

L'essentiel, outre votre santé, est de mettre sur pied un
réseau de soutien. Il est beaucoup plus important d'avoir un
réseau d'assistants qu'une chambre joliment décorée. Une fois
en place, ce réseau vous aidera à résoudre d'autres problèmes.

Prenez des dispositions simples en ce qui concerne le repos
des bébés, de leurs frères et sœurs et des adultes qui s'occupent
d'eux.

Si vous n'avez pas effectué tous vos achats avant la naissance, renseignez-vous sur ce qu'il faut acheter et où l'acheter.

Vous pouvez également trouver des magasins qui vendent du matériel et des vêtements bon marché ou de seconde main. Ainsi, si vos bébés sont prématurés, vous apprendrez, par exemple, où vous procurer des vêtements pour bébés de petite taille. Il vous faut assumer le rôle de planificatrice, d'organisatrice et de décideur. Des tâches plus spécifiques (telles que remplir les tiroirs de la commode ou acheter des vêtements) peuvent être déléguées le cas échéant. Ainsi, dès qu'elle aura votre feu vert, la personne affectée à l'achat des vêtements pourra se rendre dans le magasin que vous lui indiquerez pour acheter ce que vous désirez.

Envisagez toutes les possibilités. Qui prendra soin des aînés si je dois faire un long séjour à l'hôpital? Comment ferons-nous pour le rush matinal? Que ferons-nous si je dois subir une césarienne?

Après la naissance des bébés, vous connaîtrez le nombre et la taille des vêtements dont vos enfants auront besoin. Il est néanmoins prudent de prévoir un minimum d'effets personnels. Nous parlerons des layettes et autres détails pratiques au chapitre 6.

Réseau de soutien de la plus haute importance

Si vous venez d'apprendre que vous attendez des jumeaux, vous vous demanderez peut-être comment les parents se débrouillent sans aide pour s'occuper de deux nouveau-nés. La réponse est que la plupart *ne se débrouillent pas* très bien tout seuls. Vous aurez presque certainement besoin d'aide, qu'il s'agisse d'un voisin qui vous dépannera à l'heure du bain ou d'une nounou à plein temps.

J'ai entendu des parents de jumeaux plus âgés qui refusaient l'idée de recevoir de l'aide. «Ce furent les meilleurs moments de notre vie», disent-ils, «et nous ne recevions aucune aide.» Mais à y regarder de plus près, ils veulent dire qu'ils ne louaient les services de personne. Leurs oncle et tante s'étaient installés chez eux à demeure et les aidaient 24 heures sur 24. Ou un voisin plus âgé passait tous les jours pour donner un coup de main. Ou trois autres familles avec des jumeaux habitant le même immeuble se partageaient chaque jour la garde des enfants.

Je suis convaincue qu'il n'y a pas de «supermamans»: c'est de la vantardise! Vous vous sentirez mieux si vous acceptez l'idée que la tâche est démesurée pour une ou deux personnes et que vous avez besoin d'une aide extérieure.

Si vous envisagez de demander de l'aide, vous devez vous poser un certain nombre de questions: vous sentirez-vous à l'aise si quelqu'un s'installe chez vous? Avez-vous de la place pour un autre adulte? Pouvez-vous vous permettre de payer quelqu'un? Pouvez-vous vous permettre de *ne pas* payer quelqu'un? Etes-vous le genre de personne à supporter l'arrivée impromptue de voisins à des heures indues ou préférez-vous vous en tenir à des horaires? Aimez-vous avoir de la compagnie ou préférez-vous qu'on fasse vos courses et qu'on les dépose chez vous?

Le moment est venu d'examiner les possibilités qui s'offrent à vous. Et n'oubliez pas qu'il ne faut pas attendre que les gens proposent leur aide. Prenez les devants. Parlez-leur de vos besoins et composez avec ce qu'ils peuvent vous offrir.

Quand on vous dit: «Y a-t-il quelque chose que je puisse faire pour vous?», ne soyez pas timide, soyez prête et répondez: «Comme c'est gentil de me proposer votre aide! Voyons... pourrais-je vous appeler pour vous demander de passer chez le teinturier ou de faire des courses pour moi? Pourriez-vous surveiller Antoine de temps à autre quand j'emmène les jumeaux chez le pédiatre?»

Parmi les personnes susceptibles de vous apporter de l'aide, citons:

• Les membres de la famille. Grands-parents, frères et sœurs, beaux-parents, nièces ou neveux – toute personne en qui vous avez confiance et qui propose de vous aider peut être d'un concours précieux. Qu'il s'agisse ou non d'un engagement important – votre mère accepte de garder les bébés pendant que vous travaillez ou votre frère et votre belle-sœur proposent de les garder une fois par semaine pour vous permettre de sortir –, le temps est venu de parler de vos besoins à votre famille.

• Des amis et des voisins qui peuvent vous aider à donner le bain, faire des courses, livrer des repas ou s'occuper d'un aîné pendant quelques heures.

• Des volontaires de votre paroisse ou d'une association de parents de jumeaux.

• Des adolescents du voisinage désireux de faire du baby-sitting.

• Une femme de ménage, une nounou ou une jeune fille au pair.

Pensez à mobiliser toutes ces personnes avant la naissance des bébés. Pour ma part, j'étais alitée et bien incapable de faire des courses. Je louai les services d'une personne longtemps à l'avance pour m'aider à organiser le ménage et tout ce qui concernait les bébés. L'aide de cette personne me fut précieuse à deux égards: elle s'occupait des tâches dont je ne pouvais m'acquitter, savait où chaque chose se trouvait et comment je voulais que tout fût organisé dès avant la naissance.

Elargissez vos connaissances

Vous n'aurez pas beaucoup le temps de vous reposer en lisant un bon livre quand vos jumeaux seront petits. Votre grossesse est l'occasion rêvée d'en apprendre le plus possible sur les enfants multiples, ce que vous êtes en train de faire.

Chaque couple a sa propre idée de la quantité d'informations désirées. L'époux de cette mère catastrophée dont j'ai parlé précédemment a retroussé ses manches et lit tout ce qui lui tombe sous la main. Son épouse prendra probablement de l'assurance avec le temps, mais l'un des deux au moins est motivé et veut, dès maintenant, glaner un maximum d'informations sur la question.

J'admets que certains aspects des grossesses multiples et des risques qu'elles comportent ont de quoi effrayer. Mais je suis convaincue que l'ignorance n'est pas la panacée. Plus vous en saurez sur cette fantastique aventure, plus vous pourrez profiter des bons côtés et surmonter les difficultés.

Le moment est également bien choisi pour trouver des groupes et des organisations de soutien dont l'aide pourra s'avérer inestimable par la suite. Demandez à d'autres parents de jumeaux de vous communiquer les groupes qui leur ont paru utiles. Empruntez des livres et des brochures dans votre bibliothèque. Repérez les organisations et groupes d'information locaux avant d'en avoir besoin. Pratiquement chaque aspect de l'expérience gémellaire a son association, son bulletin d'information et son groupe de soutien.

Enfin, mettez à profit cette période de préparatifs pour vous informer sur la sécurité des enfants et les dispositions à prendre pour protéger les bébés. Il existe d'excellents ouvrages qui vous expliqueront en détail comment rendre votre maison sûre et comment veiller sur la sécurité de vos enfants. Nous en avons cité quelques-uns au chapitre Conseils pratiques.

Comme nous l'expliquons au chapitre 10, les jumeaux sont plus exposés aux accidents et aux blessures que les autres enfants. Mieux vaut prévenir que guérir! S'il n'est pas nécessaire que vous placiez des caches sur vos prises électriques quand vos jumeaux sont encore au berceau, vous devrez être prêts à prendre de telles précautions le moment venu. Vous ne pouvez rêver meilleur moment, tant que vos jumeaux ne sont pas encore nés, pour vous informer sur les dispositions à prendre en matière de sécurité et préparer votre stratégie dans ce sens.

Pensez aux prénoms de vos bébés

Nous parlerons des implications qu'auront les prénoms de vos jumeaux au chapitre 8. Pensez-y maintenant tant que vous pouvez y réfléchir calmement. Une fois que vous serez à l'hôpital, peut-être aurez-vous les idées embrouillées. Et vous en aurez assez d'entendre le personnel soignant appeler vos bébés: «bébé A» et «bébé B».

ABORDEZ L'AVENIR AVEC JOIE ET CONFIANCE

Des parents d'enfants multiples viennent fréquemment me trouver pour me dire qu'ils s'en sortent à merveille parce qu'ils s'étaient bien préparés. Tout comme cette mère qui avouait ses craintes au début du présent chapitre, ils étaient heureux un moment, effrayés l'instant d'après. D'où leur volonté d'en apprendre le plus possible pour pouvoir se débrouiller à la naissance de leurs bébés.

A l'instar de cette mère, leurs espoirs et leurs craintes étaient tels qu'ils en sont arrivés à chercher l'aide et les informations nécessaires. Ils savaient qu'ils auraient besoin d'un programme et d'un réseau de soutien. Cela leur a permis de rester confiants et optimistes pendant la durée de la grossesse et d'apprécier pleinement une expérience tout à fait unique.

CHAPITRE 3

Démythifier les jumeaux

Réalité et fiction

«J'imaginais que mes jumeaux seraient là, devant moi, tout mignons», se souvient une mère. «Après leur naissance, le rêve a fait place à la réalité. J'étais dans les couches jusqu'au cou, et personne n'était mignon!»

Une image romantique de la gémellité, telle est l'une des nombreuses illusions que les parents peuvent se faire à propos des jumeaux. Les jumeaux se prêtent aux histoires – non seulement ce sont des enfants charmants, mais ils ont fait l'objet de légendes et de mythes symbolisant tantôt le bien (prospérité et chance), tantôt le mal (conflit et pauvreté). Il y a plusieurs schémas possibles: le bon contre le mauvais jumeau, comme dans l'histoire de Romulus et Remus; les jumeaux inséparables, comme dans le mythe de Castor et Pollux, et la rivalité farouche opposant Jacob à Esaü.

Tout le monde semble prêt à contribuer au mythe. La littérature, la publicité, les amis, les parents et même de parfaits inconnus rencontrés au supermarché ont tous leur mot à dire. Les jumeaux attirent davantage l'attention que les enfants uniques, et il semble parfois que chacun ait un avis à émettre ou une histoire à raconter sur la difficulté d'élever des jumeaux et les problèmes auxquels ils peuvent être confrontés en grandissant.

Même les remarques positives peuvent exercer une influence subtile sur la perception des parents. Accablé, un père ou une mère peut penser: «Si c'est censé être si merveilleux et si j'ai autant de chance que cela, pourquoi est-ce que je ne le ressens pas ainsi? Je dois avoir un problème.»

La naissance de jumeaux a toujours été vécue comme un événement extraordinaire. Par le passé, la plupart des sociétés considéraient ces naissances comme des événements surnaturels. Lorsque leur arrivée coïncidait avec une bonne récolte, les jumeaux étaient assimilés à des porte-bonheur. Lorsqu'ils naissaient à un mauvais moment, ils étaient considérés comme des oiseaux de mauvais augure.

De tout temps, les ressources disponibles ont influencé l'opinion que la société se fait des jumeaux. Lorsque nourriture, eau et abri sont suffisants, les jumeaux sont les bienvenus. Dans le cas contraire, ils sont un fardeau.

Aujourd'hui, peu de parents de jumeaux ont droit à un repos complet ni ne voudraient être séparés de leurs bébés. Néanmoins, les amis, parents et volontaires d'associations de parents de jumeaux entretiennent cette vénérable tradition en les aidant.

Il n'est pas étonnant que les mythes sur les jumeaux reflètent l'immense intérêt que présentent les caractéristiques tout à fait uniques de la gémellité – l'aspect biologique de la gémellité, la possibilité de «pouvoirs spéciaux» et une relation qui commence dans l'utérus. Il n'est pas non plus étonnant que les attitudes à l'égard des jumeaux soient dictées par leur impact sur leur famille et la société.

Ce qui est curieux aujourd'hui, c'est qu'en dépit du fait que nous ne considérons plus les naissances gémellaires comme surnaturelles et que nous comprenons mieux la relation gémellaire, nous, parents des jumeaux, soyons sensibles aux conseils et avis de professionnels qui se fondent sur des mythes.

Vu les statistiques qui démontrent un risque élevé de mauvais traitements dans les familles à enfants «multiples» (le risque est de deux et demi à neuf fois plus élevé que pour les familles ayant un enfant unique), il est encore plus surprenant de constater l'insuffisance des mesures prises pour faire en sorte que ces familles disposent des ressources nécessaires pour relever leurs défis spécifiques.

Notre culture populaire glorifie les jumeaux. Ils sont les protagonistes de comédies de situation et de films. Mais lorsqu'on en vient à l'aspect plus terre à terre de leur éducation, les parents sont souvent abandonnés à leur sort.

Apprendre la vérité sur les jumeaux vous aidera à reconnaître les mythes et à ne plus vous laisser influencer par la fiction. Vous aurez les outils et la confiance nécessaires pour aider vos jumeaux à surmonter leurs difficultés et à profiter des nombreux aspects positifs de leur situation particulière.

Mythe: Toute femme enceinte s'imagine qu'elle attend des jumeaux.

Faits: Les femmes enceintes peuvent identifier la présence de plusieurs fœtus.

Impact: C'est durant ma grossesse que j'ai ressenti pour la première fois l'impact négatif de la mythologie gémellaire. Mon gynécologue écarta l'idée que j'attendais des jumeaux d'une simple phrase: «Toute femme enceinte s'imagine qu'elle attend des jumeaux.»

Après tant d'années, je me souviens encore des difficultés que j'ai éprouvées à faire abstraction de mon éducation par laquelle on m'avait inculqué que les médecins en savent toujours plus que le commun des mortels. J'ai dû apprendre à reconnaître les signes que je distinguais quotidiennement: des mouvements constants, séparés, à différents endroits en même temps, ne pouvaient s'expliquer que par la présence de jumeaux.

Que faire? Soyez à l'écoute de votre corps. Faites attention à tous vos symptômes. Si vous pensez être enceinte de jumeaux, parlez-en à votre médecin et demandez-lui de procéder à une échographie afin qu'un diagnostic précis soit posé.

Mythe: Il n'y a pas de différence entre une grossesse gémellaire et une grossesse simple.

Faits: Une grossesse gémellaire est très différente d'une grossesse simple. Le corps de la mère fournit (au moins) deux fois plus de nourriture aux embryons. Ceux-ci se partagent l'utérus, ce qui explique qu'ils sont exposés aux risques liés au partage d'un même placenta et d'une même poche. Le risque est également plus élevé d'une naissance avant terme et d'un faible poids à la naissance.

C'est pourquoi la mère a besoin d'une alimentation plus riche pour garantir une croissance optimale des bébés et permettre à son corps de supporter les contraintes physiques supplémentaires de la grossesse.

Elle doit également bénéficier d'un repos suffisant et éviter toute tension afin de réduire le risque d'un accouchement prématuré. La croissance des fœtus et leur fixation au(x) placenta(s) doivent être surveillées pour prévenir tout problème.

Impact: Il arrive que des gynécologues et des parents ne soient pas au courant de mesures qui permettent de contribuer à la naissance à terme de jumeaux en bonne santé.

Par exemple, il n'est pas rare qu'une mère enceinte de jumeaux ou de triplés reçoive une brochure sur l'alimentation relative à une grossesse simple. Ainsi, une mère enceinte de triplés a posé la question de savoir si elle devait multiplier les quantités par trois.

Lorsqu'une mère, que je connais, apprit qu'elle attendait des jumeaux, elle faisait tous les jours un trajet d'une heure pour se rendre à son travail, un temps plein qu'elle adorait. Personne ne lui avait dit que les contraintes physiques de son horaire pourraient affecter sa grossesse.

Plus sa grossesse avançait, plus elle était fatiguée. Les seules autres femmes enceintes qu'elle connaissait portaient un seul bébé et supportaient très bien leur travail. Influencée par leur exemple et le silence de son médecin, elle surmonta sa fatigue et continua à travailler.

Ce n'est qu'après la naissance prématurée de ses jumeaux et leurs deux mois d'hospitalisation qu'elle comprit que le repos était essentiel pour mener à terme une grossesse gémellaire. Si elle avait su alors ce qu'elle sait aujourd'hui, elle aurait cessé de travailler plus tôt pour augmenter les chances de mener sa grossesse à terme.

Que faire? Informez-vous sur les grossesses gémellaires et prenez soin de vous dans toute la mesure du possible. N'essayez pas d'être une héroïne. Et assurez-vous que votre gynécologue est bien renseigné sur les naissances multiples.

Mythe: Lorsqu'il y a un seul placenta, les jumeaux sont monozygotes; lorsqu'il y en a deux, ils sont dizygotes.

Faits: Environ un tiers des jumeaux monozygotes ont des placentas distincts. Il se peut également que les deux placentas distincts de jumeaux dizygotes se fondent pour n'en former, selon toute apparence, qu'un seul. Il est impossible de déterminer avec précision si des jumeaux sont dizygotes ou monozygotes sur la seule base du nombre de placentas.

Il est important pour les jumeaux et leurs parents de savoir s'ils sont mono- ou dizygotes et ce, pour des raisons psychologiques et physiologiques. On peut s'attendre à ce que des jumeaux monozygotes se développent de façon parallèle. Si l'un se développe moins vite que l'autre, ce retard dans la croissance peut cacher une anomalie.

Les jumeaux monozygotes ayant chacun le même patrimoine génétique, la santé de l'un peut dépendre de celle de l'autre. Si l'on diagnostique une maladie grave chez l'un, l'autre peut être soigné préventivement. Si l'un devait un jour avoir besoin d'une transplantation d'organe ou de moelle osseuse, l'autre serait un donneur parfaitement compatible.

Impact: De nombreux jumeaux monozygotes ont grandi en croyant qu'ils étaient dizygotes et vice versa parce que leur médecin s'était fondé sur le nombre de placentas pour déterminer leur type. Ce mauvais diagnostic les a privés du droit de connaître et d'exalter leur origine biologique et leur identité de jumeaux. Il prive également les jumeaux monozygotes des meilleurs soins en matière de santé.

Geoffrey Machin, pathologiste du fœtus, qui prône un diagnostic prénatal précis, nous raconte l'histoire de jumeaux dont l'expérience illustre l'importance que peut revêtir un mauvais diagnostic. Un des jumeaux fit don d'un organe à son frère. Il se trouve que ces jumeaux étaient monozygotes. Leurs médecins, croyant qu'ils étaient dizygotes malgré leur ressemblance, prescrivirent des médicaments au receveur pour éviter un rejet d'organe. Pendant onze ans, cet homme a subi les effets secondaires fragilisants d'un médicament dont il n'avait pas besoin.

Que faire? Comme nous l'avons dit précédemment, déterminez si vos enfants sont mono- ou dizygotes.

Mythe: Vous en avez de la chance, vous avez eu vos deux enfants d'un seul coup!

Faits: Oui, nous avons effectivement de la chance, mais ce n'est pas facile.

Impact: Combien de fois n'entend-on pas dire: «Oh, des jumeaux! Je sais ce que c'est. J'ai eu mes enfants l'un à la suite de l'autre.» Ces remarques, pourtant bien intentionnées, ignorent les défis tout à fait uniques de la gémellité.

J'ai parlé à de nombreux parents qui, bien qu'ayant surmonté les premiers jours cauchemardesques et sans sommeil, sont profondément démoralisés parce que, la situation étant si difficile à gérer, ils pensent commettre des erreurs. Le pire, c'est que, ignorant que ce serait si dur, ils n'avaient prévu aucun système de soutien avant la naissance. Aujourd'hui, ils culpabilisent et rechignent à demander de l'aide.

Que faire? Préparez-vous, nous ne le répéterons jamais assez!

Mythe: La gémellité saute une génération.

Faits: C'est absolument faux. La gémellité dizygote est héréditaire. Les femmes peuvent hériter de cette tendance à produire plusieurs ovules au cours d'un même cycle tant de leur mère que de leur père. On a longtemps cru que la gémellité monozygote n'était pas héréditaire, mais, malgré les recherches, il n'est pas encore possible d'expliquer la présence de plusieurs paires de jumeaux monozygotes dans de nombreuses familles.

Selon des données récentes, le nombre de jumeaux monozygotes conçus avec l'aide de médicaments inducteurs d'ovulation ou de la fécondation *in vitro* est plus élevé. Il faudra encore bien d'autres études pour comprendre les facteurs qui contribuent à la gémellité.

Impact: Ce mythe a poussé de nombreuses femmes qui ont eu des jumelles à croire que leurs filles ne couraient pas le risque d'enfanter elles aussi des jumeaux. Et il arrive que ces femmes, lorsqu'elles sont enceintes à leur tour, passent à côté des symptômes de la gémellité.

Que faire? Tenez compte de ces indices. Qu'il y ait ou non des jumeaux dans votre famille, parlez à votre gynécologue si vous pressentez que vous attendez des jumeaux.

Mythe: Vous ne pourrez pas allaiter vos jumeaux parce que vous n'aurez jamais assez de lait.

Faits: La quantité de lait augmente en fonction de la demande. Les femmes qui allaitent des jumeaux produisent deux fois plus de lait que les femmes qui n'allaitent qu'un seul bébé. Les mères qui allaitent des triplés ou plus produisent la quantité de lait nécessaire.

Impact: En disant aux mères qu'elles ne peuvent allaiter leurs jumeaux, on prive leurs bébés des bienfaits du lait maternel, un aliment optimal pour les nouveau-nés et une source importante d'immunité.

Que faire? Prévoyez d'allaiter. Parlez de l'importance de l'allaitement avec les personnes qui vous sont chères et assurez-vous leur concours pour les questions d'ordre pratique qui s'y rapportent (vous en aurez besoin). Voyez le chapitre 6 pour plus d'informations sur l'allaitement des enfants multiples.

Mythe: C'est tellement plus facile avec des jumeaux. Tout le monde vous aide et vous avez droit à des tas de ristournes.

«Avez-vous lu dans les journaux l'histoire de cette femme qui a eu des septuplés? La bonne affaire: ils ont reçu une nouvelle maison, une fourgonnette, tout le lait maternisé et les couches dont ils ont besoin pour un an!»

Faits: En fait, les volontaires susceptibles de soulager les parents de leur travail incessant peuvent venir à manquer si les proches vivent loin de la famille et que les amis sont très occupés. Comme je l'ai souligné au chapitre 2, il est essentiel pour la survie d'une famille saine de prévoir un réseau de soutien avant la naissance.

D'autre part, l'arrivée de plusieurs enfants d'un seul coup contribue rarement à l'enrichissement de la famille. Même si une naissance gémellaire provoque un élan de solidarité, la famille n'en sera pas pour autant plus à l'aise financièrement.

Même si certains fabricants de produits pour bébés offrent quelques ristournes, la plupart des frais médicaux, des dépenses en matériel, vêtements, couches et nourriture sont doubles pour des jumeaux et augmentent en fonction du nombre de bébés.

Impact: Les parents qui attendent des enfants multiples, bercés par l'illusion d'avantages financiers et d'une aide volontaire, peuvent ne pas être prêts à gérer l'impact financier et la tension physique qu'entraîne cette naissance. Malheureusement, ces tensions débouchent souvent sur de mauvais traitements dans les familles à enfants multiples.

Que faire? Préparez votre réseau de soutien longtemps à l'avance. Veillez à ce que tous les membres de la famille puissent dormir convenablement. Ne laissez jamais les bébés entre les mains de personnes inexpérimentées. Et pour diminuer la pression financière, cherchez des magasins qui vendent des articles pour bébés, recyclés et soldés.

Mythe: Les jumeaux se ressemblent et agissent toujours de la même façon.

«Ce ne peut être des jumelles. En tout cas, elles ne se ressemblent pas!» Cette réaction d'un passant à l'annonce que mes filles étaient jumelles en dit long sur l'un des mythes les plus communs sur les jumeaux. Je me souviens, non sans embarras, de mon indignation lorsque Carole et Jeanne, deux camarades de classe de cinquième année, prétendaient être jumelles. Carole était grande et blonde alors que Jeanne était beaucoup plus petite et brune. «Comment osaient-elles se faire passer pour des jumelles», pensais-je à l'époque. «Les jumeaux ne sont-ils pas censés se ressembler?»

Faits: Les jumeaux dizygotes comme Carole et Jeanne peuvent ou non se ressembler. Mais ce sont bien des jumeaux. Même les jumeaux monozygotes peuvent présenter des différences physiques visibles. Ces différences sont généralement plus subtiles que celles qui distinguent les jumeaux dizygotes. L'un peut avoir un grain de beauté et l'autre pas, par exemple. La forme de leur visage, leurs taille et poids, la couleur de leurs cheveux peuvent légèrement différer.

En ce qui concerne le comportement, les jumeaux monozygotes, qui ont le même patrimoine génétique, ont beaucoup plus de chances que les autres d'avoir des traits de caractère identiques. Cela ne veut pas dire pour autant que les jumeaux dizygotes et autres couples, tels les gens mariés, n'agissent pas parfois de la même façon.

Impact: Ce mythe a parfois un effet positif: il protège les jumeaux qui ne se ressemblent pas des regards scrutateurs indésirables. Ils peuvent passer pour des enfants uniques. Ces jumeaux «invisibles» risquent néanmoins de souffrir d'un manque de compréhension à l'égard de leur relation très particulière.

Pour ce qui est de l'aspect négatif, les jumeaux monozygotes peuvent se sentir accablés par leurs proches et autres personnes qui espèrent et encouragent leur similitude.

Que faire? Traitez vos enfants comme des individus à part entière. Donnez-leur ce dont ils ont besoin quand ils en ont besoin, que leurs attentes soient identiques ou différentes.

Mythe: Ils rivaliseront toujours l'un avec l'autre.

Faits: Si frères et sœurs rivalisent l'un avec l'autre, il est normal que les jumeaux rivalisent aussi, mais pas tout le temps.

Impact: Lorsque des parents de jumeaux, estimant que la compétition fait partie de la vie gémellaire, ne fixent pas de limites aux conflits de leurs enfants, chaque jour peut se transformer en champ de bataille. Les jumelles Smith, aujourd'hui âgées d'une quarantaine d'années, ne ratent pas une occasion de se faire la guerre même si elles vivent dans deux villes très éloignées l'une de l'autre.

Leurs parents se sont enfin rendu compte que leur mauvaise compréhension d'une rivalité saine les avaient induits à pousser leurs filles à se battre sur tous les terrains. Aussi, en grandissant, leur relation a-t-elle été caractérisée par des attitudes extrêmes. Un jour, elles s'enlaçaient et se soutenaient mutuellement, le lendemain, elles se rouaient de coups.

Que faire? Posez des limites claires. Aidez vos enfants à dépenser leur énergie en faisant du sport et d'autres activités productives.

Mythe: Ils se développeront plus lentement que les autres enfants.

Faits: Les jumeaux ne se développent pas moins vite que les autres. Les enfants prématurés et d'un faible poids à la naissance courent néanmoins plus de risques de présenter un retard de croissance: les jumeaux sont souvent prématurés ou petits.

Impact: Quelle qu'en soit la cause, la lenteur du développement d'enfants multiples pourrait être considérée comme «normale» chez les jumeaux, ce qui retarderait ou éliminerait la possibilité de soins correctifs opportuns.

Que faire? Si vos bébés sont nés avant terme, surveillez-les pour voir s'ils présentent des symptômes de retard de croissance. Si un ou plusieurs de vos bébés présentent un développement insuffisant dans un domaine quel qu'il soit, veillez à le faire suivre par votre médecin afin qu'un diagnostic soit posé et, le cas échéant, un traitement préventif prescrit.

Mythe: Les jumeaux sont les deux moitiés d'un ensemble et partagent tout.

Faits: Les jumeaux partagent leurs parents et leurs frères et sœurs. Mais ils sont avant tout des êtres à part entière qui méritent leurs propres jouets, vêtements et cadeaux.

Impact: Ce mythe véhicule l'idée complètement fausse selon laquelle les jumeaux sont heureux d'être traités comme s'ils étaient une seule et unique personne. Il arrive souvent que des jumeaux adultes me parlent de leur chagrin quand, enfants, ils recevaient une seule carte ou un seul cadeau d'anniversaire.

Que faire? Parlez-en à l'avance à vos parents et amis pour leur éviter d'être la cause de souvenirs douloureux. Une carte ou un cadeau bon marché pour chaque enfant vaut mieux qu'un présent très coûteux à partager.

Mythe: On peut toujours compter sur les jumeaux pour jouer ensemble.

Faits: Les jumeaux sont des frères et sœurs. Il est plus facile pour certains frères et sœurs de jouer ensemble que pour d'autres. Le tempérament et la compatibilité jouent un rôle important dans l'entente entre jumeaux. Lorsque tout va bien, leurs jeux sont une merveille de coopération et d'amusement. Dans le cas contraire, les jumeaux peuvent être de farouches adversaires.

Impact: L'idée que les jumeaux sont automatiquement de bons amis peut amener les parents à penser que leurs enfants ont un problème s'ils ne s'entendent pas. Et lorsqu'ils s'entendent bien, les parents peuvent être bercés par l'illusion que leurs jumeaux n'ont pas besoin de contacts avec d'autres enfants.

Que faire? Posez des limites – en fonction de l'âge de vos enfants – aux attitudes agressives. Soyez un bon entraîneur et un bon arbitre. Arrangez-vous pour que vos enfants jouent séparément et avec d'autres enfants.

Mythe: Qui est le bon? Qui est le mauvais?

Faits: Le comportement des jumeaux, tout autant que celui des enfants uniques, n'est pas prédéterminé à la naissance. Chaque nouveau-né a un tempérament et une manière d'être qui lui sont propres et qui peuvent plus ou moins faciliter la tâche des parents. Cela n'indique en aucune manière une prédisposition à être «bon» ou «mauvais». Notre volonté de distinguer nos bébés fait que nous recherchons tout naturellement des différences et que nous utilisons ces différences pour les décrire.

Impact: Je fus surprise la première fois qu'on me demanda laquelle de mes filles était la «bonne» et laquelle était la «mauvaise». Ce ne fut malheureusement pas la dernière. Il arrive aussi que les parents eux-mêmes définissent leurs enfants de manière manichéenne.

L'appel qui est resté le plus longtemps gravé dans ma mémoire venait d'une jeune mère qui, disait-elle, était parvenue à déterminer lequel de ses jumeaux âgés de quatre jours était le «mauvais». Lorsque je lui demandai pourquoi elle pensait avoir raison, elle me répondit: «L'infirmière dit qu'il est le plus agité des deux.»

Cet appel démontre le pouvoir insidieux du mythe. Voici l'exemple d'une infirmière qui succombe au mythe en adoptant une attitude négative pour différencier les bébés. De cette manière et sans le vouloir, elle fournit à la mère l'indice dont elle avait besoin pour cataloguer ses enfants.

Que faire? Pensez aux différences de vos enfants en termes positifs, les étiquettes négatives pouvant être déterminantes. N'utilisez que des qualités ou des caractéristiques bonnes ou neutres pour les décrire: «C'est le plus bavard; elle est observatrice.»

Mythe: L'un des deux sera toujours le meneur et l'autre le suiveur.

Faits: Ce qui est vrai, c'est que l'équilibre qui s'installe entre des jumeaux ou autres enfants multiples est un savant mélange de tempéraments, d'aptitudes et de goûts personnels. Dans leur prime enfance, les jumeaux expérimentent différents types de situations et instaurent généralement un système dynamique où, tour à tour, ils occupent les positions de meneur et de suiveur dans toutes leurs activités ou dans certaines d'entre elles.

Impact: Si l'on en croit ce mythe, seul un des jumeaux peut s'épanouir. Je fus pour la première fois confrontée à ce mythe lorsqu'un professeur de linguistique, qui préparait un mémoire de maîtrise, écouta les babillages de mes jumelles que j'avais enregistrés. Je m'attendais à ce qu'elle fût aussi intéressée que moi par le sujet de leurs conversations. Mais ce qui l'impressionna le plus, c'était que chaque enfant à tour de rôle introduisait un sujet de conversation. Elle avait présumé que l'une serait la meneuse et établirait toujours les règles du jeu.

Le danger de ce mythe est qu'il peut confiner un jumeau dans la position de «meneur» et l'autre dans celle de «suiveur». Les enfants prêtent attention aux mots que nous choisissons pour les décrire. Si nous utilisons des mots restrictifs, nous court-circuitons leur exploration des différents rôles alors que celle-ci est normale et nécessaire dans le développement gémellaire.

Que faire? Evitez de leur coller des étiquettes. Encouragez-les dans des rôles différents. Pensez à leurs points forts par rapport aux autres enfants de leur âge et à leurs intérêts. Par exemple, si l'un de vos jumeaux de trois ans est physiquement vigoureux et semble dominer les jeux, vous pourriez le décrire comme un petit garçon très sociable. Si votre autre jumeau est calme, tolérant et sensible à la musique, vous pourriez dire de lui qu'il est facile à vivre et mélomane. Cela leur permettra de révéler des compétences à la fois de meneur et de suiveur.

Mythe: Ils auront des problèmes pour apprendre à parler.

Faits: Il n'y a rien dans la nature des jumeaux qui les rende moins aptes à parler que les autres enfants. (En réalité, certains jumeaux apprennent à parler plus tôt: il est prouvé que les jumelles dizygotes maîtrisent souvent la parole avant les autres jumeaux et même avant les enfants uniques.)

Mais il est vrai que le processus d'acquisition de la parole est très différent chez les enfants multiples. Ceux-ci vont certainement élaborer un système complexe de communication non verbale. Compagnons avant même la naissance, ils seront capables de communiquer leurs sentiments et leurs observations par des gestes et des sons avant d'apprendre à parler. Souvent, il arrive aussi que les parents, trop occupés, ne puissent parler à leurs enfants autant qu'il le faudrait pour favoriser un développement approprié du langage.

Cela dit, il est vrai qu'étant donné le taux démesurément élevé de prématurité et de faible poids à la naissance, les jumeaux courent un risque important de problèmes physiologiques, tels qu'une perte d'audition, qui affectent l'évolution du langage. Les parents doivent toujours faire examiner leurs enfants en cas de doute.

Impact: Le danger de ce mythe est que les parents et les personnes qui les assistent peuvent penser que les difficultés de langage constatées chez ces enfants sont normales et ratent ainsi l'occasion de se faire aider pour résoudre un problème qui pourrait encore être corrigé.

Que faire? Si vous craignez que le langage de vos enfants ne se développe pas à un rythme normal pour leur âge, faites-leur passer un test d'audition. Si aucun problème d'audition n'est détecté, demandez à votre pédiatre qu'il vous adresse à un spécialiste qui posera un diagnostic.

Mythe: Ils développeront un langage codé que vous ne comprendrez pas.

Faits: Il se peut effectivement que vous éprouviez beaucoup de difficultés à comprendre les babillages de vos bambins, mais les études ont démontré que les jumeaux ne développent que très rarement un véritable langage secret, qui est d'ailleurs la résultante d'une carence affective ou d'un isolement extrême.

Il est assez probable que les jumeaux créent un langage complexe, un mélange de mots mal prononcés et inventés de toutes pièces qui peuvent déconcerter les étrangers et les parents trop occupés et inquiets. Parfois, les aînés jouent le rôle d'interprètes auprès de leurs parents. Parfois, aucune interprétation n'est nécessaire.

Impact: Voici un exemple qui montre à quel point ce mythe peut déformer la perception qu'un professionnel a des jumeaux. Une psychologue d'un grand hôpital pédiatrique m'appela un jour, tout agitée, pour me demander mon avis à propos de jumeaux qui, elle en était sûre, avaient inventé leur propre langage. Lorsque je les observai, je m'aperçus qu'ils utilisaient, sans les prononcer correctement, des mots ordinaires que je pouvais facilement comprendre.

Lorsque je m'enquis d'éventuels troubles de l'audition, la psychologue confirma que les bambins souffraient effectivement d'une perte d'audition. Elle était si enthousiaste d'avoir diagnostiqué un «langage secret» qu'elle avait négligé l'incidence évidente de ce handicap.

Que faire? Parlez à vos jumeaux quand vous les nourrissez, quand vous les changez et quand vous faites le ménage. Prenez quelques minutes par jour pour leur faire la lecture ou pour jouer avec chacun d'eux et prêtez attention à leur langage. Encouragez-les à utiliser des mots s'ils désirent quelque chose. Aidez-les à apprendre de nouveaux mots en les prononçant lentement et clairement.

Mythe: Il faut séparer les jumeaux à l'école pour leur bien.

Faits: Le besoin des jumeaux d'être séparés ou placés dans la même classe varie d'année en année. Il n'y a pas de formule miracle qui puisse être appliquée dans tous les cas. En général, il est préférable de mettre des jumeaux dans la même classe à l'école maternelle et primaire. Aucune recherche ne prouve la nécessité d'une séparation pour le développement de la personnalité à ce stade. En fait, les jumeaux qui sont séparés de façon inopportune risqueraient même de régresser et de s'accrocher plus étroitement l'un à l'autre.

Impact: Désireux d'agir au mieux pour leurs jumeaux, il arrive que les parents et le personnel enseignant séparent de jeunes jumeaux avant qu'ils ne soient prêts. Aussi étrange que cela puisse paraître, cette pratique peut produire l'effet inverse de celui escompté. Il n'est pas rare que les jeunes jumeaux s'inquiètent l'un de l'autre lorsqu'ils sont séparés, notamment s'ils doivent faire face à des situations nouvelles. Ensemble, ils ont la possibilité de se détendre et de se concerter sur l'expérience qui les attend.

Que faire? Chaque année, évaluez la nécessité pour vos enfants d'être scolarisés ensemble ou séparément et demandez au personnel enseignant son avis sur la question. Nous reviendrons sur le sujet au chapitre 12.

Mythe: Ils ne se feront jamais d'amis.

Faits: Les jumeaux sont avantagés quand il s'agit de s'intégrer dans la vie sociale. La plupart des jumeaux trouvent leur compagnie mutuelle agréable pendant les premières années, mais, si l'occasion se présente, ils seront très heureux de jouer avec d'autres enfants. Quand elles étaient enfants, mes jumelles venaient parfois me trouver pour se plaindre: «On n'a personne avec qui jouer!»

Impact: Ce mythe peut pousser les parents anxieux à organiser de nombreuses rencontres ludiques, ne laissant à leurs enfants que peu ou pas de temps pour se reposer. Par contre, si un des parents estime que ses jumeaux sont incapables de se socialiser en dehors du couple qu'il forme, il pourrait s'abstenir de tout effort.

Que faire? Progressivement, à mesure que votre énergie et votre temps le permettront, donnez à vos jumeaux l'occasion de jouer avec d'autres enfants. Encouragez-les à se faire des amis. Rappelez-vous aussi que chacun des enfants peut avoir son propre rythme de développement social. Ne vous attendez pas à ce qu'ils manifestent le même enthousiasme en même temps.

Mythe: L'homosexualité est plus fréquente chez les jumeaux.

Faits: L'homosexualité n'est pas plus fréquente chez les jumeaux que chez les autres.

Impact: Ce mythe s'appuie sur la croyance que l'homosexualité est due à l'association et que, par conséquent, des jumeaux du même sexe seront enclins à l'homosexualité en raison de leur relation très étroite. Il est vrai, en revanche, que des jumeaux monozygotes, qui partagent le même patrimoine héréditaire, auront plus de chances que des jumeaux dizygotes d'être tous deux homosexuels. Cela tendrait à prouver que l'homosexualité a une origine génétique.

Que faire? Si vos parents ou amis font allusion à ce mythe, expliquez-leur les faits. Si vos enfants y font allusion, expliquez-leur aussi ce qu'il en est.

Mythe: Le divorce est plus fréquent chez les jumeaux que chez les autres.

Faits: Les études révèlent que les taux de divorce chez les jumeaux et les autres adultes sont les mêmes.

Impact: Ce mythe renforce l'image négative de la gémellité et peut être source d'inquiétudes inutiles chez les jumeaux et leurs familles. Nous reviendrons sur les flirts, le mariage et le divorce des jumeaux dans les chapitres ultérieurs.

Que faire? Contribuez à enrayer la diffusion de ce mythe en donnant des informations correctes lorsque la question est mise sur le tapis. Si vos enfants vous interrogent sur ce mythe, rassurez-les en leur disant qu'il est faux.

Mythe: Les jumeaux ont une perception extrasensorielle et peuvent lire mutuellement dans leurs pensées.

Faits: Les recherches menées à ce jour rejettent l'idée selon laquelle les jumeaux auraient une perception extrasensorielle et pourraient lire mutuellement dans leurs pensées.

Néanmoins, certains jumeaux, à l'instar de couples ou autres frères et sœurs très proches, vivent en telle harmonie qu'ils sont capables de terminer mutuellement leurs phrases et de prévoir les intentions de l'autre.

Impact: Ce mythe repose sur notre fascination pour les sciences occultes et la croyance dans le caractère surnaturel des jumeaux. Toutes les personnes que je rencontre connaissent au moins une histoire qui illustre les pouvoirs métapsychiques des jumeaux. Les jumeaux eux-mêmes racontent souvent de telles histoires sur leurs propres expériences. Mais il en est aussi qui m'ont demandé s'ils avaient un problème parce qu'ils n'ont pas ressenti la douleur de l'autre, deviné ses pensées ou su que quelque chose lui était arrivé.

Que faire? Traitez la relation de vos jumeaux d'une façon neutre. S'il leur arrive de communiquer par télépathie, profitez de cette expérience avec eux. Mais cessez d'accorder trop d'importance à un élément normal de leur étroite relation de crainte qu'elle ne devienne oppressante.

Chapitre 4

Votre grossesse multiple

Donnez à vos enfants un bon départ

La grossesse est une période d'anxiété pour toutes les mères et notamment pour les femmes enceintes de jumeaux ou de plusieurs enfants. Il y a, en effet, davantage matière à s'inquiéter: «Les bébés seront-ils en bonne santé? Naîtront-ils prématurément?» La santé et le bien-être de la mère sont également une cause de souci: «Combien de kilos vais-je prendre? Cette grossesse sera-t-elle différente de la précédente? Ne vais-je pas tomber malade? Qu'en sera-t-il des contractions et de l'accouchement?»

Si vous avez déjà été enceinte, votre grossesse multiple vous paraîtra probablement différente. Premièrement, vous grossirez plus et plus vite que si vous portiez un seul bébé, les jumeaux se développant rapidement au cours du second trimestre. Deuxièmement, vous ressentirez probablement davantage les désagréments liés à la grossesse: brûlures d'estomac, hémorroïdes, varices, fatigue et nausées. Et troisièmement, le risque d'un accouchement prématuré sera plus grand.

VOTRE ÉQUIPE SOIGNANTE

Vous devez vous assurer que votre équipe soignante, qu'il s'agisse du gynécologue, de la sage-femme ou de l'assistant du médecin, soit rodée aux grossesses multiples et capable de vous aider à vivre une grossesse «à risque potentiel». Vous avez le droit de recevoir les meilleurs soins pour vous-même et pour vos bébés pendant et après votre grossesse. Le moment est venu de vous préoccuper de votre santé et de choisir une équipe qui comprenne vos besoins.

Il est temps de vous séparer d'un médecin qui pense qu'il ne faut pas «faire tout un plat» d'une grossesse gémellaire, qui essaie de limiter votre prise de poids parce que c'est ce qu'on lui a appris il y a plusieurs années ou qui refuse de vous prêter attention lorsque vous lui expliquez que vous êtes peut-être enceinte de jumeaux.

Le choix d'un gynécologue

Voici quelques questions à poser à votre gynécologue:

• Combien d'accouchements multiples faites-vous par an? (Environ cinq accouchements par an devraient suffire.) Quelle est la durée moyenne des grossesses gémellaires et de triplés dont vous vous êtes récemment occupé(e)?

• Etes-vous partisan d'examens prénatals plus fréquents pour les grossesses multiples?

• Comment réduisez-vous la probabilité d'un accouchement prématuré dans les grossesses multiples?

• Quand et comment diagnostiquerez-vous le nombre de placentas et de membranes chorioniques? Ferez-vous une échographie détaillée? Après l'accouchement, enverrez-vous les placentas au service de pathologie pour un examen complet afin de vérifier le diagnostic posé et de confirmer si les jumeaux sont mono- ou dizygotes?

• Pouvez-vous expliquer dans quelle mesure le nombre de placentas et de membranes chorioniques influe sur le niveau de risque? Comment gérez-vous ces risques?

• Nous donnerez-vous des conseils alimentaires spécifiques dans le cas d'une grossesse multiple?

• Avez-vous des ouvrages intéressants à nous proposer?

• Pouvez-vous, séance tenante, nous mettre en contact avec un groupe de soutien parental?

• Quels symptômes pourraient être annonciateurs de complications dans cette grossesse? (Pour que la réponse soit acceptable, elle doit mentionner tous les points suivants ou la plupart d'entre eux: douleurs prématurées, maux de dos, fièvre, souffle court.)

• Aurons-nous au moins un rendez-vous avec un périnatologue? (Un périnatologue est capable de déterminer le nombre de placentas et de membranes ainsi que les risques potentiels.)

• Utilisez-vous des courbes de croissance spécifiques aux enfants multiples pour évaluer le développement prénatal des jumeaux, des triplés, quadruplés, etc.? (On peut trouver ces courbes de croissance utilisées pour les échographies et pour la mesure de la hauteur utérine dans des ouvrages spécialisés.)

• Un périnatologue sera-t-il présent ou de garde lors de mon accouchement? (S'il n'y a pas de périnatologue de garde, vous devriez envisager d'accoucher dans un centre médical plus important.)

Si aucune réponse à ces questions ne vous satisfait, vous voudrez sans doute vous adresser à un autre gynécologue. Si vous avez des problèmes de distance ou des contraintes financières, prévoyez de vous rendre au moins une fois dans un grand centre médical pour subir l'examen d'un périnatologue. Si celui-ci identifie des risques particuliers, il pourra ensuite gérer le cas.

Le choix d'un pédiatre

Si vous choisissez votre gynécologue sur la base de ses compétences, pourquoi ne pas envisager aussi le choix d'un pédiatre ou d'un médecin de famille? Si vous avez d'autres enfants, peut-être êtes-vous satisfaite de votre pédiatre actuel. Mais que vous décidiez de garder ce pédiatre ou d'en choisir un autre, réfléchissez bien à la question. Pendant les années à venir, c'est lui qui s'occupera, avec vous, de la santé et du développement de vos enfants, et votre tranquillité d'esprit dépendra des rapports que vous entretiendrez avec ce médecin et de la confiance que vous aurez en lui.

Posez-vous ces quelques questions avant de prendre une décision:

- Vos amis et connaissances, parents de jumeaux, peuvent-ils vous recommander quelqu'un? Demandez-leur les raisons de leur choix.

- L'association de parents de jumeaux à laquelle vous vous êtes adressée connaît-elle des médecins recommandés par les parents?

- Demandez au médecin que vous envisagez de choisir combien il traite de familles à enfants multiples.

- Le médecin en question partage-t-il votre point de vue sur l'allaitement des jumeaux ou des triplés? Vous aidera-t-il dans ce sens?

- Avez-vous l'impression que ce médecin sera sensible aux réactions de vos enfants multiples à mesure qu'ils grandiront? Sera-t-il capable de les distinguer, de se souvenir de leurs prénoms et de faire des commentaires sensés sur leurs différences de croissance et de développement?

- Demandez au médecin et à son équipe s'ils pourront prendre des dispositions pour faciliter vos visites. Peut-être accepteront-ils de vous fixer rendez-vous aux heures creuses ou d'envoyer quelqu'un au parking pour vous aider à porter vos triplés jusqu'au cabinet.

Souvenez-vous aussi que la réputation et les références sont certes importantes, mais pas suffisantes. Il est capital que le courant passe entre vous et votre médecin, que vous ayez un seul enfant ou plusieurs. Et cette bonne relation devrait également exister entre le médecin et vos bébés.

Si vous consultez un pédiatre, n'oubliez pas de lui demander un calendrier de vaccinations. Fixez à l'avance plusieurs rendez-vous chez lui, car la tâche sera loin d'être aisée quand vous aurez plusieurs bébés sur les bras.

VOTRE SANTÉ DURANT LA GROSSESSE

Une fois que vous aurez résolu la question des soins gynécologiques, votre tâche principale durant la grossesse consistera à bien vous nourrir, à bien vous reposer et à être attentive aux signes d'un accouchement prématuré.

La durée moyenne de gestation pour les grossesses simples est de quarante semaines. Pour des jumeaux, on considère qu'une grossesse est arrivée à terme après trente-sept semaines, trente-neuf semaines étant la durée optimale. Les jumeaux passent généralement moins de temps dans l'utérus que les enfants uniques: peut-être l'utérus ne peut-il supporter de se distendre davantage avant le début des contractions. Ainsi, non seulement les jumeaux doivent partager les matières nutritives disponibles, mais, en moyenne, ils disposent aussi de moins de temps pour se développer.

La prématurité et un faible poids à la naissance (moins de deux kilos et demi) étant considérés comme annonciateurs de problèmes de santé, l'essentiel dans une grossesse multiple est d'éviter une naissance prématurée. Chaque jour supplémentaire, chaque gramme supplémentaire sont précieux.

Régime

Une mère raconte: «Avant de découvrir que j'attendais des bébés, mon gynécologue passait son temps à me réprimander parce que j'avais pris trop de poids.» «J'étais affamée toute la journée et je mangeais constamment pour tenir le coup. Au cinquième mois de ma grossesse, j'étais si énorme qu'il pratiqua une échographie afin de déterminer la date de l'accouchement, pensant que je m'étais trompée sur la date de la conception. Lorsqu'il vit que j'attendais des jumeaux, il estima qu'après tout je ne mangeais pas tant que cela.»

On pense qu'une alimentation inadéquate serait la cause principale des naissances prématurées et du faible poids des jumeaux à leur naissance. Jusqu'à il y a peu, les médecins imposaient des limites à la prise de poids prénatale, y compris pour les grossesses gémellaires. Pourtant, certaines études ont indiqué que les mères encouragées à bien manger et à ne pas limiter leur prise de poids accouchaient à terme, dans presque tous les cas, de bébés en bonne santé.

Une étude, réalisée sur des femmes trop minces ou de poids moyen avant de tomber enceintes, révèle que l'issue de leur grossesse dépend clairement de leur prise de poids; en d'autres termes, plus elles prennent du poids, plus les bébés sont gros et naissent à terme. La relation est moins évidente pour les femmes qui sont en surpoids avant leur grossesse.

Les dernières directives, publiées dans le bulletin d'informations de l'*American Dietetics Association,* recommandent que les femmes trop minces, enceintes de jumeaux, prennent de dix-huit à vingt-trois kilos, les femmes de poids moyen de seize à vingt kilos et les femmes en surpoids de onze à seize kilos.

Pour des triplés, il est recommandé de prendre de vingt-trois à vingt-sept kilos pour les femmes trop minces, de vingt à vingt-cinq kilos pour les femmes de poids moyen et de seize à vingt kilos pour les femmes en surpoids.

La prise de poids est tellement importante pour la réussite d'une grossesse multiple qu'elle ne peut attendre: elle doit se produire au début d'une grossesse qui pourrait ne pas arriver à terme. Il est donc important de bien manger dès le départ même si vous trouvez que vous avez peu d'appétit.

Il va sans dire que cette prise de poids doit être le résultat d'un régime riche en éléments nutritifs essentiels. Vous devrez doubler votre consommation de protéines et la porter de 120 à 150 grammes par jour et augmenter proportionnellement votre consommation d'hydrates de carbone et de graisses. La consommation normale de protéines pour une grossesse simple devrait être de 60 grammes par jour. Une étude canadienne recommande aux mères d'accroître leur consommation journalière de protéines de 50 grammes par enfant. Un diététicien peut vous aider à composer un menu personnel qui corresponde à vos besoins spécifiques et tienne compte de vos préférences alimentaires.

A mesure que la grossesse avance, il se peut que vous vous sentiez moins capable de cuisiner un repas compliqué.

Parallèlement, vous aurez de plus en plus de mal à avaler plus d'une petite quantité à la fois. Vous pourrez satisfaire vos besoins alimentaires par de petits repas fréquents.

Des soupes de légumes, de lentilles et de pois cassés sont nutritives et faciles à cuisiner. Vous pouvez vous préparer un milk-shake plein de protéines et le conserver au réfrigérateur. Vous pouvez vous nourrir toute la journée de repas préparés à l'avance: fruits et légumes, noix, œufs durs, cubes de fromage, fromage de soja, yaourt, etc.

Les femmes enceintes de jumeaux ont besoin d'une quantité énorme d'éléments nutritifs. Elles sont affamées et ont de bonnes raisons de l'être.

Repos et alitement

«Je suis enceinte de jumeaux depuis cinq mois. Mon médecin m'a dit qu'au sixième mois je devrais cesser de travailler et rester alitée jusqu'à l'accouchement. Comment ferai-je pour m'occuper de mon aîné qui n'a que deux ans et de mon ménage si je dois rester au lit pendant deux ou trois mois? Est-ce vraiment nécessaire?»

On ignore encore si l'alitement des femmes enceintes pendant de longues périodes est bénéfique ou non. On pense que l'activité, en particulier la marche et le soulèvement de poids, exerce une pression sur le col de l'utérus et empêche les grossesses multiples d'arriver à terme.

Pour les femmes qui présentent un risque élevé de grossesse prématurée, l'alitement peut allonger la gestation de quelques semaines. Il n'est cependant pas nécessaire dans *tous* les cas de grossesses multiples. Les conclusions d'études récentes sur la question sont contradictoires.

Il est certainement essentiel de réduire son activité et de prendre beaucoup de repos, mais il ne n'est peut-être pas indispensable de se contraindre à l'alitement. Le médecin de la femme que je viens de citer devrait lui expliquer clairement les raisons pour lesquelles il lui prescrit un strict alitement. Peut-être ses antécédents médicaux ou les caractéristiques de sa grossesse ont-ils amené le médecin à prendre cette décision. Si l'on vous dit que l'alitement est nécessaire, veillez à obtenir une explication complète de cette décision et à comprendre exactement ce que vous pouvez faire ou non.

Le terme alitement sous-tend toute une palette de restrictions. La forme la plus douce pourrait être comparée à «l'assignation à résidence»: la femme enceinte est confinée chez elle, mais jouit d'une liberté de mouvement. Il est plus courant que la femme enceinte soit clouée au lit. Elle peut être autorisée à se redresser ou être obligée de rester couchée sur le dos. Elle peut avoir l'autorisation de se lever pour aller aux toilettes ou devoir utiliser un bassin hygiénique. La forme la plus sévère est l'hospitalisation, peut-être avec une perfusion pour permettre l'administration continue d'antispasmodiques.

Quelle qu'en soit la raison, si l'alitement est conseillé et justifié, la mère est confrontée à un problème d'organisation. La famille devra modifier ses projets. Il peut s'avérer nécessaire de faire appel avant la date prévue aux personnes qui s'étaient portées volontaires ou d'utiliser une partie du budget pour louer les services d'une aide familiale.

L'alitement peut être difficile pour la famille, pour l'état de santé général de la mère si son corps perd du tonus musculaire et pour son confort émotionnel. Si vous êtes contrainte à l'inactivité, vous aurez l'impression d'être une couveuse humaine, clouée au lit, tandis que votre esprit ne cessera de penser à tout ce que vous devez faire. Vous vous inquiéterez peut-être parce votre congé de maternité sera épuisé avant même que les bébés ne naissent.

Votre compagnon, votre famille et vos amis vous soutiendront sans doute; peut-être ne le feront-ils pas. Il est important qu'ils approuvent ce que vous faites et ne laissent pas entendre que vous vous relâchez.

Voici quelques suggestions qui peuvent vous aider:
• Votre esprit sera soulagé de savoir que les personnes qui vous aident peuvent s'acquitter de certaines tâches indispensables.

- Avec l'accord de votre équipe médicale, faites des exercices musculaires isométriques ou légers qui peuvent permettre à vos muscles de garder un certain tonus.

- Méditez. Ayez des pensées positives. Pensez à ce que votre corps fait pour le bien-être de vos bébés. Imaginez-les grandissant de jour en jour.

- Faites l'effort d'éviter les sujets qui suscitent l'inquiétude. Laissez votre compagnon s'informer sur les risques de la grossesse et vous les soumettre petit à petit. Ce n'est pas le moment de ressasser les histoires de tante Gertrude sur les jumeaux handicapés de ses voisins.

- Trouvez une activité qui vous paraîtra utile. Essayez le tricot ou la couture – tout ce que vous pourriez faire au lit. Si vous avez d'autres enfants, impliquez-les: partager une activité remontera le moral de toute la famille.

- Tenez un journal. Si vous le commencez maintenant que vous en avez le temps, vous pourrez le continuer à mesure que vos bébés grandiront. Après leur naissance, vous serez occupée, mais vous pourrez voler quelques instants, de temps à autre, pour immortaliser un souvenir merveilleux. Vous pouvez également vous servir de votre journal pour parler de vos mauvais moments. Plus tard, vous serez capable de les examiner avec le recul nécessaire.

- Lisez tout ce que vous n'avez jamais eu le temps de lire.

- Entrez en contact avec d'autres femmes alitées par téléphone, courrier ou e-mail (si vous arrivez à vous installer devant l'ordinateur).

Même si vous ne vous en rendez pas compte aujourd'hui, l'alitement présente certains avantages, notamment si vous avez d'autres enfants. Durant cette période, la mère quitte progressivement le centre de la scène domestique et la famille s'habitue à faire davantage sans elle. Cela adoucira l'effet du dévouement absolu dont elle fera preuve à l'égard de ses bébés après leur naissance.

Exercices prénatals

Que vous soyez obligatoirement alitée ou non, veillez à garder votre corps en forme autant que possible pendant votre grossesse. La pression exercée sur les muscles abdominaux et le plancher pelvien augmentera au fur et à mesure de votre grossesse. Vous vous déplacerez moins facilement et vos muscles perdront du tonus.

Si vous êtes en forme durant la grossesse, vous retrouverez rapidement après l'accouchement votre condition d'avant la naissance. Si vous étiez active avant de tomber enceinte, vous serez sans doute capable de continuer à pratiquer certains exercices. Quoi que vous fassiez, il est essentiel de consulter votre équipe médicale pour savoir quel programme d'exercices est indiqué durant votre grossesse. Une grossesse multiple n'est pas l'occasion de faire subir à votre corps une séance d'entraînement éreintante. Si vous vous sentez fatiguée, c'est que votre corps vous ordonne le repos.

Des exercices légers que vous pouvez pratiquer au lit pourront vous aider.

Enfin, n'oubliez pas d'être attentive à votre posture. Le poids croissant de votre ventre exercera une pression sur votre dos. Gardez le cou droit et le menton rentré de manière que votre corps forme une ligne droite. Tirez vos épaules en arrière et contractez votre abdomen. Rentrez les fesses et inclinez votre bassin vers l'arrière.

Reconnaître les signes et éviter un accouchement prématuré

Si vous êtes enceinte de jumeaux, votre objectif est de mener votre grossesse aussi près que possible de son terme. Généralement, une grossesse gémellaire à terme est de deux à trois semaines plus courte qu'une grossesse simple.

En d'autres mots, chaque semaine supplémentaire représente un énorme bénéfice pour vos bébés. Ils auront plus de chances non seulement de survivre, mais également de naître en bonne santé.

Même si l'alitement n'est pas recommandé dans votre cas, nous vous conseillons de vous reposer le plus possible et de réduire les activités contraignantes, en particulier après la vingtième semaine. Il est conseillé de se reposer au moins trois fois par jour pendant une heure sur le flanc gauche (se reposer sur le flanc gauche facilite la circulation sanguine). Buvez beaucoup d'eau tout au long de la journée. Ne laissez pas votre organisme se déshydrater. Essayez d'éviter les longs trajets, tous travaux lourds ou de déménager durant cette période.

Il est également important, cela va de soi, que vous connaissiez les symptômes d'un accouchement prématuré et que vous soyez prête, le cas échéant, à demander une aide médicale urgente.

Vous devez absolument savoir que vous pouvez avoir d'importantes contractions sans éprouver de douleur et qu'il est impératif d'appeler votre médecin en cas de contractions, quelles qu'elles soient. Il est essentiel qu'il vous donne des instructions pour que vous puissiez bien vous contrôler et aussi que vous compreniez bien ces instructions.

J'ai dressé une liste de signes annonciateurs d'un éventuel accouchement prématuré. Si vous ressentez l'un de ces signes, couchez-vous et placez votre main sur votre bas-ventre. Si vous sentez le durcissement de votre utérus, cela signifie qu'il se contracte. Il est alors temps d'appeler votre médecin.

- Léger mal de dos
- Crampes semblables aux crampes menstruelles
- Pression abdominale
- Crampes abdominales avec ou sans diarrhée
- Contractions éventuelles
- Mal-être.

Les symptômes suivants sont des signes indicateurs d'un accouchement prématuré. Rendez-vous immédiatement aux urgences ou au service des admissions si vous les ressentez.

- Eau coulant ou jaillissant du vagin
- Saignement du vagin

• Contractions toutes les dix minutes ou moins pendant une heure.

Si votre équipe médicale diagnostique les signes d'un accouchement prématuré, vous serez soit admise à l'hôpital soit traitée comme une patiente en consultation externe. Voici quelques techniques pour contrôler ou traiter les contractions précoces.

• Un contrôle externe à l'aide d'un dispositif que vous pouvez emporter à la maison permet de recueillir des données sur vos contractions et d'en faire part à votre médecin.

• Des médicaments administrés par voie intraveineuse ou voie orale, tels que la ritodrine ou la terbutaline, aident à supprimer les contractions.

• Une pompe sous-cutanée permet d'administrer ces médicaments d'une manière plus efficace et peut être utilisée à la maison.

Séances de préparation à l'accouchement

Etant donné l'éventualité d'un alitement ou d'un accouchement prématuré, il est préférable que vous vous inscriviez très tôt à des séances de préparation à l'accouchement.

Essayez de suivre ces séances du quatrième au sixième mois (plutôt qu'au septième mois, comme c'est généralement le cas pour une grossesse simple). Demandez à suivre un cours spécialement consacré aux naissances multiples. S'il n'y en a pas près de chez vous, essayez de savoir si le centre hospitalier le plus proche en propose. De toute façon, mieux vaut suivre un cours d'accouchement général que rien du tout.

Puisque vous risquez d'accoucher prématurément, assurez-vous que votre cours inclut une visite au service de soins néonatals intensifs.

SAVOIR SI VOS ENFANTS SONT MONO- OU DIZYGOTES

Les raisons ne manquent pas, pour vous et vos enfants multiples, de savoir s'ils sont monozygotes, dizygotes ou, dans le cas de plusieurs enfants, une combinaison des deux. Je crois qu'ils ont le droit d'en savoir le plus possible sur eux-mêmes. Nous reviendrons sur cet aspect au chapitre 8. Mais les raisons peuvent également être d'ordre sanitaire.

Les jumeaux monozygotes sont des donneurs d'organes et de sang parfaitement compatibles l'un pour l'autre. Cette information peut sauver leur vie en cas d'urgence médicale. Les parents, conscients que leurs jumeaux monozygotes sont susceptibles de présenter des caractéristiques de croissance identiques, seront sensibles aux problèmes éventuels d'un jumeau si celui-ci accuse un retard par rapport à l'autre. Et l'apparition d'une maladie grave chez un jumeau monozygote peut être un signe annonciateur permettant de prescrire à l'autre un traitement préventif afin de réduire les risques éventuels.

Diagnostic avant la naissance

En pratiquant une échographie, il est possible de savoir, au cours des premiers mois de la grossesse, si les jumeaux ont un ou deux placentas. S'il y a deux placentas, les jumeaux peuvent être monozygotes ou dizygotes. S'il n'y en a qu'un, ils sont monozygotes et doivent être surveillés de près en raison des risques et des difficultés que nous avons exposés au chapitre premier. Malheureusement, ce genre de diagnostic n'est pas encore établi dans tous les cas de grossesses gémellaires. Assurez-vous que votre médecin est conscient de l'importance qu'il y a à détecter la présence d'un seul placenta. Les progrès réalisés dans la gestion médicale des grossesses gémellaires réduisent notamment les risques du syndrome transfuseur-transfusé.

Diagnostic après la naissance

Il se peut que vous ne sachiez pas si vos bébés sont mono- ou dizygotes avant leur naissance. Plusieurs méthodes peuvent alors être utilisées pour déterminer cette caractéristique après la naissance:

• *Examen du/des placenta(s)*. L'ancienne méthode qui consistait à compter le nombre de placentas après la naissance pour déterminer si les enfants sont mono- ou dizygotes a été remise en question. Néanmoins, un examen minutieux pratiqué par un pathologiste expérimenté peut permettre, dans certains cas mais pas tous, de déterminer cette caractéristique avec plus ou moins de précision.

• *Ressemblance visuelle.* Lorsque deux bébés du même sexe présentent une forte ressemblance à la naissance, on peut être tenté de supposer qu'ils sont monozygotes. Mais les apparences peuvent être trompeuses à ce stade. Des jumeaux dizygotes sont davantage susceptibles d'avoir le même poids à la naissance que des jumeaux monozygotes. Les différences de poids à la naissance ayant une grande incidence sur l'apparence des nouveau-nés, il se peut que des nouveau-nés dizygotes soient plus ressemblants à la naissance qu'ils ne le seront quelques mois plus tard et que des bébés monozygotes soient moins ressemblants qu'ils ne le seront ultérieurement.

• *Détermination du groupe sanguin.* Avec un degré d'exactitude d'environ 97%, la comparaison des facteurs sanguins était le test de zygosité le plus précis jusqu'à la mise au point de la technique d'échantillonnage de l'ADN.

• *Empreinte génétique ADN.* Il s'agit de la technique la plus récente permettant de déterminer le caractère mono- ou dizygote. Elle compare des séquences d'ADN, qui caractérisent génétiquement les jumeaux. Cette méthode est sûre à 99% lorsqu'elle est utilisée correctement; à mesure que la technique s'affine, les scientifiques espèrent atteindre un degré de fiabilité absolue. Elle est moins agressive et moins coûteuse qu'une détermination du groupe sanguin: elle consiste à analyser des tissus cellulaires prélevés à l'intérieur de la bouche.

APRÈS LA NAISSANCE

Que vous ayez accouché par la voie normale ou par césarienne, vous ressentirez une certaine gêne après la naissance, qui ressemble à celle qu'on éprouve après une naissance simple: ce mal-être est temporaire et diminue progressivement de jour en jour.

Pour ce qui est des aspects positifs, vous vous sentirez beaucoup plus légère après la naissance de vos jumeaux. Si vos bébés naissent à terme, vous aurez sans doute porté au moins cinq kilos de bébés, plus le poids de leur placenta. Après l'accouchement, vous vous sentirez soulagée en raison du relâchement de la pression exercée sur vos organes et articulations.

Mais votre corps gardera les traces d'une grossesse multiple. Souvent les muscles le long de la ligne médiane de l'abdomen sont écartés ou «désunis». Cet écartement peut généralement être corrigé par des exercices postnatals. Et à moins que vos bébés ne soient très petits, votre ventre a été distendu beaucoup plus fort que si vous aviez eu un seul bébé. Certaines femmes peuvent en être bouleversées. «J'avais l'impression que mon ventre ressemblait à un pneu crevé» – telle fut la réaction d'une mère après la naissance de ses jumeaux. Les femmes qui n'arrivent pas à retrouver un ventre plat envisageront peut-être de recourir à une plastie abdominale.

Que vous retrouviez ou non votre silhouette de jeune fille, quelques séances de fitness après la naissance de vos jumeaux vous feront le plus grand bien. Elever des jumeaux n'est pas une sinécure; vous aurez besoin d'être en pleine forme pour y arriver.

CHAPITRE 5

Petites merveilles

Les prématurés

Au chapitre 4, nous avons parlé des dispositions que vous pouvez prendre pour réduire les risques de naissance prématurée de vos jumeaux: de bons soins prénatals, une alimentation et un repos adéquats et une juste compréhension des signes annonciateurs d'un accouchement prématuré.

Ce chapitre sera consacré aux raisons pour lesquelles il est si important que vos bébés naissent aussi près que possible du terme. Plus les bébés seront développés en quittant l'utérus, plus ils auront de chances d'être en bonne santé. Chaque jour en plus peut faire la différence.

La gestation moyenne pour un seul enfant est d'environ quarante semaines, son poids à la naissance variant entre deux kilos sept cents et trois kilos six cents grammes. Les bébés qui naissent avant la trente-septième semaine sont considérés comme des enfants prématurés ou nés avant terme; ceux qui pèsent moins de deux kilos et demi sont considérés comme étant de faible poids à la naissance (et sont généralement aussi des prématurés).

Les données changent lorsqu'il s'agit d'une grossesse multiple. Le taux de prématurité pour tous les bébés nés aux Etats-Unis est d'environ 11%, tandis que le taux d'enfants de faible poids à la naissance est de 7%. Pour les jumeaux, ces taux sont d'environ 50%. La probabilité de naissance avant terme et de faible poids à la naissance augmente en fonction du nombre de bébés. Pour des triplés, les taux sont de 90% et pour des quadruplés ou plus, ils sont de 100%.

Ces chiffres sont vraiment ahurissants: ils signifient qu'au moins la moitié des jumeaux et autres triplés ou quadruplés naissent prématurément. Il est de toute évidence essentiel que les parents qui attendent plusieurs bébés se préparent à une naissance avant terme et comprennent bien ses implications parce qu'une naissance prématurée et un faible poids à la naissance peuvent augmenter de façon significative les risques de problèmes de santé et de handicaps.

Si le taux de prématurité et la petite taille des enfants multiples ne sont pas de nature à rassurer, le fait de savoir qu'il est préférable qu'ils soient dus à une grossesse multiple plutôt qu'à d'autres raisons est quant à lui rassurant.

Par exemple, la prématurité chez les bébés uniques peut être due à une mauvaise alimentation de la mère, à une toxémie ou à d'autres complications de la grossesse. Bien que ces facteurs puissent également survenir dans les grossesses gémellaires, il arrive plus souvent que les jumeaux naissent petits après une période prénatale sans problèmes. Ils sont petits parce qu'ils sont à l'étroit dans l'utérus et que celui-ci ne peut supporter un poids plus important.

NE VOUS DÉCOURAGEZ PAS

Il faut voir le bon côté des choses. Supposons que vous ayez eu une grossesse sans incidents, soigneusement contrôlée par votre équipe médicale. Vous avez bien mangé, vous êtes bien reposée et vous avez pris beaucoup de poids. Soudain, à la trente-septième semaine, vous avez des contractions et vos bébés naissent, pesant chacun deux kilos trois cents grammes. Techniquement parlant, vos bébés sont prématurés, mais ils ont probablement bénéficié d'un meilleur départ qu'un bébé seul pesant le même poids à la naissance et né aussi précocement.

En fait, des études récentes ont montré que les bébés multiples acquéraient plus de chances de survie que les autres bébés au cours du second trimestre. Durant cette période, ils se développent plus rapidement que les bébés uniques – une bénédiction quand on sait qu'ils peuvent naître un ou plusieurs mois avant terme.

La prématurité reste un facteur de risque pour vos bébés, mais les pronostics pour les bébés de petite taille se sont considérablement améliorés au cours des dernières décennies. Par exemple, le syndrome de détresse respiratoire était fatal dans 70% des cas. Aujourd'hui, il ne l'est plus que dans 15% des cas, voire moins.

Si vos bébés sont prématurés, peut-être n'auront-ils besoin d'aucun traitement particulier si ce n'est d'une surveillance à la pouponnière pour leur faire prendre du poids. Il est néanmoins important de se préparer à faire face à cette éventualité. La prématurité pouvant être un problème grave, nous consacrerons ce chapitre à ses causes et à sa prévention, à ce qu'elle peut signifier pour l'avenir des bébés et à la réaction des familles devant la petitesse de ceux-ci.

FAIBLE POIDS À LA NAISSANCE ET CONSÉQUENCES SUR LA SANTÉ

Selon une étude, les bébés multiples (qualifiés de survivants après la première année de vie) nés entre la trente-septième et la trente-neuvième semaine (pour les bébés noirs, entre la trente-septième et la trente-huitième semaine, et, pour les bébés blancs, à la trente-neuvième semaine) ont de meilleures chances de survie.

A conditions égales, plus le poids d'un bébé sera élevé, plus le pronostic sera bon. Les bébés nés avant terme qui pèsent plus de 1 500 grammes ont 85% de chances de survie et 75% d'entre eux ne présentent pas de handicap.

Les bébés de très petite taille – ceux qui pèsent de 500 grammes à un kilo – n'ont que 50% de chances de survie, et les survivants auront 25% de risques de présenter un problème médical chronique ou un handicap. Les taux de survie augmentent avec le poids; plus de 98% des bébés pesant entre un kilo cent grammes et deux kilos cinq cents grammes survivent.

Ces chiffres évoluent constamment grâce aux progrès rapides réalisés dans ce domaine, de sorte que le pronostic pour vos jumeaux pourrait être encore meilleur. Mais, ce qui ne fait aucun doute, c'est que plus ils resteront dans l'utérus, mieux ce sera.

CE QUE RESSENTENT LES PARENTS D'ENFANTS PRÉMATURÉS

Ces minuscules bébés ne sont pas les seuls à se sentir fragiles et vulnérables à la naissance. Le père, la mère et toute la famille peuvent éprouver un choc, un sentiment de peur, d'anxiété et de culpabilité. Comme nous l'avons dit précédemment, ces sentiments sont naturels; on les admet davantage aujourd'hui et on s'y prépare mieux.

Les parents de bébés prématurés, qu'il s'agisse de bébés multiples ou non, vous diront que cette expérience ébranle sérieusement ceux qui la vivent. En tant que mère, vous vous remettrez physiquement et du stress de la naissance et des longs mois de fatigue. Il se peut que vous ayez été clouée au lit et que votre forme en ait pris un coup. Le père se sentira désarmé et s'inquiétera du bien-être de ses enfants et de son épouse. Peut-être quitterez-vous l'hôpital sans vos enfants ou avec un seul d'entre eux.

A ce stade, vous avez incontestablement besoin d'aide. Comme nous l'ont dit bon nombre de parents d'enfants prématurés, informations, connaissances et encouragements sont la meilleure aide en l'occurrence.

S'ils en ont la possibilité, les futurs parents d'enfants multiples doivent envisager de visiter le service de soins intensifs pour voir à quoi ressemblent ces minuscules bébés et élargir leurs connaissances sur les traitements, les procédures et le matériel. Vos bébés ne se retrouveront peut-être jamais dans cet endroit, mais il pourrait s'avérer utile de visiter ce service à l'avance. De même, il est bon d'aller voir les bébés qui ont été transférés de l'unité de soins néonatals intensifs à la pouponnière.

Vous devrez également savoir ce à quoi vous attendre à mesure que vos prématurés grandiront. Vous aurez besoin d'informations spécifiques de la part du pédiatre et des infirmières sur l'évolution des bébés, les procédures recommandées et vos éventuelles attentes.

Souvent, les bébés prématurés ne doivent passer que quelques jours ou semaines dans les couveuses thermostatées de l'unité de soins néonatals intensifs en attendant que leur système biologique, qui règle la température corporelle, régule la respiration et permet aux bébés d'apprendre à se nourrir oralement, puisse se développer davantage. Le pronostic pour ces bébés s'en trouvera amélioré.

Voici quelques réactions typiques de parents:

• *Culpabilité.* «J'avais l'impression que c'était de ma faute – que j'avais provoqué tout cela et que je leur faisais plus de mal encore en acceptant toutes ces interventions.»

«Je me mettais martel en tête pour tout ce que je n'avais pas fait ou aurais dû faire durant ma grossesse. J'étais sortie du lit trop souvent au cours du dernier mois. J'arrangeais la chambre de ma fille aînée au lieu de me reposer.»

Les parents peuvent se sentir mal à l'aise du fait des sentiments ambigus qu'ils éprouvent à l'égard de leurs bébés fragiles. Parfois, aucun lien affectif immédiat ne se crée. Les bébés semblent si frêles et le pronostic est si incertain que les parents se demandent s'il ne vaudrait pas mieux qu'ils ne survivent pas. Ensuite, ils culpabilisent encore plus d'avoir eu cette horrible pensée.

• *Colère.* «Je m'en voulais, j'en voulais à l'équipe soignante de faire du mal aux bébés, j'en voulais à Dieu.»

• *Torpeur.* «Je n'arrivais pas à m'attacher à eux, je n'arrivais pas à en prendre soin – j'avais l'impression qu'ils n'étaient pas mes bébés.»

• *Chagrin.* De négliger un aîné ou les bébés en bonne santé en faveur du bébé le plus fragile.

Comment réagir

N'attendez pas pour donner un prénom à vos bébés. Certains parents ont du mal à s'attacher à des enfants fragiles parce qu'ils craignent le pire. Mais vous vous attacherez plus facilement à eux et vos bébés iront mieux si vous les appelez affectueusement par leur prénom.

Sachez que ce mélange d'émotions est naturel. Les schémas habituels ont été bouleversés par une naissance prématurée et les liens affectifs ne s'établissent pas de la même manière que si vous aviez eu des bébés nés à terme. Vos sentiments finiront par se stabiliser. Bientôt, vous aimerez vos bébés et ceux-ci vous donneront beaucoup de joie. Si vous rencontrez des contretemps et des difficultés, vous y ferez face et les surmonterez au fur et à mesure.

Trouvez quelqu'un qui vous écoute et vous soutienne, avec qui vous pourrez partager vos espoirs et vos craintes. Il peut s'agir de votre compagnon, mais vous pourriez tout aussi bien vouloir vous épancher en dehors de la famille. «Après mon précédent accouchement, j'ai gardé toute mon anxiété pour moi, je ne voulais pas l'admettre et j'ai fini par faire une dépression», raconte une mère de jumeaux prématurés et de deux enfants plus âgés. «Pour cet accouchement-ci, j'ai fait part de mes angoisses à ma famille. J'ai compris qu'il était normal d'en avoir. Et cela m'a permis de ne pas faire une nouvelle dépression.»

Essayez de soutenir votre compagnon. Il semble souvent que la mère se soucie de ses bébés et le père de son épouse, ce qui ne signifie pas pour autant que le père ne se soucie pas de ses enfants.

Le mieux est que celui des deux qui se sent le plus fort – la mère ou le père – essaie de soutenir l'autre moralement.

Evitez, autant que possible, les personnes insensibles qui vous enfoncent au lieu de vous encourager. Un proche peut vous dire: «Je t'avais bien dit d'arrêter de fumer» ou «Si seulement tu avais arrêté de travailler plus tôt.» Vous ne rechercherez pas, c'est certain, la compagnie de personnes tenant des propos malveillants. Mais il pourrait bien s'agir de votre père ou de votre sœur et vous ne pourrez pas vous permettre de leur tourner le dos alors que vous avez tellement besoin d'eux.

Il vaut mieux, dans ces cas-là, prendre ce genre de commentaires avec du recul. Ils sont souvent dus au chagrin ou à l'inquiétude qu'éprouvent vos proches. En réalité, ils essaient de vous dire: «J'aurais voulu que les choses ne se passent pas comme ça.»

Si vos bébés sont à l'hôpital et vous à la maison, profitez-en pour vous échapper un moment: allez dîner avec votre époux, faites de l'exercice, allez au musée, prenez un bain moussant, lisez un roman. De nombreux parents culpabilisent parce qu'ils occupent leur temps agréablement pendant cette période critique, mais, à long terme, cela vous aidera à prendre soin de vos bébés.

Problèmes d'organisation

La situation se complique si vos bébés sont hospitalisés. Il peut s'avérer nécessaire de les placer dans deux hôpitaux différents. Imaginez ce que pourrait être la vie d'une famille si la mère, qui se remet elle-même du stress de la grossesse et de la naissance, doit se rendre tous les jours dans deux hôpitaux différents et peut-être même apporter son lait. Il se peut aussi qu'elle ait d'autres enfants à charge.

Ainsi, une mère avait accouché précocement de jumelles alors que son époux avait subi une opération chirurgicale et était encore hospitalisé. Elle fut emmenée dans un autre hôpital et ses bébés, transférés dans un troisième hôpital.

Les mères qui avaient espéré allaiter peuvent se demander comment faire pour produire et conserver suffisamment de lait pour leurs bébés, ceux-ci n'étant peut-être pas encore en mesure de s'en nourrir. Il y a quelques décennies à peine, l'idée de donner du lait maternel à des enfants prématurés (sans parler de les allaiter) était vraiment inouïe. Le lait maternisé pouvait être quantifié et stérilisé, administré que la mère fût présente ou non et devait, pensait-on alors, aider les bébés à prendre du poids plus rapidement.

Aujourd'hui, on estime que le lait maternel est tout aussi bénéfique pour les bébés prématurés et ce, pour diverses raisons. Le lait maternel varie, en termes tant quantitatifs que qualitatifs, en fonction des besoins des bébés qui en sont nourris. Si vos bébés naissent prématurément, le lait que vous produirez sera un lait d'un genre particulier, destiné à satisfaire les besoins des prématurés. Même si vos bébés ne sont pas encore capables de téter, nous vous conseillons de tirer votre lait afin que vos seins continuent à en produire quand les bébés seront plus âgés et pour constituer une réserve de lait qui pourra leur être donnée dès qu'ils seront aptes à le prendre au biberon. Avant même d'être capables de téter, les petits bébés peuvent être gavés du lait de leur mère: un petit tube dans le nez ou dans la bouche achemine le lait directement vers l'estomac du bébé.

D'un point de vue pratique, cela signifie que vous devrez vous rendre fréquemment à l'hôpital pour apporter votre lait et tirer votre lait pour constituer et conserver une réserve.

Comment vous faciliter la vie ?

Faites appel à votre réseau de soutien pour qu'il vous aide à vous occuper du ménage. Les personnes qui se sont portées volontaires pour vous aider peuvent garder vos autres enfants, faire les courses ou s'acquitter de vos tâches quotidiennes. Psychologiquement vous serez si fragile qu'il vous faudra vous entourer de personnes qui vous comprennent et vous remontent le moral. Par la suite, quand vos bébés seront hors de danger, vous pourrez accepter, en toute tranquillité, toute l'aide qui vous sera proposée.

Allez voir vos bébés aussi souvent que possible. Les jours où vous serez épuisée, contentez-vous d'appeler l'hôpital pour vous enquérir de leur état.

Usez et abusez des plats tout préparés et de livraisons à domicile. Ce n'est pas le moment de faire des économies en cuisinant, à moins que ce ne soit pour vous le meilleur moyen de vous détendre. Si vous n'avez pas d'autres enfants, votre compagnon et vous pouvez manger ensemble à la cafétéria de l'hôpital ou dans un restaurant tout proche.

VOS PRÉMATURÉS À L'HÔPITAL

Lorsque des bébés naissent prématurément, l'hôpital doit essayer de recréer l'environnement de l'utérus afin de leur permettre d'achever leur développement. Cela signifie qu'ils doivent rester bien au chaud, que leur respiration doit être soit contrôlée soit assistée d'une façon ou d'une autre et qu'ils doivent être nourris d'une manière adaptée à leur système digestif immature.

Risques médicaux associés à la prématurité

Il peut être effrayant d'envisager toutes les complications qui peuvent survenir chez vos prématurés. Néanmoins, il est important de savoir que la plupart d'entre elles peuvent être corrigées ou traitées et ne requièrent souvent qu'une période de surveillance étroite. Il est préférable de vous familiariser avec les complications les plus communément rencontrées.

- Ictère néonatal, dû à un fonctionnement hépatique immature.
- Apnée du prématuré ou respiration irrégulière.
- Syndrome de détresse respiratoire, anciennement appelé maladie des membranes hyalines.
- Dysplasie broncho-pulmonaire: une dégénérescence des tissus pulmonaires résultant d'un traitement prolongé à l'oxygène ou au respirateur. Dans ce cas, il faudra peut-être plus de temps au bébé pour être sevré du respirateur.
- Rétinopathie de la prématurité: une maladie des vaisseaux sanguins de la rétine qui peut provoquer la cécité si elle n'est pas traitée.
- Anémie.

- Entérocolite ulcérohémorragique: poches d'air dans la paroi intestinale qui peuvent provoquer sa perforation. Il faudra peut-être avoir recours à la chirurgie pour réparer les intestins endommagés.
- Hémorragie cérébrale intra-ventriculaire: saignement dans les ventricules du cerveau. Des caillots de sang peuvent entraîner un amas de liquide cérébro-spinal, donnant lieu à des complications qui pourraient nécessiter la prise de médicaments ou une opération chirurgicale. Le problème se corrige souvent de lui-même.
- Hernie.
- Canal artériel persistant: le canal artériel ne peut pas se refermer. Le canal artériel est une ouverture située juste à l'extérieur du cœur, entre l'artère pulmonaire et l'aorte, qui draine le sang vers l'aorte sans que celui-ci ne passe par les poumons durant la gestation. Normalement, à la naissance, le sang est dirigé vers les poumons et le canal se ferme, mais il arrive que ce ne soit pas le cas. Le problème se corrige souvent de lui-même; sinon, la chirurgie peut y remédier.

Tâter le terrain et apprendre un nouveau langage

En fonction de leur état, vos bébés seront admis dans une unité de soins néonatals intensifs de niveau II ou III. Le niveau III, généralement dans un centre hospitalo-universitaire, dispose de la technologie la plus avancée permettant de traiter les bébés les plus gravement atteints.

Envisagez d'accoucher dans un hôpital disposant d'une unité de soins néonatals intensifs de niveau III si vous savez que vous allez accoucher prématurément ou s'il existe une indication quelconque que les bébés nécessiteront des soins très particuliers. Sinon, si les bébés sont transférés vers un autre centre, vous ne pourrez pas être près d'eux tant que vous ne serez pas sortie de l'hôpital.

Lorsque des jumeaux naissent prématurément, leur état de santé n'est généralement pas le même. L'un d'eux peut être assez gros pour rentrer à la maison avec vous après quelques jours, tandis que l'autre devra rester à l'hôpital plus long-temps. Ou encore vos bébés pourraient être admis dans une unité de soins néonatals intensifs pour des problèmes de santé différents requérant des traitements différents. L'état de santé d'un ou de plusieurs bébés pourrait nécessiter son (leur) trans-fert vers un autre hôpital. Si les parents d'un prématuré ont besoin de cours intensifs de néonatologie, que dire des parents de prématurés multiples?

Dès que l'état de santé de vos bébés le permettra, ceux-ci seront transférés de l'unité de soins intensifs vers une pouponnière. Même si ce transfert est le signe de progrès évidents, vous devrez de nouveau apprendre à connaître tout le personnel soignant et ses méthodes de travail.

Unité de soins néonatals intensifs - «mode d'emploi»

Lorsqu'on pénètre dans une unité de soins néonatals intensifs pour la première fois, on pourrait se croire à bord d'une navette spatiale. On est entouré de lumières clignotantes, de câbles, de boutons et de moniteurs qui n'arrêtent pas de biper et de sonner.

Les bébés peuvent être placés dans des couveuses (ou incu-bateurs) ou être couchés dans des berceaux chauffants. S'ils ont besoin d'aide pour respirer, ils peuvent avoir – en fonction de la gravité de leur problème – une tente à oxygène, un tube respi-ratoire ou un respirateur.

Des fils ou des câbles peuvent les relier à des appareils qui contrôlent rythme cardiaque, respiration et pression sanguine. Ces fils sont fixés à la peau des bébés par des électrodes auto-collantes; elles contiennent un gel et ne font pas mal quand on les retire.

En cas d'ictère, les bébés peuvent être soumis à une photo-thérapie. Cette lumière bleue permet d'arrêter l'accumulation de bilirubine dans le flux sanguin, mesure parfois nécessaire jusqu'à ce que le foie puisse s'acquitter de cette tâche. Lorsque les bébés sont soumis à cette thérapie, leurs yeux sont générale-ment protégés.

Au milieu de toute cette technologie, le bébé a souvent l'air minuscule et fragile. Il manque de graisse sous-cutanée et sa peau est délicate. Tous les bébés, quelle que soit leur race, peuvent manquer de pigment. S'ils ont des tubes respiratoires ou sont sous respirateur, ils ne pourront même pas pleurer.

Le rôle des parents dans l'unité de soins néonatals intensifs

Les soins que vous pourrez prodiguer à vos bébés varient d'un hôpital à l'autre, mais de plus en plus de services voient d'un bon œil et encouragent l'implication des parents. C'est un progrès par rapport au passé où les parents étaient souvent complètement tenus à l'écart.

Vous pourrez probablement rendre visite à vos bébés et leur parler. Vous pourrez peut-être les porter, les nourrir, les allaiter, voire changer leurs couches. Mettez cette période à profit pour apprendre à les connaître; ainsi vous serez plus à l'aise quand ils rentreront à la maison. Dans certaines unités, vous serez autorisée à porter vos bébés «en kangourou», dans un sac confortable placé sur votre ventre, la peau de votre bébé contre la vôtre.

Pour bon nombre de parents, il est, dans un premier temps, douloureux d'aller voir leurs bébés. Les nouveau-nés semblent si mal en point, si petits et sans réaction. Pourtant vos visites sont importantes à plusieurs titres. Cela vous fera du bien de passer du temps avec eux et d'apprendre à les connaître même si vous vous sentez inutile ou que vous ne ressentez, dans une certaine mesure, aucun lien affectif. Les bébés ont besoin de vous. Ils entendaient votre voix quand ils étaient dans votre utérus et ils peuvent désormais la reconnaître.

Il est également prouvé que les bébés prématurés sont réconfortés par l'odeur de leur mère. Dans certains hôpitaux, vous serez peut-être autorisée à laisser dans le berceau de vos bébés un tissu ou une compresse imprégnés de votre odeur.

Incubateurs doubles - une méthode répondant à la gémellité

Les unités de soins intensifs sont évidemment conçues pour des bébés uniques: appareillage, couveuses et équipement sont destinés au bien-être d'un seul petit bébé. Quoi de plus normal pour un bébé qui s'est développé seul dans le ventre de sa mère? Pourtant, cette méthode est également utilisée pour les enfants multiples.

Nous sommes convaincus que cette méthode doit changer, que les nouveau-nés multiples prématurés ou malades doivent être placés, dans la mesure du possible, dans la même couveuse. Admettons qu'un petit hôpital puisse ne pas disposer du personnel suffisant pour surveiller plusieurs bébés fragiles dans la même unité. Mais là où c'est possible, nous préférons les couveuses multiples.

Compte tenu de ce que ces bébés ont déjà vécu – extraits trop tôt de l'environnement rassurant de l'utérus pour tomber dans le bruit, la lumière et l'inconfort physique de la vie à l'hôpital –, on peut imaginer le stress supplémentaire provoqué par la suppression du réconfort que l'autre bébé représentait.

Selon de nombreux témoignages, les jumeaux placés dans une même couveuse gèrent mieux que les enfants séparés le stress de l'hospitalisation et toutes les interventions qu'ils doivent subir.

Chaque hôpital a son opinion sur le moment où il faut placer ensemble des nouveau-nés prématurés et sur le bien-fondé de ce choix. Certains séparent les bébés jusqu'à ce qu'ils ne soient plus raccordés à aucune connexion, puis les placent ensemble dans le même berceau. D'autres sont en mesure de les placer ensemble dès le début, même si les bébés sont sous perfusion ou reliés à d'autres appareils. Il arrive aussi qu'on emmaillote les bébés l'un contre l'autre dans une même couverture. Quel fabuleux spectacle que de voir de minuscules jumeaux tendre les bras et s'enlacer!

Certaines recherches démontrent les bienfaits de cette pratique. Cela vaut la peine de demander à votre hôpital s'il applique ou non cette méthode.

Tirer le meilleur parti du personnel soignant

A l'hôpital, vous serez confrontée à une armée de médecins, d'infirmières et autre personnel soignant, dont le néonatologiste (le médecin chargé de suivre les bébés), d'autres médecins qui surveillent les bébés lorsque ce dernier est absent, des internes, des résidents, des infirmières néonatales, des techniciens et des thérapeutes.

Les infirmières du service sont probablement les personnes que vous verrez le plus fréquemment, qui connaîtront le mieux vos bébés et avec qui vous pourrez établir une relation étroite. Souvent, les infirmières néonatales adorent les bébés qui leur sont confiés. Il arrive que les parents soient jaloux d'elles parce qu'elles aiment tellement les bébés et sont si habiles pour s'occuper d'eux. Mieux vaut apprécier leur travail: elles feront de leur mieux pour les bébés et ne manqueront pas de vous soutenir.

De nombreux parents, en particulier dans les premiers temps lorsqu'ils sont bouleversés et anxieux, n'arrivent pas toujours à suivre les explications du médecin sur l'état de santé de leurs bébés et le traitement conseillé. Pour donner votre consentement en toute connaissance de cause, vous devez être capables de comprendre les explications de l'équipe soignante. Lors de chaque réunion, posez des questions, prenez des notes, écrivez certains termes et demandez au médecin de répéter ce que vous n'avez pas compris.

Lorsque vous rencontrez les médecins de vos bébés, demandez-leur si vous pouvez enregistrer la discussion de manière à pouvoir la réécouter ultérieurement et digérer les informations. Le cas échéant, invitez un ami ou un membre de la famille à assister à la réunion et à écouter avec vous.

Enfin, la plupart des hôpitaux offrent un service de soutien pour vous aider à surmonter les problèmes non médicaux. Demandez à des assistants sociaux de vous aider à trouver une aide financière ou ménagère, des groupes de soutien, une aide pendant l'allaitement ou un tire-lait à louer.

LE RETOUR À LA MAISON

Après la naissance et après votre premier contact avec vos minuscules bébés, vous tremblerez peut-être à l'idée de les avoir à la maison sous votre entière responsabilité. Tous les fils, les tubes et les appareils qui vous inquiétaient tant au début pourront désormais vous paraître rassurants. Comment vos bébés survivront-ils avec vous seule à leurs côtés pour identifier les éventuels problèmes?

Vous devriez prévoir un plan d'accompagnement pour les bébés avec l'équipe soignante. De quel contrôle les bébés auront-ils besoin à la maison? Quels médicaments devront-ils prendre? Quand faudra-t-il appeler le médecin? Quels symptômes devront vous alerter? Aurez-vous droit aux services d'une infirmière à domicile?

S'occuper des bébés prématurés à domicile

«Nous ne savions pas si nos deux bébés pourraient rentrer à la maison ensemble. Puis, soudain, on nous a dit que c'était possible. Ils étaient restés à l'hôpital pendant cinq semaines. Tout ce que je voulais, après ce que nous avions vécu, c'était de les avoir dans mes bras.»

A la joie d'avoir vos bébés à la maison se mêlera l'angoisse de devoir vous occuper d'eux toute seule, et le stress sera d'autant plus important s'ils sont prématurés.

Les nouveau-nés pleurent beaucoup et les jumeaux deux fois plus. Les pleurs des bébés prématurés sont différents de ceux des bébés nés à terme. Ils sont plus aigus, et beaucoup de parents les trouvent plus irritants. Si vous êtes conscients du problème, vous pourrez maîtriser vos réactions et vous occuper de vos bébés avec amour. Leurs pleurs évolueront avec le temps.

Les bébés doivent être nourris très fréquemment. Peut-être aurez-vous l'impression de les nourrir quasi sans arrêt. Vos bébés seront peut-être reliés à des moniteurs d'apnée qu'enregistrent leur rythme respiratoire et déclenchent une alarme en cas de problème. Pendant votre sommeil, vous serez peut-être réveillés – et contrariés – par ces sonneries.

Aider les aînés à accepter ces prématurés

Le chapitre 7 sera consacré à l'arrivée de vos bébés à la maison et à la réaction de vos autres enfants. Lorsque vos bébés sont prématurés et ne peuvent rentrer à la maison immédiatement, leur absence peut être plus difficile à supporter pour vos autres enfants qu'une adaptation ultérieure à leur arrivée.

Cela est dû en partie au fait que les parents doivent s'absenter souvent pour aller voir les bébés. Vos aînés peuvent vous accompagner à l'hôpital, mais il est plus probable qu'ils resteront à la maison, confiés aux soins d'autres membres de la famille et regrettant l'absence de leurs père et mère.

Et lorsque les parents sont à la maison, il se peut qu'ils soient trop inquiets, tristes ou fatigués pour se détendre avec les autres enfants.

Voici quelques suggestions pour aider vos aînés à s'adapter à la situation:

• Aux bambins et enfants de moins de six ans, parlez des bébés. Décrivez-les et expliquez-leur qu'ils sont trop petits pour rentrer à la maison.

• Si vos enfants peuvent aller voir les bébés, prenez-les avec vous. Rappelez-vous à quel point la vue du service de soins intensifs et de vos bébés fragilisés vous a perturbés la première fois et préparez vos enfants. Ils peuvent craindre que les bébés ne puissent pas respirer dans ces «boîtes» ou que les fils et les tubes les blessent. Ils se demanderont si les électrodes piquent comme les pansements adhésifs quand on les enlève. Essayez de leur expliquer les techniques utilisées sur un ton rassurant, en mettant en évidence leur utilité pour les bébés: «Les couveuses les gardent au chaud et leur procurent de l'air frais pour respirer. Les tubes leur donnent du lait et les fils électriques préviennent les infirmières quand les bébés ont besoin de quelque chose.»

• Donnez aux jeunes enfants des nounours ou des poupées dont ils pourront s'occuper comme si c'était des bébés. Vous pouvez leur parler de l'équipement utilisé à l'hôpital pour de vrais bébés tels que les couveuses et les fils électriques. Vous pouvez même leur donner des boîtes en plastique qui serviront de lits aux nounours.

• Les enfants plus âgés se soucieront peut-être plus du bien-être des bébés. Expliquez-leur la situation. Certains exprimeront leurs inquiétudes à travers des dessins. Encouragez-les à dessiner pour les bébés. D'autres enregistreront une chanson ou une histoire que les bébés pourront écouter. Ces activités sont bien plus qu'une manière d'occuper vos aînés. Elles confirment que vous formez toujours une famille, que chacun a son rôle à jouer, que chacun a le droit d'être écouté et compris.

CHAPITRE 6

Conseils pratiques

Le retour à la maison

«Nous ignorions la signification réelle du mot fatigue jusqu'à l'arrivée des bébés à la maison.»

Il arrive un moment où la réalité d'une maisonnée pleine d'enfants multiples frappe les parents de plein fouet: le choc est tel que nous avons coutume de l'appeler le «choc gémellaire».

Ce chapitre sera consacré aux aspects pratiques de cette réalité: à quoi faut-il s'attendre; comment donner le bain, nourrir, habiller et changer les bébés; comment conserver un semblant d'organisation au niveau de la famille ; comment venir à bout d'une journée et même arriver à dormir un peu la nuit?

Les informations actuellement disponibles sur les soins infantiles sont excellentes et nombreuses (voir Conseils pratiques). Bien que la plupart des ouvrages soient consacrés aux bébés uniques, l'abc du bain, des couches et des biberons est le même pour tous les bébés, qu'ils soient uniques ou plusieurs.

Mais appliquer les principes de base des soins infantiles à plusieurs bébés à la fois est une tout autre histoire. Dire que tout prend deux (trois ou quatre) fois plus de temps serait trop simple. Il vous sera humainement impossible de vous acquitter de certaines tâches si vous appliquez toutes les règles standard et que vous les multipliez par deux ou par trois.

Pourquoi? Comptez donc avec moi.

Si la mère d'un bébé d'une semaine l'allaite dix fois en vingt-quatre heures et que chaque tétée (changement de couches y compris) dure une heure, elle passe environ dix heures par jour en allaitements. Si elle a des jumeaux et multiplie ce temps par deux, cela fait vingt heures. Pour des triplés, cela en fait trente – une impossibilité mathématique!

De toute évidence, on ne peut s'occuper de plusieurs bébés comme on s'occupe d'un seul bébé ou de plusieurs enfants d'âges différents. Une mère de triplés, elle-même issue d'une famille de trois enfants, se souvient que ses parents avaient fort à faire avec leurs trois enfants, mais que leur situation n'était pas comparable à la sienne. N'étant pas du même âge, les enfants n'avaient pas tous les mêmes besoins au même moment.

Ce qu'il vous faut, c'est une méthode et ce chapitre y est consacré.

Le moment est venu de faire appel à votre réseau de soutien – famille, amis, voisins, personnes dont vous aurez loué les services – pour vous aider à gérer la situation.

QUE DE BERCEAUX ! ORGANISEZ VOTRE MAISON

Vous y aurez probablement pourvu en partie avant l'arrivée des bébés. Vous aurez sans doute pris certaines dispositions pour déterminer qui dormira dans quelle chambre et où vous mettrez les affaires des bébés.

Il est fort probable que vous aurez acheté ou emprunté tout le matériel et les vêtements nécessaires et déniché des magasins de seconde main ou à prix modiques. Vous aurez pris une décision concernant les couches après avoir comparé les coûts et les avantages des couches en tissu, des couches jetables ou d'un service de couches à domicile. Pour prendre cette décision, peut-être aurez-vous tenu compte de l'impact des couches jetables sur l'environnement et de la corvée que représente le lavage de toutes ces couches.

Voici quelques suggestions qui pourront vous faciliter la tâche et vous aider à mieux vous organiser.

• La plupart des familles préfèrent placer leurs jumeaux dans la même chambre. Au début, vous voudrez peut-être les avoir dans la vôtre pour pouvoir les allaiter et les réconforter facilement durant la nuit.

• Même si chaque bébé finit par avoir son propre berceau, les jumeaux, quand ils sont petits, s'accommodent souvent fort bien du même berceau (cela ne sera peut-être pas possible pour des triplés ou plus). Ils ont l'habitude d'être proches physiquement et, en général, le fait de pouvoir se toucher mutuellement les apaise.

• Le berceau est l'endroit où le taux de mortalité infantile accidentelle est le plus élevé. Assurez-vous que votre berceau respecte les directives actuelles en matière de sécurité. Par exemple, l'écart entre les barreaux du berceau ne doit pas dépasser 6 cm.

• Si vous n'avez qu'un berceau, il ne serait pas inintéressant de prévoir un couffin au cas où vous voudriez séparer les bébés pour une raison quelconque.

• Si les bébés doivent partager une chambre avec un frère aîné, assurez-vous que ce dernier disposera d'une partie bien déterminée de la pièce. Jusque-là, tout va bien. Ce sont les dérangements au beau milieu de la nuit qui sont beaucoup plus difficiles à supporter. Au début, notre fille de sept ans était fière d'avoir les bébés dans sa chambre. Mais après quelques nuits agitées, elle nous supplia de la laisser seule, et nous avons pris le berceau dans notre chambre. Nous y avons tous gagné. Nos nuits furent plus calmes; je pouvais réagir immédiatement dès que les bébés poussaient un gémissement pour avoir à manger, ce qui réduisait le bruit; et puisqu'ils étaient à portée de main, je pouvais dormir d'un œil pendant que je les allaitais.

• Prévoyez plusieurs coins à langer: une table à langer avec tout le nécessaire dans la chambre des bébés et un autre coin à langer dans la salle à manger, la salle de jeu ou encore la pièce où vous passez le plus clair de la journée avec les bébés.

La quantité de matériel et le nombre de coins à langer dont vous disposerez dépendra de la taille et de la disposition de votre maison ou appartement. Si vous avez une grande maison, vous voudrez peut-être placer un berceau et tout le nécessaire à langer à chaque étage ou à chaque bout de la maison pendant les premiers mois de manière à garder les bébés près de vous. Si l'espace dont vous disposez est plus réduit, vous utiliserez peut-être un landau double à l'intérieur tant que vos bébés seront petits. Ils pourront dormir dans le landau et être déplacés d'une pièce à l'autre.

• Rangez leurs vêtements et autres accessoires là où vous aurez le plus de chances de les utiliser. A quoi bon monter et descendre les escaliers pour aller chercher des vêtements de rechange si vous passez le plus clair de votre temps avec les bébés dans le séjour au rez-de-chaussée? Ayez tout à portée de main même si votre aménagement n'est pas conventionnel. Vous trouverez peut-être un assortiment de paniers à linge en plastique plus pratique que les meubles coûteux pour bébés.

• Prévoyez des endroits où les bébés pourront évoluer en toute sécurité. Petits, vos bébés pourront passer leur temps par terre, appuyés contre des coussins, ou jouer dans un amas de coussins. Plus tard, lorsqu'ils commenceront à ramper, vous devrez placer des barrières. Procurez-vous un livre sur la sécurité de bébé et suivez minutieusement les conseils qui y sont donnés.

• Dès le retour des bébés à la maison, installez un détecteur de fumée dans la ou les chambres des bébés et placez un autocollant «bébé à bord» sur les fenêtres.

• Si vous avez de la place, prévoyez une zone exclusivement réservée aux adultes. Une mère de jeunes quadruplés qui a la chance de vivre dans une grande maison a aménagé une pièce entièrement consacrée à ses bébés: rien de cassable, coin à langer très pratique et moquette épaisse. En revanche, la salle à manger n'est pas accessible aux enfants; c'est une sorte de refuge dans cette partie de la maison et de sa vie qui n'est pas consacrée aux enfants.

TANT DE CHAUSSONS ET SI PEU DE TEMPS

Les futurs parents de jumeaux s'interrogent souvent sur le nombre de vêtements dont leurs enfants auront besoin. Voici ce que vous pouvez prévoir comme layette pour chaque bébé. La taille des vêtements dépendra du poids des bébés à la naissance.

Rappelez-vous aussi qu'il vous faudra peut-être revoir vos critères de propreté tant en ce qui concerne le linge que le ménage pendant cette première année difficile. Si vos bébés sont au chaud, à l'aise et raisonnablement propres, c'est parfaitement suffisant. Ne perdez pas votre temps à plier le linge, par exemple. Une fois encore, ces paniers à linge en plastique dont nous avons parlé précédemment suffiront peut-être à ranger les vêtements propres de vos enfants. Tenez-vous en à ce qui fonctionne, ne vous compliquez pas la vie en voulant trop bien ranger les vêtements ou le matériel des bébés.

Layette de base pour chaque nouveau-né

Vêtements

Cinq ou six brassières (t-shirts avec boutons-pression qui recouvrent la couche et dans lesquels les bébés ont l'air plus «habillés»)
Trois ou quatre grenouillères ou ensembles en stretch
Deux paires de chaussettes
Une paire de chaussons
Un nid d'ange si le climat l'exige
Un pull ou une veste
De quatre à six paires de culottes imperméables, si vous utilisez des couches en tissu
Trois ou quatre couettes

Literie

>Plusieurs draps pour le berceau
>Un matelas imperméable
>Une couverture pour le berceau
>Un tour de lit

Bain et toilette

>Vous aurez également besoin de fournitures pour le bain et la toilette, y compris:
>Du savon doux
>De la vaseline
>Une baignoire en plastique
>Un thermomètre
>Des ciseaux à bouts ronds ou des pinces à ongles spécialement conçues pour couper en toute sécurité tous ces petits ongles
>Une douzaine de couches en tissu absorbantes pour nettoyer
>Des couches jetables selon les besoins.

TANT DE BOUCHES À NOURRIR !

Les séances d'allaitement de mes jumelles, dans la maison silencieuse à quatre heures du matin, sont l'un des plus beaux souvenirs que je conserve de leur petite enfance. Malgré ma fatigue, quand je les avais tout près de moi et que j'entendais les petits bruits rythmés qu'elles faisaient en avalant, je me disais que tout allait bien. Non que tout soit toujours paisible et facile, mais l'allaitement est tellement bénéfique pour tous qu'il vaut vraiment la peine d'être pratiqué.

Comme nous l'avons dit au chapitre 3, on pense encore trop souvent que les mères ne peuvent pas allaiter plusieurs bébés à la fois. Cette idée reçue subsiste même au sein de la communauté médicale, comme si, de tout temps, les jumeaux avaient toujours été nourris avec du lait maternisé.

Une mère qui a accouché de jumeaux par césarienne, après un travail pénible, se souvient des mots d'une infirmière en salle de réveil: «Quel dommage que vous ne puissiez pas les allaiter.»

«J'ai fondu en larmes», se souvient-elle. «Rien, durant ma grossesse, ne s'était passé comme je le souhaitais, et j'étais anéantie à l'idée que je ne pourrais pas allaiter mes bébés.»

Heureusement, cette mère demanda de l'aide et des informations et put finalement allaiter ses jumeaux. Mais son histoire est loin d'être une exception.

L'idée de nourrir vos bébés avec du lait maternisé n'est pas très bonne. Souvent de petite taille à la naissance, ils ont particulièrement besoin d'être avantagés dès le départ, de bénéficier des meilleures choses, et le lait maternel est de loin le meilleur aliment pour les nouveau-nés.

On peut comprendre, néanmoins, que les mères soient parfois dissuadées d'essayer. Si les jumeaux ont besoin de la meilleure alimentation possible, leur mère a besoin d'un maximum d'aide et de repos. Pour certains, l'allaitement semble une contrainte supplémentaire impossible à supporter par une jeune maman. Dans une certaine mesure, cette vision des choses est une conséquence des mythes sur l'allaitement et de notre ignorance en ce qui concerne la lactation. Les médecins tout comme les mamans craignent notamment qu'une mère ne puisse pas produire assez de lait pour plusieurs bébés.

Mais votre corps peut produire assez de lait pour tous vos bébés. D'autre part, l'allaitement est également bénéfique pour la mère. Il provoque la contraction de l'utérus et aide le corps à retrouver plus rapidement l'aspect qu'il avait avant la grossesse. Et le contact physique étroit découlant de l'allaitement favorise les liens affectifs entre la mère et ses bébés.

L'allaitement présente un autre avantage pour les parents d'enfants multiples. Il permet d'économiser du temps et de l'énergie, si précieux au cours des premiers mois. Estimez le temps qu'il vous faudra pour préparer un biberon, donner le biberon au bébé, laver le biberon, acheter le lait maternisé et ainsi de suite. Ensuite, multipliez-le par le nombre de repas dont un bébé a besoin quotidiennement et multipliez le résultat par le nombre de bébés...

Cela dit, si vous n'êtes pas en mesure d'allaiter ou que vous ayez laissé passer votre chance, vous ne devez pas vous en vouloir de recourir au lait maternisé. Il arrive parfois que l'allaitement soit impossible en raison d'un accouchement difficile, de la santé fragile de la mère ou d'autres problèmes. Si c'est le cas, souvenez-vous que la santé de la mère est primordiale pour le bien-être des bébés. Peut-être vous culpabilisez-vous, mais soyez rassurée: des millions de bébés ont été nourris avec du lait maternisé et ont grandi en beauté.

Même si l'allaitement peut paraître un acte solitaire posé par la maman, il s'agit véritablement d'un travail d'équipe. Vous aurez besoin du soutien de votre compagnon et de votre réseau d'amis et de proches. Même si vous restez à la maison et que le père travaille, le rôle actif qu'il jouera dès son retour facilitera vos efforts pour allaiter les bébés. Il peut vous apporter les bébés, les réconforter, les changer tout en s'acquittant d'autres tâches ménagères.

Vous aurez encore plus besoin du soutien de votre famille et de vos amis si vous avez des triplés ou plus. Ce n'est pas simple, mais vous pouvez y arriver avec de l'aide. Si vous parvenez à trouver une mère qui a réussi à allaiter ses triplés, il serait utile de la contacter avant la naissance de vos bébés.

Rassembler un maximum d'informations sur l'allaitement avant la naissance vous aidera tous deux à forger la confiance dont vous aurez besoin pour commencer et à surmonter la première phase si difficile jusqu'à ce que tout vous paraisse naturel – et croyez-moi, tout finira par paraître naturel. Il existe d'excellents ouvrages sur la question ainsi que des associations en faveur de l'allaitement qui pourront vous donner tous les conseils pratiques et les encouragements dont vous aurez besoin. De nombreux hôpitaux et cliniques proposent les services d'un conseiller en lactation. Avant la naissance, renseignez-vous sur le sujet; ainsi, vous ne serez pas prise de court le moment venu (voir Conseils pratiques).

C'est parti...

Apprendre à allaiter, c'est un peu comme apprendre à pédaler en tandem; avec des jumeaux, il faudra pédaler à trois! Essayez plusieurs fois jusqu'à ce que tout fonctionne. Si ce sont vos premiers bébés, vous préférerez peut-être les allaiter l'un après l'autre jusqu'à ce que vous maîtrisiez le procédé. Les infirmières, votre sage-femme ou un conseiller en lactation peuvent vous montrer comment placer le bébé et l'aider à agripper votre sein correctement. La bouche du bébé doit couvrir environ deux centimètres et demi de l'aréole autour du mamelon. Vous pouvez aider le bébé à ajuster sa position en insérant votre doigt dans le coin de sa bouche pour interrompre la succion.

Après une semaine, les bébés sauront comment placer leur bouche, et vous, comment les y aider. Il est peut-être temps d'essayer d'allaiter les deux ensemble, si ce n'est déjà fait. Vous aurez besoin de coussins pour mieux les soutenir et du concours d'une personne qui vous apportera les bébés et vous aidera à les installer. Une fois que vous et vos bébés serez accoutumés, vous serez capable de les allaiter tous les deux sans aucune aide.

Si vous avez allaité d'autres enfants, vous jouissez déjà d'une certaine expérience. Si ce sont vos premiers bébés, vous auriez intérêt à contacter une mère qui allaite ses enfants ensemble. Demandez à votre pédiatre ou à l'association de parents de jumeaux de vous mettre en contact. Voyez si vous pouvez lui rendre visite pendant qu'elle allaite. En échange de ses conseils, vous pouvez lui proposer de l'aider à s'occuper des bébés ou du ménage. Vous n'aurez pas perdu votre temps. Vous partirez en ayant les idées beaucoup plus claires sur la question.

Lorsque les bébés sont très petits et qu'ils n'ont pas encore l'habitude, il faut davantage soutenir leur corps et placer leur tête dans la bonne position. Cette période dure le temps qu'ils se familiarisent avec l'allaitement et que leur corps se fortifie pour qu'ils puissent se soutenir eux-mêmes.

Positions d'allaitement

Que vous allaitiez des jumeaux, des triplés en rotation ou des quadruplés deux à deux, les coussins seront vos meilleurs alliés. Aménagez un coin «allaitement» sur votre lit, sur un canapé ou dans un grand fauteuil. Placez des coussins de part et d'autre pour soutenir le corps de chaque bébé et un autre coussin sur vos genoux pour soutenir leur tête. Ou peut-être préférerez-vous acheter un coussin d'allaitement qui forme un arrondi autour du corps?

L'objectif est de réduire la pression exercée sur votre dos et de libérer vos mains pour que vous puissiez ajuster la bouche de l'un et faire faire son rot à l'autre. Veillez à avoir une boisson pour vous à portée de main pour ne pas risquer de vous déshydrater. Et, croyez-le ou non, vous pourrez même placer un livre d'images sur vos genoux et faire la lecture à vos autres enfants tout en allaitant.

Si vous avez des triplés, vous pouvez en allaiter un ou deux à la fois. La procédure évoluera à mesure que vous gagnerez en expérience et que vos bébés grossiront. Une mère de triplés nous raconte comment elle a commencé à allaiter deux de ses bébés qui étaient assez forts pour rentrer à la maison, tandis que le plus petit, resté à l'hôpital, était nourri de lait maternel au biberon. Quand il rentra à la maison, elle en allaita deux, tandis que le troisième, installé sur un siège d'enfant, buvait au biberon qu'elle maintenait calé à l'aide de son pied. Elle se souvient en riant: «Il s'était attaché à mon pied!»

Que vous utilisiez ou non vos pieds, vous trouverez bien un système qui fonctionnera, et qui sera confortable et satisfaisant pour tous.

Boivent-ils assez de lait ?

Il est normal de se demander si l'on fabrique assez de lait. De nombreuses indications vous permettront de répondre à cette question. Les bébés satisfaits sont généralement somnolents après une tétée. Chaque enfant mouille de six à huit couches en vingt-quatre heures.

Au début, chacun produit des selles liquides trois à quatre fois par jour. A six semaines environ, ce nombre se réduit. Les bébés nourris au sein ne défèquent parfois que tous les trois jours. Lorsque le nombre de selles diminue, la quantité de chacune augmente. Tout va bien si les selles continuent à être molles.

Au bout de deux semaines, les bébés ont récupéré le poids qu'ils avaient à la naissance. Ensuite, ils continuent à grossir un peu chaque semaine. Votre pédiatre peut vous donner des informations plus précises à ce sujet.

Si vous voulez continuer à allaiter, il vous faudra surmonter quelques problèmes. De nombreuses mères peuvent avoir les mamelons endoloris pendant la première semaine; la douleur disparaît généralement d'elle-même. Cela permet de vérifier la position de la bouche des bébés. Si la position est correcte, vous devriez sentir une légère traction sur le mamelon, tout à fait indolore.

Une autre période difficile pourrait correspondre au moment où vos bébés connaissent une accélération de croissance et ont besoin de manger plus souvent. A ce moment-là, des parents bien intentionnés pourraient vous dire: «Tu vois? Je savais bien que tu n'aurais pas assez de lait pour les deux.»

Mais ce n'est pas le cas. Les besoins des bébés ont augmenté et votre corps répondra à cette demande. Vous pourriez être tentée de leur donner du lait maternisé ou des aliments solides durant ces périodes. Tenez bon aussi lontemps que vous le pourrez afin de constituer une réserve de lait (essayez de tenir le coup au moins un mois sans lait maternisé).

Plus vous allaiterez, plus votre réserve de lait sera stable et plus il sera facile de continuer à allaiter. Néanmoins, c'est votre santé qui compte. Si vous ne pouvez pas faire autrement que de leur donner aussi du lait maternisé, la solution n'est peut-être pas idéale, mais consolez-vous en vous disant qu'un peu de lait maternel vaut mieux que pas de lait maternel du tout. Vous arriverez peut-être à n'allaiter que deux fois par jour, une tétée le matin et une le soir, par exemple. Votre réserve de lait s'adaptera à la diminution de la quantité disponible; vos bébés recevront quand même un peu de lait maternel et vous leur donnerez ainsi le meilleur départ possible.

Vos enfants peuvent téter de façon identique ou très différente. L'un peut avoir un réflexe de succion très important et l'autre un peu moins. L'un peut vouloir téter fréquemment pendant de courtes périodes et l'autre moins souvent, mais pendant des périodes plus longues. Vous arriverez peut-être à vous adapter à leurs différents besoins, mais vous ne dormirez pas beaucoup. Vous devez rationaliser autant que possible le processus d'allaitement. Portez des vêtements qui vous permettront d'allaiter rapidement un bébé qui a une petite faim, mais essayez autant que possible de les allaiter ensemble.

L'allaitement simultané présente un avantage certain. Celui des deux qui est le plus «frugal» pourra téter un peu et se reposer dans vos bras, tandis que le plus «glouton» continuera à téter. Vous serez avec les deux et satisferez les besoins de chacun.

Il existe un stratagème efficace permettant d'accorder l'horloge interne de deux bébés. Quand l'un d'eux se réveille affamé avant l'autre, réveillez le second et allaitez-les en même temps. S'il y a trois bébés ou plus à allaiter, occupez-vous de deux bébés à la fois – réveillez-en deux, pendant que les autres dorment ou attendent leur tour. Mieux vaut vous limiter à allaiter en même temps le nombre de bébés que vous serez capable d'aider au cas où ils auraient besoin de faire leur rot. Même s'il est préférable d'éviter les biberons avec système de soutien (il vaut mieux tenir les bébés durant leur tétée), il peut arriver que tous pleurent de faim au même moment; le biberon est alors une solution temporaire acceptable. Il va de soi que vous allaiterez les bébés à tour de rôle pour que chacun reçoive le lait maternel dont il a besoin.

Ménagez vos forces

Si vous allaitez vos bébés, vous aurez besoin de la meilleure alimentation qui soit: un régime de qualité, riche en protéines et en liquides, d'au moins 2 700 calories par jour. J'ai connu des mères d'enfants multiples si fatiguées pendant les premiers mois qu'elles en oubliaient même de manger ou de boire. Vous ne pouvez pas vous le permettre.

Ayez toujours un thermos ou une bouteille d'eau à portée de main là où vous allaitez. Vous pouvez grignoter tout en allaitant, mais songez à vous alimenter régulièrement tout au long de la journée. Les conseils alimentaires que nous avons donnés précédemment à propos de la grossesse valent aussi pour la période d'allaitement.

Quelques mots sur le matériel : tire-lait, tétines, biberons et soutiens-gorge d'allaitement

Si un ou plusieurs de vos bébés doivent séjourner longtemps à l'hôpital ou si vous voulez que quelqu'un puisse de temps à autre les nourrir au biberon, il vous faudra utiliser un tire-lait électrique. (Si vous envisagez de nourrir vos bébés uniquement au lait maternel, leur donner occasionnellement un biberon avant l'âge d'un mois est une idée excellente. Ainsi, ils l'accepteront par la suite si, pour une raison ou une autre, vous deviez vous absenter. Il est particulièrement important de les habituer à accepter le lait maternel au biberon si vous envisagez de tirer et de conserver votre lait lorsque vous reprenez le travail.)

Les tire-lait manuels ne coûtent pas cher, mais sont parfois difficiles à utiliser. Certaines cliniques et hôpitaux ont mis en place des systèmes de prêt ou de location de tire-lait électriques. Vous pourrez également vous en procurer auprès de conseillers en lactation. Les modèles les moins coûteux ne sont pas des plus efficaces. Mieux vaut en louer un pour essayer. Ensuite, si vous envisagez de l'utiliser pendant plus de deux semaines, il pourrait être plus rentable d'en acheter un.

Un conseil, si vous congelez votre lait: les bébés ne finissent pas toujours leur biberon. Pour éviter de perdre un lait précieux, congelez-le en petites quantités; vous pourrez ainsi décongeler le lait nécessaire pour une tétée avec un minimum de pertes.

Pour aider vos bébés à s'adapter au biberon, essayez toutes sortes de tétines jusqu'à ce que vous trouviez la (les) bonne(s). Vous n'imaginez pas combien une tétine bien adaptée peut faire la différence!

Si vous nourrissez vos bébés au biberon ou que vous tirez et stockez votre lait, vous pouvez commencer avec huit biberons de cent grammes et quatre biberons de deux cents grammes par bébé.

Si vous allaitez, vous aurez besoin de plusieurs soutiens-gorge d'allaitement. Vous aurez du mal, avant l'accouchement, à définir votre taille exacte; au début, prévoyez un ou deux soutiens-gorge. Vous pourriez également avoir besoin de compresses d'allaitement jetables pour les soutiens-gorge.

AURAI-JE ENCORE UNE BONNE NUIT DE SOMMEIL ?

C'est probablement le sommeil qui vous posera le plus de problèmes dès votre retour à la maison avec vos jumeaux. C'est une réalité à laquelle vous ne pourrez ni échapper ni vous préparer. Vous serez fatiguée... plus fatiguée encore que tout ce que vous auriez pu imaginer. Mais vous survivrez comme des millions de femmes avant vous.

A leur sortie de l'hôpital, vos bébés resteront peut-être éveillés toute la nuit et dormiront le jour; ils pourraient n'avoir aucun comportement précis, s'endormir ou se réveiller de façon imprévisible tout au long du jour et de la nuit. Progressivement, au fil du temps, leur rythme de sommeil et de veille deviendra plus régulier, mais il faudra des mois avant qu'ils ne fassent des nuits complètes.

La plupart des bébés s'adaptent au rythme jour-nuit en deux ou trois semaines, mais ont encore souvent besoin d'au moins une tétée pendant la nuit. Votre tâche consistera à favoriser ce processus d'adaptation en réduisant au minimum toute stimulation nocturne et en encourageant le jeu et la compagnie pendant les heures du jour.

Après chaque tétée nocturne, prenez les bébés dans vos bras et bercez-les, mais sans les taquiner. Tamisez la lumière (d'où l'importance d'une veilleuse). Pendant la journée, allez et venez avec les bébés, jouez avec eux pour les maintenir éveillés plus longtemps.

Comme il se passera probablement quelque temps avant que vous ne puissiez dormir pendant huit heures d'affilée, tâchez de sommeiller pendant la journée. Si vous avez du mal à trouver le temps quand vos bébés sont endormis, demandez à quelqu'un de les surveiller pendant que vous essayez de dormir. Beaucoup de mères nous disent être incapables de dormir quand elles entendent les pleurs de leurs bébés, même si elles savent qu'ils sont surveillés. Si c'est votre cas, mettez des boules Quies.

Si vous avez la chance de pouvoir compter sur quelqu'un pour les biberons de la nuit, vous gagnerez environ quatre heures de sommeil, une véritable aubaine pendant les premières semaines difficiles. Si ce n'est pas possible, demandez à la personne qui vous aide d'assurer un biberon très tôt le matin, très tard le soir ou durant l'après-midi, heures auxquelles vous pourriez vous laisser aller à faire une sieste.

Une fois que vos jumeaux auront acquis un rythme plus prévisible et qu'ils ne se réveilleront plus qu'une ou deux fois par nuit, vous commencerez à vous sentir beaucoup mieux. Pendant quelques mois, vous devrez encore prévoir au moins une tétée par nuit. La plupart des bébés sont capables de faire leurs nuits quand ils ont environ sept mois et pèsent au moins six kilos trois cents grammes.

Si vous envisagez de nourrir deux bébés une ou deux fois par nuit pendant plusieurs mois, vous comprendrez pourquoi nous vous conseillons d'essayer de les allaiter. L'allaitement entraîne une moindre perturbation et moins de risques que le biberon de réveiller entièrement la mère ou l'enfant. Plusieurs mères nous disent pouvoir, après quelques mois, se lever à trois heures du matin, allaiter, changer deux bébés et retourner dormir sans s'être complètement réveillées.

CONSEILS POUR AIDER VOS BÉBÉS À FAIRE LEURS NUITS

Une fois que les bébés ont trois ou quatre mois, vous pouvez les mettre dans leur berceau éveillés. Evitez d'attendre qu'ils ne s'endorment avant de les déposer. Si vos jumeaux apprennent à s'endormir tout seuls dans leur berceau, ils pourront également le faire s'ils se réveillent en pleine nuit. S'ils ont besoin que vous les preniez dans vos bras pour s'endormir, ce sera le cas à chaque réveil. Restez dans la pièce, chantez ou parlez-leur doucement jusqu'à ce qu'ils s'endorment. Peut-être s'agiteront-ils, mais ils apprendront. Si l'un des bébés s'endort plus facilement que l'autre, mettez-le dans le berceau d'abord.

Placez un objet sécurisant dans le berceau (parfois appelé «doudoune»). Il peut s'agir d'une petite couverture, d'une couche en tissu ou d'un nounours. Cet objet aide vos bébés à se sentir en sécurité et à être détendus quand ils sont seuls dans leur berceau; il les aide aussi à s'endormir seuls.

Il est très important de respecter une certaine routine à l'heure du coucher, dont les bébés, même petits, peuvent tirer profit. A l'instar des adultes, l'heure du coucher approchant, ils se détendront et se mettront en condition pour dormir. Vous pouvez les y encourager en respectant la même routine tous les soirs.

Dès que possible, imposez un horaire à vos bébés. De nombreux spécialistes des soins infantiles voient cette pratique d'un mauvais œil, préférant laisser les bébés établir leur propre rythme de veille et de sommeil. Mais ces spécialistes ne parlent pas des jumeaux! Dans l'intérêt de chacun, il est préférable de dormir, jouer et manger à des heures déterminées.

LA MORT SUBITE DU NOURRISSON: LES ENFANTS MULTIPLES PLUS EXPOSÉS

Tous les parents doivent savoir que la mort subite du nourrisson touche deux fois plus souvent les enfants multiples que les bébés uniques.

La mort subite du nourrisson désigne la mort inattendue en plein sommeil d'un bébé en bonne santé. Elle touche généralement les bébés âgés de quatre à seize semaines et est associée, pense-t-on, à l'immaturité du réflexe respiratoire.

Pendant des années, aucun conseil préventif clair n'a pu être donné au sujet de ce syndrome, pourtant reconnu. C'est en

1992 que l'American Academy of Pediatrics a publié des directives recommandant que les bébés soient couchés sur le dos. Depuis lors, le nombre de décès par mort subite a diminué de 50% en 1995 par rapport aux chiffres records de 1989.

Les bébés multiples, qui naissent souvent avant terme, ont parfois un système respiratoire insuffisamment développé à la naissance. Ils peuvent être placés sous respirateur jusqu'à ce que leurs poumons se développent et, après leur retour à la maison, nécessiter des moniteurs d'apnée pendant un certain temps.

Même si vos bébés sont en parfaite santé, vous serez attentive au risque de mort subite chez le nourrisson et discuterez des positions de sommeil et autres problèmes connexes avec votre pédiatre.

TANT À FAIRE ET SI PEU DE TEMPS : ORGANISEZ-VOUS

Si vous n'avez qu'un seul bébé, vous ne vous poserez jamais la question de savoir si vous l'avez allaité ou non. Votre esprit pourra être traversé par des pensées de ce genre: «Est-ce que je viens de te changer? Est-ce que je t'ai donné le bain?»

Si vous avez des jumeaux, et plus encore s'il s'agit de triplés ou plus, vous devrez instaurer un système vous permettant de savoir d'emblée ce qui appartient à l'un ou à l'autre et, parfois même, qui est qui. C'est particulièrement utile au cours des premières semaines quand vous êtes encore peu sûre de vous.

Votre système doit être simple et souple à la fois. Avec le temps, vous trouverez vos propres méthodes pour prendre soin de vos bébés.

Voici quelques conseils:

• Codifiez par la couleur tout objet devant être assigné à l'un des bébés. Avant d'aller perdre votre temps à acheter des marqueurs et autocollants de couleur, sachez que, dans les premiers temps, il est inutile d'affecter des vêtements et autres objets à un bébé en particulier.

• Si vous devez administrer des médicaments ou prodiguer des soins spécifiques à un ou plusieurs bébés, utilisez un bloc-notes ou faites un tableau sur lequel vous pourrez consigner toutes les données nécessaires. Si vous devez surveiller la consommation de lait d'un ou de plusieurs bébés ou le nombre de couches utilisées, notez ces données pour ne pas les oublier.

• Une épingle de sûreté que vous passerez d'une bretelle à l'autre de votre soutien-gorge vous aidera à vous rappeler quel bébé a tété quel sein en dernier.

• Un simple tableau avec des pinces à linge représentant chaque bébé peut vous être utile pour suivre l'ordre des bains et autres tâches quotidiennes. Les pinces à linge vous éviteront de perdre du temps à chercher un crayon quand vous avez des bébés plein les bras. Vous pourrez placer la pince à linge du bébé dont vous vous êtes déjà occupée dans la colonne bain, vitamines, etc.

• Ne craignez pas trop qu'un bébé contamine le biberon ou la tétine de l'autre. Les bébés partagent le même environnement, se suçant même mutuellement les doigts. Si l'un prend le biberon de l'autre, c'est sans importance.

COMMENT VAIS-JE DISTINGUER MES BÉBÉS ? VAIS-JE LES CONFONDRE ?

«Mes jumeaux se ressemblaient tellement quand ils sont sortis de l'hôpital que je craignais de les confondre.» Il s'agit d'un souci d'ordre pratique. Le mieux à faire est de ne pas retirer les bracelets placés au poignet des bébés à l'hôpital. Pour être tout à fait sûre, vous pouvez colorer avec du vernis les ongles des orteils d'un des bébés jusqu'à ce que tout doute se soit dissipé.

Si vous recourez à ce stratagème, n'oubliez pas à quel bébé appartiennent les ongles vernis! Un couple était si épuisé qu'il l'a oublié. Affolés, les parents retrouvèrent les empreintes prises à l'hôpital, emmenèrent leurs bébés au poste de police le plus proche et firent prendre de nouvelles empreintes pour les comparer.

Se déplacer avec les jumeaux

Tant que vos bébés seront petits, le plus dur, lorsque vous les déplacerez d'un endroit à l'autre, sera de rassembler toutes leurs affaires, de les mettre dans la voiture et la poussette et de les en sortir ensuite. Vous bénirez sans doute le jour où vous n'aurez qu'à les appeler pour qu'ils prennent leur manteau et sautent dans la voiture.

Mais voyez le bon côté des choses: au moins ils ne peuvent pas s'éloigner de vous et courir dans plusieurs directions différentes – pas encore!

Même s'il est difficile de vous déplacer avec plusieurs bébés, le mieux que vous puissiez faire, dans votre intérêt, est d'essayer de sortir. L'isolement est l'un des risques du métier qui guette les parents de jumeaux. Au début, vos sorties ne seront peut-être pas extraordinaires: vous ferez une courte promenade dans la rue ou irez jusqu'au parc. Les mauvais jours, une petite sortie pourra dissiper la mauvaise humeur de chacun.

Si sortir avec des jumeaux est difficile, sortir avec des triplés est une véritable gageure. Une mère me dit un jour combien elle se sentait culpabilisée parce qu'une semaine pouvait se passer sans qu'elle n'ait été en mesure de sortir ses bébés.

Je lui fis remarquer que les bébés ne partageaient probablement pas sa souffrance de rester enfermés. Si nous sortons les bébés (pour aller ailleurs qu'à la garderie ou chez le médecin), c'est pour leur faire respirer l'air frais et leur donner une chance d'apprendre à connaître le monde extérieur. Ces sorties sont l'occasion, pour les bébés uniques, de changer de décor, de voir et d'entendre des tas de choses intéressantes. Mais pour les jumeaux, la maison est déjà le théâtre de nombreux événements: ils bénéficient de la compagnie, du bruit et de la stimulation de leurs frères et sœurs et peuvent assister à de nombreux changements de décor sans être obligés de sortir.

Quand mes filles étaient petites, nous installions un «coin à jouer» près d'une grande fenêtre ensoleillée qui donnait sur les arbres et la rue en bas. Elles pouvaient jouer librement et observer la vie. Vos bébés joueront peut-être une heure dans leur parc, dans la véranda ou au jardin. Vous mettrez votre environnement à profit pour offrir à vos bébés ce dont ils ont besoin.

Je ne veux pas dire par là que vous ne devez jamais sortir vos jumeaux, cela me semble évident. Dès que vous éprouverez moins de difficultés à vous déplacer avec les bébés, vous sortirez plus souvent.

Pour connaître les dernières nouveautés en matière d'équipement pour bébés et obtenir des conseils sur leur utilisation, adressez-vous à une association de parents de jumeaux ou branchez-vous sur l'Internet. Trouvez un site sur les naissances multiples et voyez les suggestions des autres parents. Le marché est constamment inondé de nouveaux produits.

Voici quelques suggestions:
- Porte-bébés souples pour un ou deux bébés
- Porte-bébés dorsaux (convenant aux bébés suffisamment grands pour soutenir leur tête). Chaque parent pouvant en porter un, il sera plus aisé de sortir les jumeaux.
- Une poussette assez grande pour contenir vos bébés. Les deux modèles standard de poussettes pour jumeaux sont les «face à face» et les «côte à côte». Les sièges doivent être inclinables, les bébés devant restés allongés tant qu'ils ne peuvent pas soutenir leur tête. Le type de poussette que vous achèterez dépendra du nombre de bébés et de l'usage que vous comptez en faire – la mettre dans une voiture, prendre les transports publics, aller dans les centres commerciaux ou se balader en ville. Il est un autre aspect dont vous devrez tenir compte: pourrez-vous soulever la poussette pour la mettre dans votre voiture et l'en sortir? Il existe des poussettes pour quatre, par exemple, mais vous serez peut-être plus à l'aise avec deux poussettes doubles.
- Un siège de sécurité pour chaque bébé
- Un landau (ces voitures étant chères, envisagez d'en emprunter une, si possible). Il peut contenir deux ou trois nouveau-nés, être utilisé à l'intérieur pour déplacer des

bébés endormis d'un endroit à l'autre et à l'extérieur pour les promener.

Conseils pour vous déplacer avec vos jumeaux:

• Si vous utilisez une poussette double (face à face), inter-vertissez les bébés pour leur permettre de changer de pers-pective. Les poussettes «côte à côte» présentent l'avantage que les bébés regardent tous les deux devant eux. Dans une poussette double, le bébé à l'arrière peut pousser l'autre ou lui tirer les cheveux.

• Envisagez de transporter un bébé dans une poussette simple et l'autre dans un porte-bébé souple ou porte-bébé dorsal.

• Si vous devez prendre le bus quand vos bébés sont petits, portez-en un dans un sac kangourou et l'autre dans vos bras. Les porte-bébés dorsaux conviennent aux bébés capables de soutenir leur tête. Quand vos jumeaux auront atteint ce stade, vous pourrez en porter un devant et un derrière.

• Les rendez-vous chez le médecin sont un véritable parcours du combattant compte tenu de l'attente et du fait que vous devez porter et déshabiller plusieurs bébés. Une mère de triplés avait convenu avec l'équipe pédia-trique d'avoir le premier rendez-vous de la journée ou celui directement après le déjeuner pour éviter toute attente. Elle avait également obtenu de pouvoir entrer directement dans la salle d'examen sans passer par la salle d'attente. Si vous en avez la possibilité, prévoyez de vous faire accompagner. L'aide d'une personne pour habiller, réconforter et distraire tout ce petit monde ne sera pas superflue.

LE BOUT DU TUNNEL

Même si les premiers mois sont difficiles, vous finirez par voir le bout du tunnel. A mesure que vous vous remettrez de cette expérience et que vos bébés dormiront plus longtemps et développeront un rythme de vie, vous retrouverez votre énergie et votre bonne humeur.

Une mère que je connais se souvient du matin où elle et son époux furent réveillés en sursaut par un nouveau son étrange. «Qu'est-ce que c'est?», demanda l'époux.

Ce qu'ils avaient entendu n'était autre que le chant des oiseaux. Après des mois de réveil en pleurs avant les premières lueurs du jour, leurs deux bébés avaient fait leurs nuits. Le temps n'est plus loin où, vous aussi, vous vous réveillerez au chant des oiseaux.

CHAPITRE 7

Surmonter le choc gémellaire

Ce chapitre sera consacré à la dimension émotionnelle et psychologique de l'arrivée de plusieurs bébés dans une famille. Avant la naissance des bébés, les moments de crainte succèdent aux moments de grande joie et ainsi de suite. Après leur naissance et votre retour avec eux à la maison, vous continuerez à éprouver toute la gamme des émotions, des meilleures aux pires. Vous pressentez, à raison, que plus rien ne sera jamais comme avant. Le fait de devenir parents vous a changés et a changé votre monde – vos amis, votre ménage, vos choix de carrière. Et ces changements seront encore plus profonds si vous donnez naissance à deux enfants ou plus.

Les heures qui suivent la naissance comptent certainement parmi les moments les plus enivrants d'une vie. En tant que parents, on éprouve un sentiment extrêmement puissant; nos émotions et nos sensations sont plus vives et nous nous réjouissons non seulement de l'arrivée du bébé, mais aussi d'avoir relevé le défi et d'en être sortis indemnes. Si le dénouement est heureux – la mère et l'enfant se portant bien –, les parents se souviendront de cette expérience avec une joie immense pendant le restant de leurs jours.

Les parents d'enfants multiples éprouvent un bonheur décuplé. Tout le monde se retourne sur votre passage lorsque vous quittez l'hôpital avec deux, trois ou quatre bébés. Votre famille a acquis une certaine notoriété pendant son séjour à l'hôpital, et les médecins, les infirmières et les badauds vous adressent de grands sourires à vous et à vos bébés.

Vous ne pouvez vous empêcher d'être fière de votre exploit tout en étant impressionnée par le miracle des naissances multiples. Un sentiment de tendresse à l'égard de vos bébés vous envahit quand vous les ramenez enfin à la maison.

Et, tout à coup, vous prenez conscience de l'événement, à moins que ce ne soit un peu plus tard, au moment où vous les coucherez dans leur berceau pour la première fois. Quel que soit le moment, le retour à la réalité se passe toujours de la même façon: «Ce n'est pas un rêve! C'est vraiment arrivé. Ces bébés sont à nous, nous devons en prendre soin seuls!»

Avant d'aborder les difficultés, permettez-moi de vous dire une fois encore qu'on est tenté de ne penser qu'à la complexité de la tâche et d'oublier les satisfactions que l'on peut en tirer. Il y a une différence entre être réaliste et être négatif. Elever des jumeaux n'est certes pas facile, mais les récompenses sont nombreuses.

Pendant des années, Twin Services eut pour slogan les mots d'un père fier mais fatigué: «Les jumeaux procurent un bonheur pénible.» Cet homme, père de jumeaux et de trois autres enfants, conduisait son taxi seize heures par jour pour joindre les deux bouts. Ses mots illustrent à merveille la mission de notre organisation qui consiste à aider les parents à minimiser leurs difficultés et à maximiser leurs joies.

Comme nous l'avons dit au chapitre 6, s'occuper de plusieurs bébés minuscules est une tâche décourageante. La fatigue, le manque de temps pour satisfaire ses propres besoins et le ménage mis sens dessus dessous affectent notre bien-être psychologique et celui de notre famille.

Le «choc» est dû à deux facteurs: le stress, qui influe immédiatement sur notre capacité à gérer la situation et à nous y adapter, et le changement produit au sein de la famille.

Avant d'examiner ces facteurs plus en détail, voyons comment une bonne préparation peut nous aider dans les deux cas.

PRÉPARATION AUX JEUX OLYMPIQUES

Le chapitre 2 expliquait la nécessité de mettre à profit les mois de grossesse pour préparer, au niveau physique et organisationnel, l'arrivée des bébés. Cette préparation continue à avoir son importance à mesure que vous vous adaptez à la réalité de la vie avec vos jumeaux.

J'aime beaucoup les analogies et je m'en sers pour encourager les parents à considérer leur expérience sous un angle réaliste et positif. Au début de cet ouvrage, j'ai comparé l'éducation de jumeaux à l'ascension d'une montagne: difficile, enivrante, gratifiante et possible grâce à un entraînement adapté.

J'aime aussi utiliser une métaphore sportive. Après avoir regardé les Jeux olympiques d'hiver à la télévision, je me suis mise à faire un parallèle entre la préparation à l'arrivée de jumeaux et l'entraînement d'un athlète pour les Jeux olympiques. L'entraînement physique va de pair avec la préparation psychologique. Ainsi, un athlète a une alimentation optimale, se repose beaucoup et se prépare psychologiquement à la compétition. Une mère enceinte de jumeaux suit aussi un régime et un programme d'entraînement exigeants. Elle sait que le dénouement peut être heureux ou malheureux: soit elle sera en bonne santé et ses bébés seront grands et sains, soit elle aura des problèmes médicaux et un ou plusieurs de ses bébés seront de petite taille.

A l'instar de l'athlète qui sait qu'il peut avoir des contretemps tels que des blessures en cours de son entraînement, la mère est préparée à l'éventualité d'un accouchement avant terme.

Finalement, l'événement tant attendu arrive. Qu'importe la nature de la médaille gagnée: un athlète éprouve un sentiment de triomphe et de victoire. Quelle que soit l'issue, les parents d'enfants multiples pressentent qu'ils pourront gérer la situation parce qu'ils ont tout planifié. En fin de compte, la participation à l'événement suscite un fabuleux éventail d'émotions: euphorie, soulagement, fierté du travail accompli, notoriété et le sentiment que rien ne sera plus jamais comme avant.

ENFANTS MULTIPLES:
SOURCES DE TENSION AU SEIN DES FAMILLES

On peut aisément imaginer que la venue de plusieurs bébés soit une source de stress plus importante que celle d'un seul bébé. Comme je l'ai expliqué au chapitre précédent, un simple calcul illustre la charge énorme de travail que représentent les enfants multiples.

Une étude réalisée par Twin Services sur cinquante-trois mères a démontré que le stress ressenti par les mères de jumeaux était deux fois plus important que celui ressenti par les mères ayant eu un seul enfant.

Les quatre facteurs de stress les plus significatifs mis en évidence par ces femmes sont les suivants:
- Pas de temps pour soi;
- Pas de temps par chaque jumeau en particulier;
- Manque de sommeil;
- Obligation de quitter son travail.

Plusieurs facteurs, dans la vie de ces femmes, augmentaient leur stress. L'un d'eux, assez surprenant, était le nombre d'adultes présents dans la maison: plus ce nombre est important, plus la tension est grande. Les données ne nous en communiquent pas la raison. Peut-être les autres adultes n'étaient-ils pas d'une grande aide (ce qui pourrait être le cas d'un proche d'un certain âge) ou avaient-ils été mêlés à une situation familiale particulièrement difficile à la suite d'un stress préexistant.

L'impression d'être soutenues et aidées par leur conjoint diminuait le stress éprouvé par ces mères. L'étude indique clairement que les familles à enfants multiples traversent une période de grande tension dans les premiers temps et que l'implication des époux ou compagnons aide les mères à gérer la situation.

LE ENFANTS MULTIPLES NE FONT PAS QUE S'AJOUTER À LA FAMILLE, ILS LA MODIFIENT

La naissance d'enfants multiples bouleverse vos rapports et les modifie à jamais. Et elle *vous* change pour toujours. Dans une certaine mesure, cela vaut pour toute naissance. Mais dans le cas d'une naissance simple, la famille doit s'adapter à un seul nouveau venu à la fois. Les enfants multiples imposent un plus lourd fardeau aux familles en modifiant et en compliquant les relations entre ses membres. Ces changements peuvent être tant positifs que négatifs; il est utile d'y penser et de les prévoir d'une manière constructive.

Comment une naissance multiple vous affectera-t-elle en tant que mère ?

L'arrivée d'enfants multiples affecte bien sûr pricipalement la mère. Elle a subi une expérience physique éreintante. Le post-partum est étroitement lié à son état de fatigue, aux difficultés qu'elle éprouve à récupérer et à son état hormonal. Cette section est essentiellement consacrée aux mères, mais n'entend pas exclure les pères, les deux parents étant susceptibles d'éprouver les mêmes sentiments.

Les mères qui avaient une vie professionnelle ou sociale active avant la naissance de leurs jumeaux peuvent avoir du mal à s'adapter à leur nouveau statut familial.

On a vite fait de basculer dans l'isolement. Les raisons sont souvent banales: personne ne veut garder les bébés pendant que vous sortez ou le simple fait de sortir avec les bébés pose trop de problèmes d'organisation.

Evitez de vous isoler en gardant le plus possible le contact avec d'autres personnes. Ne dites pas: «Je vais d'abord ranger la maison et, ensuite, j'inviterai des amis.» Demandez à vos amis de passer vous voir et de vous donner un coup de main quand la maison est en désordre. Sortez les bébés et profitez du soleil ou faites un saut chez le voisin pour aller voir son chat si vous êtes trop fatiguée pour aller plus loin.

Autre problème courant: le sentiment de culpabilité que les mères éprouvent parce qu'elles ne sont pas parfaites, négligent leurs aînés, s'attachent trop lentement à leurs bébés ou ont une préférence pour l'un d'eux.

Focalisez-vous sur le travail que vous accomplissez. Dites-vous: «Je ne suis peut-être pas parfaite mais je prends soin de mes jumeaux et nous survivons tous.» Une mère, que je connais, craignait de demander de l'aide à ses autres enfants. Son époux lui fit remarquer que les enfants avaient tout à gagner en aidant la famille. Il ajouta qu'après tout s'ils vivaient dans une ferme, les enfants plus grands devraient aider à traire les vaches.

De nombreuses mères d'enfants multiples connaissent une sorte de notoriété passagère. Une mère me dit qu'on ne l'avait jamais remarquée dans le quartier auparavant et qu'elle était, à présent, célèbre grâce à ses triplés. D'autres expérimentent l'effet «gourou»: on les considère soudain comme les spécialistes du quartier pour tout ce qui concerne les bébés, même si elles n'ont jamais enfanté auparavant.

Il n'y a pas de mal à profiter de cette notoriété. Nous aimons tous être appréciés. Mais si cela ne vous plaît pas ou que vous n'ayez pas envie de répondre à des inconnus, ne relevez pas la tête et faites la sourde oreille. Un sourire de reconnaissance quand vous poussez le landau peut souvent suffire et vous permettre de protéger votre vie privée.

En général, la meilleure manière de parvenir à supporter toute l'attention dont vous faites l'objet est d'avoir un bon équilibre émotionnel. Et pour ce faire, il faut se fixer des priorités. Comme nous l'avons dit au chapitre précédent, on peut parvenir à assumer les responsabilités et la charge de travail extraordinaires qu'implique l'éducation de jumeaux en se concentrant sur ce qui est important pour soi et sa famille. Pendant les premiers temps, vous ferez en sorte que tout le monde soit nourri, reposé et content, mais peut-être seront-ce là vos seules victoires. Vous devrez probablement remettre à plus tard ou même oublier ce qui est moins important: avoir une maison bien rangée, réaliser des travaux manuels ou artistiques ou organiser de grandes soirées.

Etablir des priorités est également essentiel pour parvenir à gérer les émotions diverses que vous ressentez. Cela signifie que vous devez remettre à leur juste place les soucis, les craintes et les pensées négatives qui vous privent de votre énergie.

La meilleure façon que j'aie trouvée de surmonter cette épreuve fut de me focaliser sur une journée à la fois au lieu de me tourmenter à propos de la semaine ou de l'année suivante. Cela ne veut pas dire que vous ne devriez pas faire de projets, mais que vous devez cesser de vouloir contrôler une situation trop lointaine et qui semble insurmontable.

J'ai constaté que les femmes qui avaient bien réussi dans la vie plaçaient souvent la barre de la maternité un peu haut, s'imaginant jouer parfaitement leur rôle de mère. Ce sont des femmes qui ont fait de brillantes études et qui se sont distinguées sur le plan professionnel. Elles sont ambitieuses et disciplinées et recherchent constamment l'excellence. Mais lorsqu'elles sont confrontées au bouleversement qu'entraîne la venue de plusieurs bébés, elles peuvent se considérer comme des ratées parce qu'elles doivent inévitablement abaisser leurs critères de «perfection».

Il est important que ces mères pensent rationnellement à leur mission et aux points qui méritent qu'elles dépensent leur énergie. La santé et l'alimentation des bébés sont certainement deux points essentiels, alors que des préoccupations telles qu'avoir deux bébés bien habillés et parfaitement assortis, une maison bien rangée et son mot à dire dans la vie associative peuvent être remises à plus tard.

Voici quelques conseils supplémentaires pour garder une bonne forme tant mentale que physique:

• Prenez le temps de méditer, et de vous relaxer. Que vous fassiez du yoga ou que vous écoutiez de la musique apaisante, tâchez de trouver une activité qui vous sorte de vos préoccupations et vous permette de vous détendre l'esprit.

Il est important que vous consacriez ce temps à votre personne; ne l'utilisez pas pour faire le ménage ou les courses.

• Adoptez des habitudes de vie saines: promenez-vous avec ou sans les bébés; ayez de bonnes habitudes alimentaires et évitez les snacks, les cigarettes et tout ce qui est susceptible de miner votre santé et votre bien-être.

• Ayez des pensées positives. Imaginez vos jumeaux en train de se développer et de grandir. Imaginez-vous plus apte à vous occuper d'eux. Souvenez-vous qu'on ne naît pas mère; c'est un métier qu'on apprend petit à petit.

• Soyez souple. Pouvez-vous redistribuer les tâches, les rôles? Pouvez-vous retourner travailler pendant que votre compagnon s'occupe du ménage? Certaines familles font ce choix et s'en sortent très bien, comme nous le verrons ultérieurement.

• Entrez en relation avec d'autres parents et organisez des réunions. Si vous le pouvez, trouvez d'autres familles ayant des jumeaux. Allez voir une association de mères de jumeaux ou un groupement de parents de jumeaux (voir Conseils pratiques).

• Parlez de ce que vous ressentez et demandez de l'aide. Dites à votre époux ou compagnon que vous avez besoin d'une aide accrue ou que vous avez le cafard. Si tout va mal, ne souffrez pas en silence.

• Essayez de garder le sens de l'humour: un fou rire peut parfois résoudre bien des problèmes.

En définitive, la façon dont vous réagirez à la situation dépendra de vos forces et de vos aptitudes, de votre tempérament et de votre personnalité. Il y a différentes façons de relever un défi (c'est une des raisons pour lesquelles j'aime regarder les Jeux olympiques). Vous serez d'autant mieux préparée si vous vous connaissez vous-même et savez comment vous réagissez dans l'adversité.

Comment une naissance multiple affecte-t-elle aussi les pères ?

Une grande partie de ce que nous avons dit précédemment sur l'impact d'une naissance gémellaire ou multiple s'applique également aux pères. En tant que père d'enfants multiples, vous aurez peut-être de vous-même une image fausse. Vous douterez de vos capacités à être père et chercherez des solutions pour préserver votre équilibre mental.

Mais les pères ont aussi des problèmes qui leur sont propres, souvent parce qu'on tend à les négliger, toute l'attention étant tournée vers les besoins des nouveau-nés et de leur mère. Les occasions ne manqueront pas où ils auront l'impression de passer en dernier.

A l'instar des mères, les pères éprouvent à la fois un immense bonheur et une grande détresse face à leurs bébés.

Examinons d'abord les aspects positifs:

• Il arrive souvent, sans que cela soit vraiment une nécessité, que les pères de jumeaux ou de triplés s'occupent davantage de leurs bébés que les autres pères. Il s'ensuit que vous aurez probablement une relation plus intime avec vos bébés que celle que vous auriez eue avec un seul enfant.

• Les pères de jumeaux ou de plusieurs bébés font souvent l'admiration de leurs amis.

Voyons maintenant les aspects négatifs:

• Comme les mères, les pères sont épuisés physiquement et manquent de sommeil. De nos jours, les familles nombreuses sont moins courantes que par le passé, et les pères sont souvent les seuls, exception faite de la mère, à s'occuper régulièrement des bébés. Rappelez-vous que les pères ont aussi besoin d'être soutenus. Reconnaissez vos propres besoins. Demandez de l'aide quand vous en éprouvez la nécessité.

- Il se peut que vous soyez désormais seul à rapporter de l'argent à la maison, à supporter le poids de cette responsabilité tout en vous occupant du ménage et des bébés. Vous avez l'impression d'être dans une impasse: votre travail est plus important que jamais et votre famille a désespérément besoin de vous. Si vous vous sentez anxieux, parlez de vos inquiétudes à votre partenaire. Ne faites pas semblant d'avoir un courage à toute épreuve.
- Conscient de l'accaparement de votre épouse par les bébés, peut-être vous sentirez-vous moins proche d'elle. Souvenez-vous qu'il s'agit d'une phase transitoire. Même si vous avez du travail par-dessus la tête, vous pouvez vous sentir proches en partageant vos efforts, en communiquant et en vous témoignant de nombreuses marques d'affection.
- Vous pourriez également éprouver du ressentiment à l'égard des jumeaux et puis culpabiliser. C'est normal.

Si vous êtes père d'enfants multiples, reconnaissez que la tâche requiert de votre part un engagement total. Il y a du travail pour plus de deux personnes tant les besoins des bébés sont grands. Si vous pensez que vous intervenez pour 50%, vous n'en faites probablement pas assez. Les parents doivent avoir l'impression que leur part de travail respective est de 80%.

Dans une famille de sextuplés, les parents décidèrent que la mère, dont les revenus professionnels étaient plus importants, retournerait travailler, tandis que le père prendrait soin des enfants. Lui et les enfants, aujourd'hui âgés de quatre ans, se portent bien.

Dépression postnatale

Quand on parle de stress chez les jeunes mères, il convient d'aborder le problème de la dépression postnatale, un état particulièrement fréquent chez les mères d'enfants multiples.

Il est important de souligner que le «baby blues» – cette légère tristesse et anxiété qu'éprouvent les jeunes mères au cours des premiers jours ou des premières semaines qui suivent la naissance – est courant et passager. Plus de 70% des mères présentent ces symptômes dans une certaine mesure. Les mères ont les larmes aux yeux, se sentent excessivement inquiètes ou sont facilement contrariées. En général, leur humeur s'améliore au bout de quelques jours, à mesure que leur corps et leurs hormones s'adaptent à leur nouvel état.

La dépression postnatale est plus grave. Elle affecte environ 10% des mères, et, parmi elles, 20% sont mères d'enfants multiples. Les symptômes peuvent ressembler à ceux du «baby blues», mais persistent pendant plus de trois semaines. Ils revêtent généralement une forme plus aiguë et incluent des sentiments de désespoir et d'impuissance. La mère perd souvent l'appétit et est incapable de dormir.

Une mère de jumelles se souvient: «La cinquième nuit, je me suis soudain mise à craindre, si je m'endormais, de ne pas pouvoir me réveiller pour les allaiter. Je suis restée assise dans mon lit toute la nuit et j'ai lu. Pendant sept nuits, j'ai veillé, épiant le moindre son, trop effrayée pour dormir et incapable d'en parler à qui que ce soit.»

La forme la plus inquiétante, appelée psychose postnatale, est fort heureusement très rare, car elle est extrêmement grave. Elle n'affecte que deux ou trois mères sur mille, mais elle les fragilise et peut même mettre leur vie en péril. Ces femmes sont complètement perturbées: elles sont sujettes à des hallucinations ou peuvent être obsédées par des pensées de suicide ou d'homicide.

Bien que la dépression et la psychose postnatales puissent avoir de nombreuses origines, y compris une prédisposition génétique et des signes antérieurs de maladie mentale, le milieu joue un rôle important. Les mères qui se sentent seules et délaissées et qui ont peu d'amour-propre sont plus exposées que les autres.

Mais s'il est une cause due au milieu qui peut être gérée, c'est bien la fatigue, une raison supplémentaire de vous reposer le plus possible, en particulier au cours des premières semaines et des premiers mois. Si vous êtes jeune et en bonne santé, vous survivrez au manque de sommeil. Mais vous devrez vous dorloter (et être dorlotée) autant que faire se peut durant ces premières semaines où votre corps et votre état psychique sont fragiles.

Voici quelques conseils pour vous aider à surmonter votre cafard et à lutter contre une éventuelle dépression:

• Parlez de vos sentiments à quelqu'un, en particulier à votre gynécologue, et demandez-lui de l'aide, notamment si votre tristesse persiste au-delà de la première semaine qui suit la naissance.

• Acceptez le fait que vos sentiments sont dans une certaine mesure raisonnables: votre vie est mise sens dessus dessous sur le plan tant physique qu'émotionnel. Il vous faudra du temps avant de vous sentir à l'aise dans votre nouveau rôle et de ne plus douter de votre capacité à être une bonne mère.

• Faites-vous immédiatement aider si vos symptômes sont graves (hallucinations ou envie de faire du mal à vos bébés ou à vous-même). Et demandez de l'aide si l'insomnie devient un problème sérieux.

• Adressez-vous à un groupe de soutien, à une association sans but lucratif (voir Conseils pratiques).

Comment une naissance multiple affecte-t-elle un couple ?

Au cours des premiers mois, les parents ne dorment plus, n'ont plus de temps ni de vie privée. Ils entrent dans la ronde infinie des bains, allaitements et changements de couches. Ils ont à peine le temps de manger et de faire leur toilette.

«On devient très primitif», se souvient une mère. «Je manquais tellement de sommeil que j'aurais pu tuer pour dormir un peu.»

C'est au moment où vous aurez l'impression d'être complètement vidée que votre partenaire aura probablement le plus besoin de vous. C'est alors que vous serez heureuse d'avoir pris le temps d'évaluer votre aptitude à communiquer, comme nous l'avons suggéré au chapitre 2. Les tensions de votre couple que vous aviez peut-être éludées jusqu'ici seront désormais inéluctables.

Des parents qui communiquaient bien auparavant peuvent se retrouver dans une situation où, vu les nouvelles circonstances, ils se voient à peine. L'un peut être de garde la nuit et l'autre le jour, l'un peut s'occuper des aînés, tandis que l'autre prend soin des jumeaux.

Souvent, les pères qui vivent cette situation se réfugient dans le travail, passant de moins en moins de temps à la maison précisément au moment où l'on a le plus besoin d'eux.

Que faire?
• Il est important de ne pas laisser la place au ressentiment. Essayez de demander chaque jour à votre partenaire ce dont il a besoin.
• Faites-vous souvent des câlins. Une étreinte peut parfois réconforter et apaiser plus que des mots.
• Appréciez les efforts de l'autre.
• Répétez-vous constamment ainsi qu'à votre partenaire que la situation est passagère. Il peut être bon de se rappeler que la première année qui suit l'accouchement est une continuation de la grossesse; vous et vos bébés êtes encore dans une phase d'adaptation. Ce processus finira bien par s'arrêter.
• Trouvez des façons créatives d'être rien qu'à deux, même si ce n'est que pour une demi-heure. Vous pouvez préparer le repas, attacher les bébés dans leur siège auto et conduire jusqu'à ce qu'ils s'endorment, puis vous garer quelque part et pique-niquer sous un arbre.

Sexe et amour

Sexe? Amour? Le souvenir que vous en avez pourrait être des plus vagues. Les mois qui suivent une naissance, qu'elle soit multiple ou non, ne portent certes pas à la passion. Si vous avez des jumeaux, le manque de temps et d'énergie est plus évident et dure plus longtemps qu'avec un seul bébé. Les mères qui allaitent plusieurs bébés peuvent avoir l'impression de bénéficier de suffisamment d'intimité physique, alors que les pères s'en sentiront peut-être privés.

Par ailleurs, votre maison pourrait grouiller de volontaires, de beaux-parents, de nounous, de filles au pair et d'admirateurs en tous genres (sans oublier les bébés), de sorte que toute intimité serait impossible même si vous en aviez le temps.

Il est important de vous répéter à vous-même – et mutuellement – que cette situation n'est que temporaire. Et même si les premières semaines sont difficiles, rien ne vous empêche de vous faire des câlins, d'être proches et de vous apprécier mutuellement.

Rire est parfois la meilleure des choses à faire. Je me souviens d'une réunion destinée aux parents de jumeaux où la question des relations sexuelles avait été évoquée. Deux parents racontèrent en rougissant qu'ils étaient parvenus à s'extraire de la maison un après-midi pour aller pique-niquer dans un parc tout proche et qu'une fois sur place ils s'étaient rapidement cachés derrière les buissons.

Après qu'ils eurent raconté leur histoire, de nombreux autres couples se mirent à sourire et avouèrent avoir fait la même chose – et dans le même parc!

Comment une naissance multiple affecte-t-elle la fratrie et la famille dans son ensemble ?

Si vous avez déjà des enfants, vous avez l'avantage de l'expérience, et une certaine idée de l'avenir.

Mais il y a aussi un aspect négatif: vous devez vous occuper et de vos autres enfants et des nouveau-nés. Vous devez vous soucier du bien-être de vos aînés. Vous devez aussi vous préoccuper de leurs sentiments. Les aînés éprouvent souvent un sentiment de rivalité et de jalousie envers leurs cadets. Si vous avez des jumeaux, l'adaptation n'en sera que plus complexe.

Une naissance multiple affecte la fratrie de différentes façons, en fonction de l'âge des enfants.

Nourrissons

Les nourrissons ont du mal à comprendre ce qui se passe lorsque les bébés arrivent. Il n'est pas aisé de les préparer à cet événement parce qu'ils ne sont peut-être pas capables de concevoir l'avenir d'une façon claire. Leur histoire en tant qu'enfants uniques est beaucoup plus courte que celle de frères et sœurs plus âgés.

Les enfants de cet âge sont confrontés à des problèmes d'indépendance et de séparation. Ils pourraient souffrir de l'absence de leur mère au moment où celle-ci est en train d'accoucher et s'accrocher à elle (ou la fuir) dès son retour. Ils pourraient régresser et revenir à un comportement antérieur, désirant à nouveau téter ou boire au biberon ou oubliant d'être propres.

Lorsque vous rentrerez de l'hôpital avec vos jumeaux, donnez à votre nourrisson deux poupées ou deux nounours dont il prendra soin (trois ou plus, selon le cas). De cette façon, l'enfant pourra s'occuper des nounours pendant que vous vous occupez des jumeaux. Il apprendra à jouer un rôle et exprimera ses sentiments envers les bébés d'une façon saine.

Enfants de moins de six ans

Je me souviens avoir lu l'histoire d'une mère de triplés dont la fille aînée, âgée de trois ans, vint la réveiller un matin pour lui dire: «Je me suis débarrassée des bébés pour toi, maman!» Après quelques minutes de panique, la mère retrouva enfin les trois bébés sains et saufs dans la garde-robe de la chambre à coucher. Elle ne parvint jamais à comprendre comment sa fille les avait placés là.

Cette histoire montre qu'un enfant peut éprouver des sentiments mitigés à l'égard de bébés. Il peut avoir du mal à exprimer des sentiments négatifs ou, à l'instar de cette petite fille, les exprimer pour le moins d'une manière très éloquente.

D'un point de vue positif, les enfants de cet âge – de trois à cinq ans environ – apprennent très rapidement. Souvent, ils comprennent mieux ce que signifie le fait d'avoir de nouveaux petits frères ou petites sœurs et peuvent se sentir très fiers de vous aider.

Les parents doivent prendre conscience de la complexité de la situation. N'oubliez pas que, même s'ils paraissent grands à côté de vos minuscules bébés, ils sont encore très jeunes et vulnérables.

Encouragez-les à exprimer par des mots leurs sentiments mitigés ou négatifs. Il en seront soulagés. Si votre enfant dit: «Renvoie-les à l'hôpital!» ou «Je déteste les bébés!», ne lui dites pas, même si vous êtes tentée: «Bien sûr que tu ne détestes pas les bébés!» Il est préférable de dire: «Je sais que c'est dur pour toi pour le moment parce que j'ai tellement de travail avec les bébés» ou «Tu voudrais parfois qu'ils s'en aillent. Je sais qu'ils font beaucoup de bruit!». Apprenez-leur à exprimer leurs sentiments de façon constructive (fais un dessin, viens près de maman pour qu'elle te fasse un gros câlin, fâche-toi sur une poupée plutôt que sur les bébés).

Dans leur ouvrage intitulé *Siblings Without Rivalry*, Adele Faber et Elaine Mazlish suggèrent aux parents d'être compatissants envers un aîné délaissé par des parents et amis bien intentionnés qui se focalisent sur les nouveau-nés. Vous pouvez lui dire: «J'imagine que ça doit être dur de voir tous ces gens autour des bébés. La prochaine fois, fais-moi un clin d'œil et je t'en ferai un aussi. Comme ça, tu sauras que je sais.» Bien sûr, vous continuerez à prendre fait et cause pour votre aîné si les gens se comportent avec lui d'une façon peu délicate. Si c'est le cas, vous pouvez, par exemple, le féliciter pour son aide: «Merci de venir voir les jumeaux et François. Je suis si fière de l'aide que François m'apporte.»

Encouragez la créativité de vos enfants. Même à cet âge, les enfants sont capables de presser le bouton d'un appareil photographique et de prendre des photos de la famille. Les enfants plus âgés peuvent prendre des photos sans avoir besoin d'aide. De temps en temps, les photos peuvent être rangées dans un album et accompagnées d'un texte dicté par l'enfant, dont les parents ou un aîné auront pris note.

Enfants de plus de six ans

Après l'âge de cinq ou six ans, les enfants sont plus disposés à se séparer de leurs parents et de la maison. Ils se font d'autres amis et passent du temps loin des bébés. Ils en oublient momentanément l'intensité de leurs sentiments, les bruits et le chaos inévitables dans leur maison (sans parler du fait qu'ils doivent rester calmes pour ne pas réveiller les bébés).

Les enfants de cet âge peuvent être d'une aide précieuse. Tâchez néanmoins d'éviter d'exercer sur eux une pression trop forte. Ne leur donnez pas une raison d'éprouver du ressentiment. Envisagez de les récompenser comme il faut pour tout travail qui sort du cadre de leurs tâches quotidiennes.

Si vos enfants de cet âge participent à des projets familiaux qui sont plus amusants que fastidieux – comme réaliser l'album que nous avons décrit plus haut ou aider à s'occuper de leurs petits frères et sœurs –, ils n'auront pas simplement l'impression de vous aider mais d'être un élément important de l'unité familiale et vivront comme une expérience amusante le fait d'être des aînés.

Les enfants de cet âge développent d'autres centres d'intérêt et recherchent d'autres sources de soutien et d'approbation en dehors de la famille. Ils sont mieux à même d'exprimer par des mots ce qu'ils ressentent, de parler de leurs sentiments négatifs et de les gérer.

Souvent, ces enfants tirent profit de la notoriété dont jouit leur famille. Votre enfant pourrait même vous demander d'amener les jumeaux à son école pour les montrer aux autres enfants et les laisser poser des questions auxquelles il pourra répondre fièrement.

C'est aussi le moment de demander aux grands-parents, parrains et marraines et autres amis d'inviter vos autres enfants à sortir et à profiter de quelques moments de tranquillité en compagnie d'un adulte capable de les écouter. Les grands-parents peuvent être les garants du bien-être d'un enfant quand ses parents trop occupés.

Adolescents

En général, les frères et sœurs de bébés multiples sont plus jeunes, mais il arrive parfois que les parents d'adolescents aient des jumeaux. J'ai entendu parler d'une mère de deux adolescents qui a mis au monde des triplés.

Les adolescents peuvent être consternés à l'idée que leurs parents vont avoir des bébés (ils réalisent avec horreur que leurs parents ont des relations sexuelles). Peut-être traversent-ils une phase de révolte et ne sont-ils pas très coopératifs.

Les adolescents sont, cela va sans dire, très capables et peuvent vous être d'une aide précieuse. Le problème le plus communément rencontré avec les enfants de cet âge est que les parents en arrivent à tellement compter sur leur aide qu'ils ne leur permettent pas de vivre leur enfance.

La solution consiste à trouver un équilibre, à attendre et apprécier un niveau d'aide raisonnable sans en arriver à trop compter sur cette aide.

La plupart des aînés finissent par s'adapter à l'arrivée de frères et sœurs plus jeunes. Mais certains éprouvent beaucoup de difficultés et ont besoin d'être soutenus. Consultez un médecin si votre aîné montre des signes de régression et de dépression ou s'il agresse physiquement les bébés. Il n'est pas rare qu'un aîné pince ou frappe un bébé, mais il faut éviter ce genre d'actes. Si vous avez l'impression de ne pas pouvoir protéger vos bébés contre un frère ou une sœur aînée, vous devez vous faire aider par un tiers indépendant – pour l'amour des bébés et pour l'amour de votre aîné.

Problèmes financiers

Il est incontestable qu'une naissance multiple pèse lourdement sur les finances d'une famille. Nous reviendrons sur le problème de la gestion de graves soucis financiers au chapitre 15. Dans bien des familles, la décision, pour la mère, d'arrêter de travailler peut être angoissante. La famille a besoin de deux revenus et la mère souhaite poursuivre sa carrière, mais ses bébés prennent 200% de son temps et de son énergie.

De nombreux couples peuvent envisager de remettre à plus tard ou de redéfinir leur plan de carrière. Ils choisissent de considérer les premières années comme un investissement. Mieux vaut sacrifier un peu de sécurité matérielle si cette décision est payante à long terme et renforce la famille. On peut rattraper le temps perdu lorsqu'il s'agit d'argent, mais pas lorsqu'il s'agit d'enfants.

A mesure que vous vivrez les joies et les défis de votre nouvelle situation, veillez à profiter des bons moments. Lorsque vous sentirez votre cœur regorger d'amour pour vos bébés, lorsque les autres vous féliciteront et qu'à juste titre vous vous sentirez fière, lorsque vous vivrez une expérience particulièrement réussie et que vous vous sentirez capable et invincible, profitez des sentiments que vous éprouverez: ils font partie des récompenses que vous méritez.

CHAPITRE 8

A chacun sa personnalité

Comprendre et encourager l'individualité de vos enfants

«Mes jumeaux ont des personnalités bien distinctes et des inté-
rêts très différents, mais ils prennent soin l'un de l'autre et s'aiment
énormément.»

La condition gémellaire inspire des pensées profondes sur
la condition humaine et sur ce qui nous distingue les uns des
autres et fait de nous des êtres uniques.

Nous pensons à tous les mythes dont nous avons parlé au
chapitre 3, ainsi qu'aux histoires que nous avons entendues sur
la recherche gémellaire et nous nous demandons quel effet ils
auront sur nos jumeaux. Comment chacun des jumeaux
forge-t-il son identité, son individualité et sa personnalité? Dans
quelle mesure les parents influent-ils sur ce processus et quelle
est la contribution des enfants? Comment les jumeaux établis-
sent-ils eux-mêmes leur identité? Comment leur statut de couple
les influence-t-il?

Les parents doivent comprendre ce qu'est la gémellité, la
part de différence ou de ressemblance chez les jumeaux et la
manière dont leurs personnalités se développent. Ils doivent

également se considérer comme des entraîneurs ou des guides et non comme les créateurs de l'individualité de leurs enfants.

Individualité, indépendance et lien gémellaire, tels sont les thèmes récurrents dans la vie des enfants multiples. Ces questions se poseront toujours aux parents, au fur et à mesure qu'ils stimuleront l'épanouissement de leurs enfants en tant qu'individus et qu'ils encourageront une relation positive entre eux de la naissance à l'âge adulte.

En réalité, les jumeaux ne deviennent pas des individus à part entière grâce à leurs parents, ils le sont déjà à la naissance. Notre mission consiste à créer un environnement dans lequel les enfants forgeront leur propre identité en grandissant.

MONOZYGOTE OU DIZYGOTE : QUELS EFFETS ?

Comme nous l'avons souligné au chapitre premier, le facteur mono- ou dizygote est l'un des nombreux facteurs qui influencent les parts de similitude et de dissemblance chez les jumeaux.

Si vos jumeaux sont dizygotes, ils partagent le même degré de ressemblance génétique que deux frère et sœur nés séparément. Ils peuvent, par conséquent, avoir de nombreux points communs et se ressembler très fort ou être très différents au niveau tant de l'aspect physique que du caractère.

Si vos jumeaux sont monozygotes, ils ont davantage de points communs, mais présentent également quelques différences. Mes jumelles monozygotes ne se ressemblaient pas à la naissance. Christine, qui est née la première, pesait deux kilos six cents grammes. Elle avait beaucoup de cheveux, un grain de beauté sur une jambe et le visage légèrement plus étroit, en apparence, que celui de sa sœur. Carine pesait deux kilos neuf cent cinquante grammes, avait les cheveux fins, un grain de beauté sur un bras et le visage plus arrondi.

Carine, qui avait joui d'une plus grande liberté de mouvement dans mon utérus, était détendue. Christine, qui avait été comprimée dans un espace limité et avait passé, en tant que première-née, plus de temps dans le défilé pelvien, était toujours sur le qui-vive. Je suis persuadée que son séjour dans l'utérus, dans un espace aussi confiné, lui a appris à être débrouillarde. Nous lui disions souvent pour plaisanter qu'elle avait plus de cheveux que Carine parce que seuls ses cheveux avaient eu assez d'espace pour grandir. Peut-être avions-nous raison!

L'IMPORTANCE DU DIAGNOSTIC

Si vous n'avez pas pu déterminer si vos bébés étaient mono- ou dizygotes avant leur naissance, vous voudrez certainement le faire après l'accouchement, à moins qu'il ne s'agisse d'un couple garçon-fille, forcément dizygote.

Il est très important de le savoir. Premièrement, les jumeaux et autres enfants multiples ont le droit de connaître leur origine, et la «zygosité» en est un aspect essentiel. Il me paraît inconcevable qu'eux-mêmes et leur famille ne le sachent pas. Par le passé, les gynécologues pensaient qu'il valait mieux que les parents ignorent cette caractéristique de leurs bébés dans la mesure où elle pouvait influencer la manière dont ils s'occuperaient d'eux.

Mais peut-être faudrait-il que les parents soient influencés par un élément aussi important de l'identité de leurs enfants. En fait, il a été démontré que la «zygosité» influe sur l'attitude des parents même lorsqu'ils ne la connaissent pas.

Des études ont montré que les parents de jumeaux s'occupaient de ces derniers d'une manière qui reflétait leur véritable zygosité, même s'ils se méprenaient sur cette zygosité. Ainsi, les parents de jumeaux monozygotes traitaient leurs enfants d'une façon assez identique, même s'ils pensaient que leurs bébés étaient dizygotes, parce qu'ils répondaient aux besoins comparables de leurs bébés. Alors que les parents de jumeaux dizygotes traitaient leurs enfants d'une manière plus différenciée, même s'ils étaient convaincus qu'ils étaient monozygotes, parce qu'ils répondaient à des besoins distincts.

Le fait pour les parents de connaître ce facteur est loin d'être inutile. Si vos jumeaux sont dizygotes, par exemple, ils présenteront les mêmes différences de croissance et de personnalité que s'il s'agissait de deux frère et sœur nés séparément. Etant informés de cet aspect de leur gémellité, vous serez moins enclins à les scruter pour découvrir leurs similitudes et plus disposés à vanter leurs différences.

ETUDES SUR LA GÉMELLITÉ - CE QUE LA RECHERCHE NOUS ENSEIGNE SUR L'INDIVIDUALITÉ DANS LE DÉVELOPPEMENT GÉMELLAIRE

Jusqu'à la naissance de mes jumelles, où je me mis à chercher des informations sur le développement gémellaire, je pensais que les «études sur la gémellité» dont j'avais toujours entendu parler concernaient les jumeaux. Je compris rapidement que ce n'était pas le cas. Dans le sens habituel du terme, on entend par «études sur la gémellité» l'utilisation des jumeaux comme outils de travail.

Généticiens et psychologues du comportement utilisent les jumeaux pour étudier la contribution relative de l'hérédité et du milieu au développement humain. Dès lors que les jumeaux monozygotes ont le même patrimoine génétique, toute différence de personnalité et de comportement peut être attribuée à des différences de milieu. Ces études ont nettement facilité notre compréhension du développement humain, mais la plupart ne sont d'aucune utilité pour les parents.

Il existe une abondante littérature qui peut aider les parents à élever leurs jumeaux, mais celle-ci est parfois dénaturée. Les articles sur les jumeaux et sur les études dans ce domaine que l'on trouve dans les revues de vulgarisation mettent souvent l'accent sur les aspects étranges ou fortuits de la gémellité, comme l'histoire de ces jumeaux séparés puis à nouveau réunis qui appartiennent au même parti politique, ont les mêmes préférences vestimentaires et alimentaires et les mêmes loisirs. Quand on lit un titre tel que: «Jumeaux: clones de la nature» et «Problèmes en double», on pourrait penser qu'il ne s'agit pas de gens normaux.

L'aperçu que la recherche génétique donne du développement gémellaire constitue plutôt un complément de celle-ci et non son principal objectif. Et dès lors que le rôle de la recherche génétique est de mesurer des caractéristiques quantifiables et non les nuances d'une situation familiale particulière, même les découvertes qui présentent un intérêt pour les parents sont trop générales pour être d'une quelconque utilité.

Il existe néanmoins quelques exceptions notables, et nous nous référerons plus en détail aux conclusions de ces études tout au long de cet ouvrage.

La plupart des efforts en vue de mieux comprendre le développement des jumeaux sont actuellement fournis non pas par les chercheurs, mais par les psychologues, linguistes, gynécologues, pédiatres et assistants sociaux qui tentent d'apporter des réponses aux questions posées par les familles de jumeaux: questions sur les soins pratiques à prodiguer, la relation gémellaire, le choix en matière de scolarité et la manière dont les parents peuvent aider leurs enfants à devenir des individus à part entière.

ELEVER LES JUMEAUX EN FONCTION DE LEUR TEMPÉRAMENT

Tous les parents de nouveau-nés peuvent vous parler du tempérament de leur bébé. Chaque bébé présente des traits de caractère qui lui sont propres dès la naissance. Certains sont paisibles et faciles à vivre. D'autres sont à moitié endormis. D'autres encore sont hypersensibles, sursautent pour un rien et ont beaucoup de mal à se calmer. Et il y a les curieux, facilement distraits par tout ce qui les entoure.

Les jumeaux peuvent présenter de nombreuses caractéristiques similaires et d'autres complètement différentes. Comme nous l'avons dit précédemment, les similitudes et les différences des bébés jumeaux sont liées tant à leur patrimoine génétique qu'à leur développement dans l'utérus.

Que peuvent faire les parents de ces informations? Dans quelle mesure exercent-ils une influence sur le développement et la relation de leurs bébés?

Un nombre sans cesse croissant de chercheurs pense que la relation entre le patrimoine génétique et notre milieu est beaucoup plus complexe que ce qu'on avait imaginé. Lorsqu'il s'agit d'expliquer l'incidence relative de l'hérédité et du milieu sur le développement d'une personne, on ne peut plus se limiter à l'une ou l'autre alternative. Nous commençons à mieux comprendre que les caractéristiques dont héritent les enfants ne sont pas les seules à être influencées par leur milieu; les enfants eux-mêmes ont une action sur le milieu, y compris sur la manière dont leurs parents conçoivent leur éducation.

Nous devons beaucoup de ces éclaircissements à de nouveaux chercheurs, tels que Jerome Kagan, un psychologue dont les recherches sur les bébés et les enfants ont permis de mieux cerner le caractère et ses origines biologiques. Dans leur étude sur les enfants réalisée sur plusieurs décennies, les psychiatres Stella Chess et Alexander Thomas ont montré que la personnalité et le caractère ne changeaient pas avec le temps.

Nous savons également aujourd'hui que les influences génétiques sont plus marquées avec l'âge. Dès lors que l'utérus est le milieu susceptible d'influer le plus sur les différences entre jumeaux, il est logique que les similitudes entre jumeaux monozygotes augmentent à mesure qu'ils grandissent. C'est certainement le cas de mes jumelles monozygotes qui présentent plus de points communs à l'âge adulte que quand elles étaient enfants.

Les scientifiques ne reconnaissent pas l'impact relatif de l'hérédité et de l'éducation sur la personnalité d'un individu. Thomas Bouchard, directeur du Minnesota Study of Twins Reared Apart, estime que l'influence de l'hérédité sur la personnalité d'un individu est de 70% environ et celle du milieu de 30%. D'autres, comme Adam Matheny, directeur du Louisville Twin Study, qui observe des jumeaux élevés ensemble, pense qu'hérédité et milieu interviennent tous deux à parts égales.

Différences chez des jumeaux nouveau-nés

Une des études de Louisville a mis en évidence que les nouveau-nés monozygotes n'étaient pas plus semblables que les nouveau-nés dizygotes pour toute une série de variables, dont l'activité physique, l'attention et le caractère. Après six mois, les jumeaux monozygotes commençaient à présenter plus de similitudes et les dizygotes plus de différences.

Thomas Bouchard a également découvert que les jumeaux monozygotes élevés séparément se ressemblaient plus que certains jumeaux élevés ensemble. Cette découverte laisse à penser que les jumeaux monozygotes élevés ensemble s'arrangent pour, si l'on peut dire, se répartir le territoire. Ils auraient peut-être été plus semblables s'ils avaient été séparés.

Comment les parents réagissent-ils aux différences ?

Le recours à la technique des ultrasons nous apporte une preuve encore plus spectaculaire des origines génétiques du comportement. Utilisée pour étudier l'activité et les interactions des jumeaux monozygotes et dizygotes dans l'utérus, elle a révélé que tous les bébés, tant monozygotes que dizygotes, présentent des comportements distincts. Et chaque paire de jumeaux développe une interaction qui lui est propre: certains recherchent le contact mutuel et d'autres l'évitent. Les bébés continuent à avoir le même comportement et le même type de relation pendant leur première année de vie.

Les parents réagissent à ces différences chez leurs bébés en ne les traitant pas de la même manière. Par exemple, certaines mères accordent une attention particulière au bébé qui a présenté plus de problèmes de santé. Il va de soi qu'il est normal d'accorder plus d'attention à un bébé qui nécessite des soins particuliers. Il se peut, pourtant, que cette attitude se transforme en habitude qui persiste bien au-delà de ce qui est nécessaire.

Toutes ces découvertes sont autant de bonnes nouvelles pour les parents. Le temps est révolu où l'on pensait qu'il incombait aux parents de forger le comportement de leurs enfants et, dans le cas de jumeaux, de les rendre différents.

Néanmoins, nous devons également être conscients de nos réactions et les adapter aux différences de nos enfants à mesure qu'ils grandissent et changent. Voici un exemple qui illustre la manière dont la différence de poids que présentaient mes jumelles à la naissance me poussa à préférer, sans le vouloir, l'une d'elles.

Adolescente, Carine aimait évoquer ses souvenirs d'enfance. Un jour, elle me demanda pourquoi j'étalais toujours plus de confiture sur les tartines de Christine. Ma première réaction fut de nier. Puis, je me calmai et me mis à penser au passé. Je me souvins qu'à chaque fois que je constatais avoir étalé plus de confiture sur une tartine, je la donnais automatiquement à Christine parce qu'elle pesait trois cent cinquante grammes de moins que Carine à la naissance (Christine était en pleine forme, elle était juste un peu moins potelée que sa sœur).

Je suis heureuse que Carine m'ait posé cette question et elle fut soulagée d'entendre mon explication. Mon but n'était pas de faire preuve de favoritisme. Mais selon Carine, j'avais favorisé Christine. Aujourd'hui, je comprends que je continuais à être influencée par leur différence de poids à la naissance, alors que cet aspect n'avait plus aucun rapport avec la réalité. Christine avait rattrapé Carine en quelques semaines et leur poids était approximativement le même depuis lors.

Le caractère

Marilyn Riese, du Louisville Twin Study, a comparé les prévisions concernant le caractère chez des jumeaux de poids normal et chez d'autres de poids peu élevé à la naissance. Elle a examiné le niveau d'activité, l'intensité des réactions, la capacité d'attention et autres données sur le caractère.

Elle a découvert que les traits de caractère présents à la naissance tendent à persister chez les bébés de poids normal, mais pas chez les nouveau-nés de petite taille, dont le caractère est moins affirmé. Cette recherche vient étayer d'autres études qui ont révélé une connexion entre le caractère et le poids à la naissance et suggère qu'un faible poids à la naissance peut affecter le développement du caractère. Cela signifie que si vos bébés ont un poids normal à la naissance, leur caractère restera relativement inchangé à mesure qu'ils grandissent.

Une étude sur l'humeur des jumeaux a révélé que le type d'humeur chez les jumeaux monozygotes élevés séparément ressemblait davantage à celui de jumeaux dizygotes élevés ensemble. La bonne humeur de chaque jumeau monozygote reflétait davantage la joie de l'autre que les circonstances de leur vie. Des facteurs, tels que le niveau de revenu et la situation familiale, qui pourraient, selon nous, jouer un rôle dans le sentiment de bien-être, semblaient avoir moins d'impact. Ces résultats nous incitent à penser que notre humeur peut être étroitement liée à notre patrimoine génétique.

L'humeur de jumeaux dizygotes peut être aussi semblable ou dissemblable que celle de frères et sœurs nés séparément. On peut s'attendre que des jumeaux monozygotes éprouvent une joie de vivre très similaire au fil du temps. Si la joie de vivre d'un de vos jumeaux monozygotes diminue fortement, cela peut être le signe d'un problème qui attend d'être résolu.

Je connais deux garçons monozygotes de sept ans, tous deux doués pour le sport, habituellement ouverts et joyeux. Lorsque l'un d'eux se fit soudainement plus discret, ses parents s'inquiétèrent et cherchèrent à comprendre la raison de ce changement. Les garçonnets étaient inscrits dans la même équipe de base-ball et leur entraîneur tenait à ce que toute l'équipe manie la batte de la main droite. Or, différence physique de taille, l'un était droitier et l'autre gaucher (jumeaux «en miroir»), et cette règle peu rationnelle désavantageait le gaucher dans un domaine qui importait beaucoup pour lui. Les parents n'auraient pas décelé la cause du problème aussi rapidement s'ils n'avaient pas compris que la différence d'humeur de leur fils était symptomatique d'un problème.

Respect de la relation gémellaire

Qu'est-ce que la relation gémellaire? Est-elle particulière? Est-elle bonne, mauvaise ou un mélange des deux? Pourquoi envahit-elle la vie familiale?

Les jumeaux naissent avec un lien particulier qui est en tout cas physique: ils ont partagé le même utérus pendant sept à neuf mois, une expérience que vivent peu d'êtres humains. Le lien est également psychologique. Les bébés jumeaux semblent conscients de leur présence mutuelle et se témoignent un attachement de plus en plus vif, ce qui est également vrai à l'égard de leurs parents. Lorsque les jumeaux sont monozygotes, leur ressemblance physique, leurs caractère et aptitudes identiques renforcent ce lien.

Chez les jumeaux dizygotes qui peuvent ou non présenter des caractéristiques physiques et un tempérament identiques, le lien peut être moins fort, mais quel que soit le degré de leur entente, celle-ci durera toute leur vie.

Pour les parents, l'existence du lien gémellaire représente un paradoxe inhabituel. Ils doivent stimuler le développement de l'indépendance de leurs enfants tout en les encourageant à maintenir une relation positive. Dans les chapitres qui suivent, nous parlerons de la diversité des relations gémellaires en fonction de l'âge des jumeaux et de leurs différents stades de développement.

N'oubliez pas que la relation qui unit vos jumeaux est aussi dynamique que celle existant entre les deux membres de n'importe quel couple. Tantôt la relation sera harmonieuse, tantôt elle ressemblera plus à un champ de bataille. Savoir que ce flux et ce reflux de sentiments est normal vous aidera à profiter des bons moments et à surmonter les mauvais.

Une fois que vous aurez déterminé si vos bébés sont mono- ou dizygotes et que vous saurez à quoi vous en tenir en termes de différences et de similitudes, vous serez prête à élever vos jumeaux. C'est un art véritable, pas une science exacte. Gardez bien en tête que vous n'êtes en rien responsable de leur future individualité, comme nous l'avons dit précédemment. Ils sont nés avec leur propre individualité. Votre responsabilité en tant que parents consiste à satisfaire les besoins de vos bébés et à respecter leur relation afin qu'ils acquièrent tous les deux un sens profond du moi et une vision positive de leur gémellité.

COMMENT RESPECTER ET ENCOURAGER L'INDIVIDUALITÉ ?

Un jour qu'ils regardaient de vieilles photographies, Carine, alors âgée de trois ans, demanda à son père: «Je suis laquelle des deux?» La confusion de Carine est typique de ce qui peut arriver lorsque des jumeaux se ressemblent tellement qu'ils ne peuvent même pas se reconnaître sur une photo.

Mais cela ne signifie pas pour autant qu'ils ne savent pas qui ils sont. Même si les autres ne parviennent pas à les distinguer, chaque jumeau sait qui il est en tant qu'individu.

Tandis que vous vous préparez à la naissance des bébés, vous pensez à ce qu'ils seront et à votre relation avec eux. Et peut-être vous demandez-vous si vous serez capable de les distinguer et craignez-vous de les confondre.

Que les bébés soient monozygotes, dizygotes ou, dans le cas de triplés ou plus, un mélange des deux, vous reconnaîtrez leur individualité à la naissance, du moins d'une façon globale. Vous ne serez peut-être pas capable d'identifier toutes les caractéristiques de leur personnalité, mais chaque bébé aura son propre comportement et caractère.

S'ils se ressemblent vraiment beaucoup, vous ne pourrez peut-être pas les distinguer au premier coup d'œil. Mais les caractéristiques visuelles ne sont pas la clé de leur identité. Souvenez-vous de ce vieil adage: «L'habit ne fait pas le moine.» Lorsque vous les tiendrez dans vos bras un à un ou tous ensemble, vous commencerez à ressentir qui est qui.

Qui est qui?

«Enfant, je me souviens que j'allais à l'école avec des jumelles qui se ressemblaient et s'habillaient de la même façon. Elles portaient de jolis prénoms qui rimaient, et les autres enfants avaient du mal à les distinguer. Quand j'ai su que j'attendais des jumelles, je pensais que les autres enfants les considéreraient comme des personnes distinctes et se lieraient d'amitié avec elles individuellement. Nous avons commencé par choisir des prénoms clairement distincts. Lorsqu'elles naquirent, nous avons évité de les habiller de la même manière.»

De nombreux parents craignent de choisir un prénom et des vêtements pour leurs jumeaux. Ils savent que ces attributs affectent la manière dont les autres perçoivent leurs jumeaux et dont ces derniers se voient eux-mêmes.

Au chapitre 6, nous avons expliqué comment distinguer des nouveau-nés au cours des premières semaines. Une méthode aussi simple que d'attribuer une couleur à chaque jumeau sert non seulement à distinguer ses effets au cours des premiers mois, mais aussi à aider les enfants à identifier ce qui leur appartient au fur et à mesure qu'ils avancent en âge.

Vêtements

Distinguer les vêtements par couleurs peut être utile au cours des premiers mois, voire des premières années. En grandissant, les enfants pourraient choisir de nouvelles couleurs à chaque anniversaire. Mais cette méthode ne présente un intérêt qu'aussi longtemps qu'elle est utile et amusante. Il arrive parfois que les enfants se mettent à considérer leurs vêtements comme des uniformes à endosser. Que faire si vos filles veulent porter du rose toutes les deux? «Maman t'aime sans doute plus que moi. Toi, tu as le droit de porter du rose et moi je dois porter du bleu», dit une jumelle de six ans à sa sœur.

Une question souvent posée par des parents de jumeaux est de savoir s'ils doivent habiller leurs enfants de la même façon.

La réponse à cette question peut sembler complexe, mais elle est en réalité très simple. Lorsque des enfants multiples sont habillés de la même façon, leur identité se fond dans celle du groupe. Ils deviennent «les jumeaux» ou «les quadruplés». Lorsqu'ils sont habillés différemment, ils ressortent davantage en tant qu'individus.

Si vous êtes tentée de les habiller d'une manière identique, songez aux conséquences. Pourrez-vous les distinguer? Les autres le pourront-ils? Pensez à l'effet de «star» qu'ils subiront quand des badauds s'approcheront de leur poussette clamant: «Regardez, des jumeaux!» Parfois, vous aimerez qu'on les traite de la sorte. Cela peut être réconfortant d'attirer l'attention générale après une semaine longue et pénible. Mais pour les vêtements de tous les jours, il est préférable que chaque bébé ait sa garde-robe.

Lorsqu'ils sont bébés, vous pouvez bien évidemment les habiller à votre meilleure convenance. Au cours des premières semaines, il est logique de ranger tous les vêtements des bébés à portée de main, près du coin à langer. Veillez néanmoins à ce que chaque bébé ait au moins quelques vêtements lui appartenant personnellement (ce qui vous permettra également d'identifier les enfants plus tard sur les photos).

Une fois qu'ils seront sensibles à la réaction des autres, utilisez leurs vêtements pour aider les gens à les distinguer. Laissez-les porter des vêtements identiques à des moments différents. Vos jumelles pourront avoir toutes les deux une jolie robe rose, mais ne pas la porter le même jour.

Pour les jumeaux de moins de six ans, une épingle distinctive, pouvant être portée sur n'importe quel vêtement, est une autre manière d'aider les gens à les distinguer.

Le fait de posséder des vêtements et des jouets donne à chaque bébé l'ébauche d'un sentiment d'individualité. Lorsque vos enfants seront suffisamment grands pour commencer à s'habiller seuls, ils seront capables de choisir les vêtements qu'ils vondront porter et d'exprimer ainsi chacun leur individualité.

Les vêtements sont l'un des rares domaines où un nourrisson peut être autorisé à opérer certains choix personnels. Pour des jumeaux, c'est une manière pacifique de prendre une certaine distance par rapport à la relation gémellaire. Des chaussettes mal assorties, des chemises à carreaux et des culottes à pois ne seront pas un lourd tribut à payer pour permettre une certaine fantaisie dans ce domaine.

Si les vêtements de vos enfants sont les mêmes, il se pourrait que vous ne soyez pas capable de les distinguer à une certaine distance. Cela peut poser un sérieux problème si vous devez interpeller l'un d'eux et que vous ne savez pas qui est qui. Vous pouvez envisager de les coiffer différemment, d'utiliser des rubans ou des lacets différents.

Jouets

Il est également important que les jumeaux possèdent et choisissent leurs propres jouets. Les enfants ont besoin d'avoir des jouets qui leur appartiennent. C'est aussi le cas des jumeaux, triplés et autres enfants multiples. Ils peuvent bien évidemment partager leurs jeux de cubes, comme n'importe quels frères et sœurs. Mais chaque enfant doit avoir certains jouets qui n'appartiennent qu'à lui.

Nombreux sont les avantages de posséder ses propres jouets. Lorsqu'un enfant possède un jouet, il peut apprendre à le partager. On ne peut partager ce qu'on ne possède pas. Il vaut mieux acheter des jouets plus petits et moins coûteux pour chaque enfant qu'un grand à partager. Les jouets peuvent être rangés ensemble dans le même panier ou sur la même étagère pour autant que chaque enfant sache lequel lui appartient.

Choisir des jouets pour chaque bébé est assez simple au début. Dans la prime enfance, et même plus tard pour certains jumeaux, les préférences et intérêts peuvent être si semblables qu'ils réagiront mieux s'ils reçoivent les mêmes jouets. Dans notre famille, ce fut le cas jusqu'à ce que chaque enfant fût capable de dresser sa propre liste de cadeaux. Quand Carine et Christine n'étaient encore que des nourrissons, nous essayions de leur offrir des jouets différents, mais équivalents: un chat en peluche ou une baleine de même taille ou encore un dumper et un camion-citerne.

Nos tentatives se soldaient toujours par un échec, chacune croyant que l'autre avait reçu le meilleur cadeau. En fait, elles ne regardaient même pas les cadeaux qu'elles ouvraient; chacune avait les yeux rivés sur le cadeau de l'autre. Quand les contenus différaient, elles étaient extrêmement déçues. Elles parvinrent à une solution originale: échanger leurs cadeaux! Cette pratique devint la norme. Lorsque les cadeaux étaient les mêmes, elles poussaient un soupir de soulagement, chacune pouvant conserver le sien.

Les prénoms

Le choix d'un prénom pour un bébé est un processus fascinant qui soulève toute une série de questions:

- Le prénom lui ira-t-il?
- Le prénom s'accordera-t-il avec le nom de famille?

• Allons-nous choisir un prénom porté par un autre membre de la famille?

• Les initiales signifieront-elles quelque chose d'amusant? Ce prénom sera-t-il une source de taquineries ou de plaisanteries?

• Le prénom se prête-t-il à un surnom que nous n'aimons pas?

Le choix d'un prénom pour plusieurs enfants est encore plus complexe parce que d'autres facteurs viennent s'ajouter à tous ceux précédemment mentionnés. Par exemple, voulez-vous des prénoms qui soulignent la gémellité de vos enfants? Ce qui serait le cas de prénoms commençant par la même lettre (Anne, Albert, André) ou de prénoms ayant la même sonorité (Annie et Stéphanie, Coralie et Aurélie). Des noms qui vont par deux dans d'autres contextes peuvent également mettre en évidence la gémellité (Bob et Dylan).

Mais il y a aussi beaucoup de prénoms distincts qui vont bien ensemble et soulignent le caractère individuel des jumeaux. Ces prénoms leur permettront, ainsi qu'aux autres, de savoir qui est qui sans équivoque.

Vous voudrez peut-être apprécier si les prénoms sont agréables à entendre quand ils sont prononcés à la suite l'un de l'autre, comme ce sera le cas, ou avec un «et» entre les deux. Amélie et Emilie, par exemple, peuvent être difficiles à prononcer.

Si vous êtes attachés aux prénoms de la famille, qu'il s'agisse du premier ou du second prénom, pensez à votre choix par rapport aux deux enfants. Mieux vaut donner un prénom de la famille aux deux enfants ou alors à aucun plutôt qu'à un seul.

Choisissez des prénoms que vous aimez prononcer et prévoyez de les utiliser dès le début. Mieux vaut éviter de les appeler «les bébés», «les triplés» ou les «jumeaux» tout le temps. Je me rappelle, non sans embarras, combien nous étions durs envers nos gentils voisins lorsqu'ils saluaient chaleureusement «les jumelles». Nous les réprimandions et leur demandions de les appeler par leurs prénoms. Mais ne parvenant pas à les distinguer, ils les appelaient – et les appellent toujours – «Mesdemoiselles».

Parlez à vos jumeaux d'eux-mêmes

Lorsque vous parlez à autrui de vos bébés, appelez-les tout naturellement par leurs prénoms. Quand vous les décrivez, mettez en avant leurs qualités: «Bernard est extrêmement décontracté», «Sarah est très fougueuse». Evitez les étiquettes qui peuvent les enfermer dans des stéréotypes positifs ou négatifs ou dans des rôles limités. Si vous qualifiez votre fils de trois ans d'athlète et votre fille de musicienne, vous ne ferez qu'augmenter leur rivalité. Plus tard, si le «musicien» veut faire du sport et si l'«athlète» veut jouer d'un instrument, ils devront se battre contre ces étiquettes et risqueront de marcher sur les plates-bandes de l'autre.

A mesure que vos enfants grandiront, parlez-leur de leur identité de jumeaux. Dans certaines familles que je connais, les parents ne disent pas à leurs enfants qu'ils sont jumeaux. Même si ces enfants s'en rendent généralement compte quand ils entrent à l'école et apprennent que les autres enfants ne fêtent pas leur anniversaire le même jour, ils peuvent avoir l'impression que leurs parents n'ont pas été francs avec eux ou ne les ont pas préparés à être l'objet de tant d'intérêt et de questions.

Dès que vos enfants seront en âge de comprendre ce que signifie un anniversaire, expliquez-leur que le leur tombe le même jour et que ce n'est pas le cas de la plupart de leurs amis dont l'anniversaire tombe à une autre date que celui de leurs frères et sœurs. Plus tard, lorsqu'ils saisiront mieux le processus de la reproduction, vous pourrez leur en dire davantage sur les deux bébés que vous avez portés.

Je pense que les parents devraient se montrer francs et naturels avec leurs enfants à propos de leur statut d'enfants «multiples». Pourtant, j'évitais de dire «les jumelles» en parlant de mes filles, préférant les appeler par leur prénom ou «mes filles».

Il vous faudra également penser à la manière dont vous voudrez aborder la question de savoir qui est l'aîné. Etre né quelques minutes avant l'autre ne confère certes pas plus de maturité, mais le monde extérieur semble très intéressé par la question. J'ai récemment parlé à la mère de jumelles adultes qui, à ce jour, appelle encore ses filles «mon aînée» et «ma cadette».

J'ai toujours évité de dire à mes filles qui était née la première jusqu'à ce qu'elles soient à l'école primaire. Les très jeunes enfants accordent beaucoup d'importance à l'âge, et en qualifier un d'«aîné» peut artificiellement lui conférer un statut dominant.

Elevez vos bébés en tant qu'individus à part entière

Même si leurs prénoms et leurs garde-robes sont une expression de votre attitude à l'égard de leur individualité et de leur gémellité, c'est la façon dont vous vous comportez avec eux qui aura le plus grand impact sur leur sentiment naissant d'individus à part entière et de membres d'un «couple de jumeaux».

Mais ce n'est pas simple. Une mère de triplés, au bord de l'épuisement, me disait: «Mon pédiatre m'a dit de passer un peu de temps seule avec chaque enfant tous les jours. Comment puis-je le faire? C'est à peine si j'ai le temps d'aller aux toilettes.»

La meilleure solution, dans ce cas, est de donner à chaque enfant ce dont il a besoin quand il en a besoin. Quand ce n'est pas possible, dites-le-lui ou faites-lui savoir que vous l'entendez autrement.

Le meilleur conseil que mon pédiatre m'ait donné quand Christine et Carine n'étaient encore que des nouveau-nées était d'aller de l'avant et de prendre soin d'elles ensemble pour notre bien à toutes les trois. Quel soulagement j'éprouvai d'avoir la «permission» de faire ce que la nécessité m'imposait de toute manière. Je les allaitais ensemble, leur donnais le bain l'une après l'autre et essayais, pas toujours avec succès, de les mettre au lit à la même heure. Et, même ainsi, nombreuses furent les nuits où je ne pus bénéficier que de deux heures de sommeil.

On pourrait croire que ces «soins de groupe» sont impersonnels. Mais, en réalité, il existe différentes façons d'établir des

liens avec chaque bébé tout en prenant soin de tous simultané-
ment. Quiconque pleure est réconforté. Quiconque a faim est
nourri. Quiconque mouille son lange est changé.

S'ils ont tous besoin de vous au même moment et que
vous ne puissiez satisfaire tout ce petit monde, faites-le savoir.
Ils apprendront à attendre! Vous pouvez leur chanter une petite
chanson sur l'attente, les rassurer d'une voix calme et apaisante
et leur dire que leur tour viendra. Et, pendant ce temps, vous
créez des liens avec le bébé que vous tenez dans vos bras ou que
vous changez.

Appelez-les par leur prénom. Parlez à chacun d'eux tandis
que vous les changez. Comptez leurs orteils. Dites-leur ce que
vous faites. «Maman est en train de te changer. André pleure
parce qu'il a aussi besoin d'être changé.»

Certes, ils ne comprennent pas ce que vous dites, mais ils
sont sensibles au ton de votre voix. Progressivement, le message
passe: «Maman (ou papa) prend soin de moi. Et maman (ou
papa) prend soin de toi. Alors, je dois attendre.» Les bébés se
font moins bruyants. Ils écoutent ce que vous dites ou chantez
pendant que vous vous occupez de l'un d'eux. Vous pouvez
prendre soin d'un seul bébé en tête-à-tête et en même temps de
l'autre (ou des autres).

On vous conseillera de faire en sorte de consacrer un peu
de temps à chacun de vos bébés tous les jours. Il est peu
probable que ces conseils soient ceux de parents de jumeaux.
Ceux-ci savent que l'idée n'est pas mauvaise, mais qu'elle est
rarement applicable au début. Ils savent aussi que les occasions
de passer du temps en tête-à-tête avec chacun des enfants
augmentent à mesure que les bébés grandissent et peuvent se
distraire seuls en toute sécurité. Plus tard, vous pourrez laisser
un bébé dans le parc avec son jouet préféré, tandis que vous
porterez l'autre sur votre hanche tout en préparant le dîner.

Il va sans dire que la personnalité des bébés influencera la
manière dont vous passerez du temps tantôt ensemble et tantôt
séparément. Il y aura certainement des activités auxquelles vos
bébés (nourrissons ou jeunes enfants) aimeront s'adonner

ensemble, comme faire des bulles ou jouer avec de la plasticine. Mais, en d'autres occasions, ils préféreront jouer séparément.

Veillez, durant leur prime enfance, à prêter attention à chaque bébé en particulier et à répondre à ses besoins personnels. Profitez des occasions qui vous seront données de passer du temps en tête-à-tête avec vos bébés et ne vous en faites pas si elles sont trop rares. Avec le temps, vous aurez de plus en plus la possibilité d'être seule avec l'un ou l'autre. L'un se lèvera plus tôt que l'autre et ira au supermarché avec papa. Le bébé qui sera encore endormi restera à la maison avec maman qui lui racontera une petite histoire à son réveil.

A mesure qu'ils grandiront, vous estimerez si vous passez suffisamment de temps avec chacun d'eux. Pour consacrer plus de temps à chaque bébé, vous devrez peut-être organiser une promenade avec lui une fois par semaine, à condition de trouver quelqu'un pour garder l'autre entre-temps, ou leur raconter des histoires à des heures différentes. Vous ne devez pas forcément passer beaucoup de temps avec eux. Le fait de savoir que vous êtes disponible séparément pour chacun d'eux suffira à les rassurer et à affirmer leur individualité.

Vous devriez faire en sorte, même si cela peut s'avérer encore plus difficile à organiser, que vos enfants passent du temps seuls, loin l'un de l'autre. Cela ne sera peut-être pas facile ou il se peut que vous ne disposiez pas d'un espace suffisant, mais, tôt ou tard, ils auront besoin de se retrouver seuls de temps à autre. Des jumeaux adultes se souviennent, parfois avec étonnement, de n'être jamais restés seuls plus d'une minute durant toute leur enfance.

Si vous vous y prenez dès le début, vous vous rendrez compte qu'élever des jumeaux en tant qu'individus se fera tout naturellement. Vous ne vous préoccuperez pas toujours de vêtements et de prénoms. Au fur et à mesure que votre famille grandira et évoluera, que vous nourrirez vos enfants, les aiderez à faire leurs devoirs, partirez en vacances, les traiter comme des individus à part entière sera pour vous aussi naturel que de les aimer.

Deuxième partie
GRANDIR ENSEMBLE

CHAPITRE 9

Le marathon

La première année de vos jumeaux

«Ils tendaient leurs mains et se touchaient le visage. Le soir, je les couchais aux deux extrémités du berceau, mais je les retrouvais toujours blottis l'un contre l'autre.»

Les premiers mois avec vos jumeaux risquent d'être assez désorganisés. Vous vous remettrez de votre grossesse et de l'accouchement et vous serez sous le coup de la fatigue et du choc gémellaire dont nous avons parlé précédemment.

Cette période d'adaptation peut durer de quelques mois à un an, voire plus. Si, dans les premiers temps, vous dormiez peu à cause des tétées nocturnes, il se pourrait que, plus tard, vous ne dormiez pas davantage en raison de la poussée des dents. Néanmoins, de temps à autre, le brouillard se dissipera, vous pourrez souffler et faire le point sur votre famille et le développement de vos bébés.

Les parents d'un bébé unique peuvent faire une fixation sur son développement. «Pourquoi ne s'est-elle pas retournée alors que son frère en était capable au même âge?», «Est-ce vraiment à moi qu'elle sourit?» Les questions sur la santé, le bonheur et l'épanouissement du bébé continuent à dominer les discussions familiales.

Si c'est le cas des parents d'un seul enfant, les parents de jumeaux, dès lors que leurs enfants suivent un parcours de développement identique, se posent deux ou trois fois plus de questions. Les parents sont certes inquiets en raison des retards de croissance qui peuvent être imputables à la gémellité ou à la prématurité, mais ils se soucient aussi de la relation entre les bébés et les comparent entre eux. Ils ont établi leur propre système de comparaison et s'inquiètent des différences entre les bébés, pas seulement parce qu'un des enfants se développe plus lentement, mais aussi parce qu'ils se préoccupent de l'équilibre affectif entre les jumeaux.

Les parents constatent des différences entre leurs jumeaux à la naissance, et chaque nouvelle phase de développement peut apporter son lot de similitudes ou de différences entre les bébés. Des différences au niveau de la couleur des cheveux ou de la forme du visage sont facilement acceptables, mais des disparités dans le rythme de croissance le sont beaucoup moins.

Comme nous l'avons souligné au chapitre 8, des jumeaux, même monozygotes, peuvent présenter des différences significatives. Néanmoins et en règle générale, les jumeaux monozygotes se redressent, font leurs dents, marchent et sont propres en même temps.

Il est des exceptions comme nous l'avons dit précédemment. Chez des jumeaux monozygotes présentant un poids très différent à la naissance, il se pourrait, par exemple, que le plus petit ne parvienne jamais à rattraper la taille du plus grand: il se peut qu'une «masse critique» de placenta soit nécessaire pour une croissance donnée et si le placenta ou la part de placenta d'un jumeau tombe sous ce seuil critique, l'enfant peut ne jamais complètement résorber son retard.

Chez les jumeaux dizygotes, croissance et développement peuvent suivre un rythme très différent. Vos jumeaux peuvent marcher à quatre pattes ou faire leurs premières dents à des âges différents, à l'instar de frères et sœurs nés séparément. Ces différences ne doivent pas susciter d'inquiétude pour autant qu'elles restent dans la limite du raisonnable.

Le présent chapitre sera consacré à la croissance de vos enfants au cours de leur première année de vie, qui est cruciale. Nous nous pencherons sur les événements marquants du développement gémellaire et sur la manière dont la multiplicité affecte la sociabilité, le développement intellectuel et l'équilibre émotionnel. Grâce à ces points de repère, vous serez mieux à même de prévoir les progrès de vos enfants. Vous serez capables de reconnaître et d'apprécier ce qui est normal et de prendre des mesures appropriées si un ou plusieurs enfants semblent accuser du retard. Parfois cela se résumera à attendre et à être patient, parfois vous aurez besoin d'une compétence et d'une aide extérieures (vérifier, par exemple, si un problème de langage n'est pas le résultat de problèmes d'audition).

Les âges mentionnés dans ce chapitre concernent les bébés nés à terme ou presque. Pour les bébés nés avant terme – ce qui est le cas de nombreux jumeaux et enfants multiples –, les spécialistes recommandent de partir, pendant la première année environ, du moment de la conception des enfants et non de leur date de naissance. Pour effectuer ce calcul, soustrayez le temps qui a manqué pour un séjour complet dans l'utérus de la date de naissance effective. Ainsi, si vos bébés sont nés un mois avant terme, vous devriez les considérer comme des enfants de onze mois à leur premier anniversaire.

Vos bébés jumeaux

D'une manière générale, vos bébés se développeront de la même manière que tous les autres enfants. Ils apprendront à se retourner, à ramper, à marcher comme les autres enfants et, comme eux, ils souriront, babilleront et parleront. Nous aborderons ces points plus tard dans ce chapitre. Si vous voulez plus d'informations sur le développement infantile, consultez les nombreux ouvrages sur le sujet destinés aux parents. Nous en citons quelques-uns dans les Conseils pratiques.

A certains égards, néanmoins, le développement de vos jumeaux est tout à fait unique. Nous en parlerons dans ce chapitre et les suivants.

Nous évoquerons notamment le développement social de vos enfants. Leur relation mutuelle, leur influence réciproque et leur fonctionnement en tant que couple sont des aspects tout à fait propres aux jumeaux. Qu'il s'agisse de jumeaux ou d'un bébé seul, les jeunes enfants préparent le terrain de leur développement social. Leur rôle essentiel, au cours de la petite enfance, consiste d'abord à nourrir une grande affection pour leurs parents. Progressivement, le cercle des personnes qui leur sont chères s'élargit vers l'extérieur, de la famille proche aux grands-parents, aux personnes qui s'occupent d'eux, aux autres adultes et enfants.

La relation gémellaire au début

Les jumeaux commencent à faire confiance et à s'attacher à leurs parents dans un cadre beaucoup plus complexe que celui d'un seul bébé. Dès lors qu'ils sont nés ensemble et ont besoin des mêmes soins au même moment, vos bébés jumeaux établissent des relations en tant que membres de leur «couple» et en tant qu'individus avec leurs parents, leurs frères et sœurs et l'un avec l'autre. Des jumeaux ayant un frère aîné doivent gérer sept relations; des triplés doivent en gérer onze. En revanche, un bébé seul n'ayant qu'un frère ou une sœur aînée n'en a que trois.

Souvenez-vous que vos bébés se côtoient depuis avant leur naissance. Le lien gémellaire est une réalité organique déjà bien établie lorsque les bébés poussent leur premier cri. Cet aspect seul suffit à les avantager dès le départ dans leur développement en tant qu'êtres sociables.

La complexité des relations gémellaires avec autrui et le lien qui existe entre des jumeaux à la naissance détermine les différences de socialisation qu'on peut observez chez les jumeaux et chez les enfants seuls. Heureusement, ce lien particulier entre les jumeaux leur procure du réconfort et les aide à s'y retrouver dans ce réseau complexe de relations.

Pour avoir partagé un seul utérus, vos bébés sont nés compagnons. En tant que nouveau-nés, cette camaraderie les réconforte. Bien qu'ils ne puissent pas exprimer par des mots leur préférence pour leur compagnie mutuelle, ils nous en donnent des signes. Les parents perspicaces qui permettent à leurs nouveau-nés d'être le plus possible ensemble font état d'énormes avantages. Une mère décrit comment elle prit soudain conscience du besoin qu'avaient ses jumeaux «garçon-fille», alors âgés de six semaines, d'être ensemble.

«Nous avions un petit couffin au pied du lit; je pouvais ainsi y placer un bébé et l'allaiter pendant la nuit. Une nuit, notre fils était grincheux et agité. Nous le plaçâmes dans le couffin pour laisser sa sœur se reposer. Mais ils se mirent tous les deux à pousser de petits grognements et gémissements: ils avaient manifestement besoin l'un de l'autre. Nous finîmes par les coucher ensemble et ils se calmèrent.»

A mesure que vos bébés grandiront, leur relation deviendra plus complexe, de même que leur relation avec les autres membres de la famille. Néanmoins, au cours des premières semaines, leur proximité physique (qui n'est rien d'autre que la continuation de leur proximité fœtale) est réconfortante et leur permet de développer leur affection pour leurs parents et leurs frères et sœurs.

Les soins requis par les jumeaux au cours des premières semaines sont tellement exigeants que les parents s'attachent à leurs bébés tant bien que mal malgré leur manque de sommeil. Vous vous occuperez peut-être des deux ensemble: vous les allaiterez, les changerez et les baignerez tous les deux en même temps. Pendant tout ce temps, les bébés auront la compagnie l'un de l'autre et plus de chances qu'un bébé seul d'être réconfortés. Il y a chez eux action et réaction, stimulation et réponse. Ils se recroquevillent dans leur position fœtale, genoux au menton, s'accrochent aux cheveux, oreilles et pieds de l'autre et se sucent mutuellement le pouce. Dès les premiers mois, ils sont attirés l'un vers l'autre et ressentent la présence réconfortante d'un autre petit être.

Depuis des années, les parents nous envoient des photographies témoignant de cette affection: des jumeaux de trois mois assis côte à côte dans leurs chaises hautes et se tenant par la main; des nouveau-nés couchés côte à côte le bras de l'un posé sur l'épaule de l'autre; deux nourrissons se roulant par terre, la main de l'un dans la bouche de l'autre.

Vers l'âge de six mois, les jumeaux partagent leurs frayeurs – par exemple, lorsque le tonnerre gronde – et s'aident mutuellement à les surmonter. Bientôt, ils descendront de leur berceau pour se réconforter mutuellement. Leur capacité à détecter le chagrin de l'autre et à offrir leur aide est une conséquence naturelle de leur relation particulière. Il ne fait dès lors aucun doute que, vers l'âge de un an, les jumeaux ont un sens de l'empathie plus développé qu'un enfant seul.

Quand on observe l'incroyable proximité des jumeaux, on peut se demander à quel point ils sont attachés à leur mère. Des mamans font souvent état de leur chagrin, voire de leur jalousie, lorsqu'elles parlent du fort attachement qu'éprouvent les bébés l'un pour l'autre.

Bien que le lien gémellaire semble privilégier les jumeaux dès le départ, le processus d'attachement parent-enfant se produit au même moment. Celui-ci peut prendre plus de temps parce qu'il est plus complexe. Vous serez peut-être si épuisée au début que vous ne saurez pas de quel enfant vous vous occupez. Avec le temps, vous parviendrez à créer les occasions d'un tête-à-tête avec chaque enfant. Vous parlerez affectueusement à chacun d'eux en les changeant, vous les regarderez dans les yeux en les allaitant et le lien parent-enfant ira en s'intensifiant.

Croissance et développement physique

Durant leur première année de vie, le poids de vos bébés triplera – un véritable exploit quand on y pense. Les bébés prématurés ou d'un faible poids à la naissance, en bonne santé, peuvent même grandir plus rapidement pour rattraper leur retard.

On peut comprendre, dès lors, que l'une des tâches principales de vos bébés consiste à manger, et même plus qu'il n'en faut. Au cours des premiers mois, vous aurez peut-être du mal à voir vos bébés autrement que comme de petites usines à manger et à salir leurs langes.

Pourtant, les bébés ne sont pas que cela. Les nouveau-nés peuvent voir, entendre, goûter, sentir et toucher même si leurs sens ne sont pas encore très affinés.

Quand vous tenez vos bébés pour les allaiter, les baigner, les bercer et jouer avec eux, vous communiquez par la peau. Les bébés organisent leurs sensations internes et externes et apprennent à vous reconnaître à votre voix, votre visage, votre toucher et votre odeur.

Lorsque les jumeaux sont dizygotes, leurs différences peuvent être visibles à l'œil nu: garçon et fille, par exemple. Leurs traits et leur teint peuvent être semblables ou très différents. Aussi curieux que cela puisse paraître, les jumeaux monozygotes semblent souvent différents à la naissance parce que leur poids peut différer et que la forme de leur tête peut avoir été affectée par leur position dans l'utérus ou par l'ordre de naissance.

Comme nous l'avons dit au chapitre 8, les jumeaux monozygotes ont tendance à se ressembler de plus en plus au fil du temps au niveau tant du comportement que de l'apparence. Dans une étude que nous avons citée précédemment, les jumeaux monozygotes ne se ressemblaient pas plus que les jumeaux dizygotes à la naissance pour toute une série de variables indiquant le caractère, y compris le niveau d'activité et le degré de vivacité. Après six mois, les jumeaux monozygotes commençaient à présenter plus de similitudes, contrairement aux jumeaux dizygotes qui présentaient plus de différences.

A deux mois, les bébés commencent à soulever la tête. A quatre mois, ils peuvent apprendre à se retourner sur le dos. A six ou sept mois, ils peuvent s'asseoir seuls, surtout s'ils sont soutenus par des coussins – une position qui libère les mains et permet de jouer. Dans les mois qui suivent, les bébés seront maîtres dans l'art de marcher à quatre pattes et de ramper.

A ce stade, vous devrez accepter un nouveau changement dans votre vie: vous n'aurez plus uniquement des jumeaux, mais des jumeaux capables de marcher à quatre pattes et, bientôt, vos jumeaux pourront marcher et courir.

Vers la fin de la première année, certains bébés commencent à se mettre debout et, après quelque temps, sont capables de se tenir seuls ou en s'accrochant à un meuble.

Vers l'âge de un an, la plupart des bébés apprennent à marcher ou sont déjà prêts à le faire. Néanmoins, de nombreux enfants ne marchent seuls qu'au début de leur deuxième année. Mes filles ne commencèrent à marcher qu'à quatorze mois, mais j'étais plus soulagée que préoccupée parce que je savais que tout retard ne faisait qu'ajourner les problèmes qui m'attendaient.

Développement moteur

Durant leur première année, les bébés développent également leurs capacités motrices, en particulier les muscles et la coordination des mains. Vous verrez les capacités de vos bébés s'épanouir à mesure que leurs mains abandonneront la position recourbée typique de celle des nouveau-nés pour devenir les instruments agiles des bébés de un an. La capacité des bébés à tenir et à manipuler des objets semble se développer parallèlement au cerveau au cours des premiers mois. Au troisième mois, les mains s'ouvrent et les bébés sont capables de les placer autour d'un objet. A cinq mois environ, les bébés apprennent à empoigner un objet et à le garder dans la main.

Bientôt, les bébés seront capables de tenir des objets fermement même s'ils ont encore du mal à les lâcher. Soit ils jetteront l'objet, soit ils le laisseront tomber quand ils l'auront oublié. Les enfants ne sont capables de lâcher un objet de façon contrôlée que vers neuf mois. Au fur et à mesure que leur préhension s'améliore, ils voudront de plus en plus manger seuls: vos bébés essaieront de s'emparer de la cuillère que vous portez à leur bouche pour les nourrir. Même s'il peut être tentant de continuer à les nourrir vous-même pour limiter les dégâts, laissez-les faire. Cela renforcera leur développement physique et leur sens de la maîtrise.

Entre sept et neuf mois, les bébés aiment saisir de petits objets entre le pouce et l'index, augmentant ainsi les occasions de manipuler ce qui les entoure.

Les bébés «uniques» s'adonnent aux mêmes activités seuls ou avec d'autres membres de la famille. Les jumeaux ont un partenaire de choix. «Je pense que leurs capacités motrices sont plus développées que la normale», me dit une mère d'un garçon et d'une fille de cinq mois et demi. «Je crois qu'ils ont la chance de s'observer mutuellement et de profiter des progrès de l'autre.»

De sept à huit mois, les bébés font leurs premières dents et, chez les jumeaux monozygotes, les dents peuvent se mettre à pousser presque en même temps.

Développement intellectuel et acquisition du langage

Au cours de leur première année de vie, le cerveau se développe et les connexions neurologiques augmentent et s'affinent. Ce développement permet aux bébés d'acquérir des compétences étonnantes durant cette année. Au cours des premières semaines, ils prêteront attention aux signes visuels et aux sons et fixeront votre visage. Pendant les mois qui suivent, ils commenceront à sourire en vous voyant. Vous vous accoutumerez aux réactions de chacun de vos enfants: s'ils sont dizygotes, il se peut que l'un vous fixe plus intensément et que l'autre vous paraisse plus rêveur. S'ils sont monozygotes, leurs réactions peuvent être identiques.

Quand les bébés pleurent et gémissent pendant les premières semaines, ils communiquent: ils expriment leurs sentiments de faim, de malaise ou de plaisir. Vous apprendrez à reconnaître la signification de chaque pleur et à y répondre de manière appropriée.

Les bébés de six mois émettent des babils répétitifs qui ressemblent à un discours prononcé en cadence et avec intonation. Les enfants, par leurs babillages, apprennent la «musique» de la langue avant d'en apprendre les «mots». Vous et votre famille adorerez écouter discrètement les conversations de vos jumeaux: c'est comme s'ils jouaient des riffs de jazz. Un bébé dira «bah bah» et «bo bo» et l'autre répétera. Ensuite, le second variera les sons qui deviendront peut-être «bah bo, bah bo». Le jeu – et l'apprentissage – continueront de la sorte.

Ces babillages se transforment en mots au cours de la seconde moitié de la première année. Pour ce faire, les bébés doivent avoir un partenaire à qui parler. Un bébé seul a pour partenaire ses parents, il en va de même pour les jumeaux. Mais lorsque les parents ne sont pas très disponibles, les enfants se débrouillent très bien entre eux.

Même si vos bébés tirent un avantage certain de leurs conversations, ils ont néanmoins besoin d'entendre le discours d'un adulte pour acquérir un langage correct. C'est de cette manière qu'ils apprendront progressivement la grammaire et le vocabulaire. Ce discours d'adulte ne peut pas non plus se borner aux phrases et aux images de la télévision; il doit s'agir d'une communication intime avec l'être aimé. Les mots que vous dites affectueusement à vos bébés et ceux que vos proches utilisent sont ceux auxquels ils seront le plus sensibles et dont ils apprendront le plus.

C'est la raison pour laquelle il est si important de parler chaque jour à chacun de vos jumeaux. Inutile de compliquer la situation en instaurant des «cours de langage» à un moment où vous êtes à peine capable de terminer la journée debout. Ce que vous pouvez faire, en revanche, c'est mêler langage et conversation à vos tâches quotidiennes. Quand vous changez un bébé, appelez-le par son prénom; parlez à vos bébés quand vous les baignez, les habillez ou les allaitez.

Au fur et à mesure que les bébés développent des rudiments de mémoire, ils commencent à comprendre le caractère permanent d'un objet: leur mère, un nounours ou une balle continuent à exister même s'ils ne sont plus visibles. Ils réagiront gaiement à votre voix et à votre visage. Ils commenceront à nommer des objets et à vous appeler par votre nom.

Vers l'âge de un an, les jumeaux ont une connaissance approfondie du langage même s'ils ne sont pas encore capables de produire beaucoup de mots reconnaissables. En effet, le vocabulaire passif se développe généralement avant le vocabulaire actif. Ainsi, vos jumeaux de dix ou onze mois ne pourront-ils pas encore prononcer le mot lapin, mais ils seront sans doute capables de pointer du doigt l'animal en peluche quand vous leur direz: «Montre-moi le lapin.»

Avant de pouvoir parler, les jumeaux inventent des modes de communication non verbale très sophistiqués. Ils montrent du doigt, poussent des cris et se donnent des coups de coude (en particulier, lorsqu'ils se disputent à propos d'un jouet), se comprennent parfaitement l'un l'autre et se font comprendre par les membres de la famille. En devenant plus mobiles, ils se déplacent à l'intérieur d'une zone de jeu comme s'ils participaient à une chorégraphie. J'ai récemment observé deux garçonnets monozygotes s'éloigner sans mot dire des rideaux qu'ils avaient essayé de baisser, s'approcher de livres d'images qu'ils ont tous les deux posés sur leur tête, puis de petits camions qu'ils ont tous les deux poussés sous le lit. Tour à tour, ils dirigeaient le couple et copiaient l'autre, mais ils agissaient de concert, se lançant dans des projets similaires en même temps, apparemment sans se copier.

Cette coordination silencieuse peut réduire la motivation des jumeaux à utiliser des mots, et il est possible que leurs conversations mutuelles renforcent leur mauvaise prononciation et leurs babils. Mais leur gémellité leur procure l'avantage d'avoir un partenaire avec lequel alterner les rôles de «meneur-suiveur» et pratiquer l'art du «chacun son tour». Cet art est essentiel pour le développement des échanges verbaux. Un bébé babillera et prononcera un mot, tandis que l'autre restera silencieux. Puis ils permuteront, le second bavardant et l'autre écoutant. Sans dire un mot, ils établissent des règles concernant le partage des parents et des jouets. Ils ont des mimiques expressives, font des gestes et beaucoup de bruit pour faire respecter leurs règles. Et vous les comprendrez probablement assez bien.

Développement émotionnel et psychologique

En général, les bébés ne semblent pas particulièrement sociables au cours de leurs premières semaines, mais, progressivement, vers l'âge de un mois, l'expression de leur visage commence à manifester une certaine vivacité quand vous leur parlez. Vers deux mois, leur expression se transforme en sourire.

Plus tard, ils sourient à certaines personnes en particulier. Il n'y a rien de tel que de voir le visage de vos enfants s'illuminer quand vous entrez dans la pièce. Il est vraiment étonnant de penser que vos bébés, petits comme ils sont, sont capables de reconnaître votre visage et de le montrer par une émotion appropriée (joie) et une expression (un sourire). Vers l'âge de quatre mois, les bébés rient et gloussent de joie.

Les bébés uniques réservent généralement leurs premiers sourires à leurs parents, alors que les jumeaux les partagent aussi entre eux. J'ai commencé le chapitre premier en racontant le moment où, pour la première fois, j'eus l'impression que mes jumelles se reconnaissaient. On aurait dit qu'elles se disaient: «Oh, bonjour! C'est toi!» Cette «découverte» de l'autre jumeau se produit généralement vers l'âge de quatre mois.

Au cours du second trimestre de la première année, les bébés font de plus en plus preuve de discernement. Ils distinguent les personnes qui leur sont chères de celles qu'ils ne connaissent pas et peuvent manifester de la circonspection, voire de l'anxiété, en présence d'inconnus. Ils expriment un éventail de plus en plus large d'émotions: joie, peur, colère, affection. Un jumeau copie généralement les émotions de l'autre, pleurant quand il pleure ou a mal.

Par exemple, vers l'âge de huit mois, il est typique que des bébés, précédemment audacieux, prennent peur à la vue d'un visage inconnu ou inattendu. Ne soyez pas troublée si vos bébés crient en voyant leur grand-père (alors qu'un mois plus tôt ils lui souriaient gaiement), leur réaction est le signe d'un mûrissement intellectuel dès lors qu'ils sont davantage capables de distinguer les visages et d'attribuer une signification émotionnelle à chacun d'eux.

Les jumeaux peuvent ou non partager cette réaction. «Mon fils est indifférent aux réactions d'autrui», dit une mère, «alors que ma fille éprouve de l'anxiété en présence d'inconnus. Elle a l'air effrayée et pleure lorsque des gens qu'elle ne connaît pas s'approchent d'elle.»

Comme je l'ai dit précédemment dans ce chapitre, les jumeaux, triplés et autres multiples doivent apprendre à gérer, très tôt dans leur vie, un réseau complexe de relations. Et ils s'en sortent admirablement bien. Ce qu'ils demandent surtout à leurs parents, c'est un regard admiratif pour les aptitudes sociales qu'ils acquièrent si bien et si vite. Et soyez patiente si, en ce qui concerne le développement du langage (comme le vocabulaire actif), ils accusent un léger retard par rapport aux bébés uniques.

CHAPITRE 10

Dilemmes et joies
des bébés

Vos jumeaux de un à trois ans

«A l'âge de un ou de deux ans, ils sont déjà comme un vieux couple. Ils se disputent, puis se réconcilient. Ils savent qu'ils doivent vivre ensemble. Leur relation dépasse l'entendement.»

Si la tâche essentielle des bébés est d'établir des liens affectifs, celle des enfants de un à trois ans est de devenir autonomes: se séparer l'un de l'autre et devenir indépendants tout en restant attachés et soutenus l'un par l'autre. La tâche n'est pas aisée ni pour les enfants ni pour les parents. Défis, vives protestations et crises occasionnelles sont le lot naturel et prévisible de la vie des nourrissons.

De un an à trois ans, les enfants apprennent à maîtriser un nombre étonnant d'aptitudes, ce qui leur donne un sentiment puissant d'épanouissement et les aide à renforcer leur personnalité. Il n'y a rien de tel qu'une expression de fierté sur le visage d'un enfant de un an qui vient de commencer à marcher ou la joie d'un enfant de deux ans qui explore le monde et exprime ses sentiments avec ses mots à lui.

Les bébés, lorsqu'ils sont capables de marcher seuls, peuvent aller où leur intérêt les porte. Ils peuvent s'approcher et s'éloigner des autres. Ils utilisent leur mobilité physique et leur toute nouvelle aptitude à s'exprimer pour affirmer leur indépendance et montrer leur affection.

Ces années inaugurent les phases d'indépendance qui sont récurrentes chez tous les enfants pendant l'enfance et culminent à l'adolescence. Généralement, les sentiments des nourrissons varient d'une profonde affection pour leurs parents à l'hostilité, la protestation et la mise à l'épreuve de ces derniers.

JUMEAUX, MAIS DIFFÉRENTS

Tout ce qui vient d'être dit vaut aussi pour les jumeaux, mais le contexte est beaucoup plus complexe encore. Ils doivent apprendre qu'ils sont différents de leurs mère et père, de leur frère aîné et de leur jumeau. En devenant plus autonomes, les enfants éprouvent un sentiment d'insécurité et d'anxiété à l'idée de se séparer de leurs parents et de leur jumeau. Les jumeaux peuvent s'abriter derrière leur relation pour adoucir le stress d'une séparation lorsque leur mère retourne travailler ou que le temps est venu de les séparer l'un de l'autre. Bien entendu, le processus de séparation est très progressif.

Chez les jumeaux, tout est compliqué par le besoin qu'ont les enfants de se distancer tant l'un de l'autre que de leurs parents.

Rachel Biale, une assistance sociale qui a travaillé pour **Twin Services** pendant de nombreuses années, a observé que le processus se déroule en deux étapes. Les jumeaux unissent leurs forces lorsqu'ils sont en phase de séparation de leurs parents. Inutile de dire que ces moments sont exaspérants. Deux «tornades » qui crient: «Non! J'veux pas!» et déguerpissent peuvent mettre la patience des parents à rude épreuve.

Au moment où les parents envisagent l'idée de mettre leurs enfants de deux ans à l'école, ceux-ci deviennent aimants et dociles. Ils sourient, embrassent leur mère et leur père et recherchent leur approbation.

Mais, selon Rachel Biale, ce retour à la normale n'est qu'une accalmie passagère avant la deuxième phase. Ici, les enfants, forts de leurs relations positives avec leurs parents, peuvent s'attaquer l'un l'autre. Si la relation gémellaire offre l'occasion d'apprendre précocement l'empathie, elle offre aussi l'occasion d'apprendre l'agressivité: frapper, tirer les cheveux et mordre.

Une mère nous écrivit un jour : «Mes filles de deux ans se mordent mutuellement le bras jusqu'à être couvertes de bleus. J'essaie de les arrêter, mais rien n'y fait. Arrêteront-elles un jour?»

Elles finiront par arrêter. Telle fut notre réponse. Mais ce genre d'agressivité est compréhensible. Cette attitude «violente» commence généralement en toute innocence et n'est pas le signe d'une colère ou d'une agressivité véritable, mais se développe plutôt parce que les enfants sont proches l'un pour l'autre. Les bébés peuvent faire leurs dents et ronger tout ce qui se trouve à leur portée. Ils frappent et battent leur jumeau comme ils le feraient d'objets. Quand la victime se met à crier, l'attaquant est bouleversé et se met à crier lui aussi. La réaction de la famille donnera le ton et c'est en fonction de celle-ci que les enfants commenceront ou non à adopter une attitude agressive en guise de stratégie pour attirer l'attention et dominer.

Nous vous conseillons une technique en trois points à utiliser avec des bébés et des nourrissons qui mordent et frappent:

- Réconfortez les deux enfants – tant l'attaquant que le «mordu».

- Essayez de déterminer si cette attitude tend à se manifester dans certaines situations ou à certaines heures de la journée (nous avons observé qu'elle se manifestait souvent en fin d'après-midi quand les enfants sont fatigués et ont faim).

- Modifiez légèrement la routine à ces heures difficiles. Donnez-leur le bain à ce moment-là, servez-leur un en-cas ou trouvez le moyen de faire jouer les enfants séparément.

A mesure que vos jumeaux apprendront à contrôler leurs impulsions agressives, leur lutte pour l'indépendance prendra de plus en plus une tournure verbale.

Vu cette camaraderie et cette empathie prématurées et l'occasion précoce d'agresser l'autre physiquement, le processus de socialisation chez les jumeaux est différent. Ils adoptent une série de comportements sociaux, tant positifs que négatifs, au sein de leur couple. Nourrissons, ils commencent à mettre en pratique leur capacité à partager et à coopérer à mesure qu'ils font la connaissance d'autres enfants.

«Mes deux fils se sentaient toujours plus à l'aise dans de nouvelles situations parce qu'ils n'étaient pas seuls», nous dit la mère de garçons monozygotes. «Ils éprouvaient moins de difficultés à partager leurs jouets que les autres enfants.» Elle constata que c'était aussi le cas d'autres jumeaux qui appartenaient au même groupe de jeu que ses enfants.

Dans les années 1920, un pionnier du développement infantile, Jean Piaget, basa ses théories relatives au développement infantile précoce sur la dynamique de jeu de ses propres enfants. C'est ainsi qu'il put observer le phénomène du «jeu parallèle» qu'il qualifia de premier stade du jeu. Un bébé ou nourrisson jouera à côté d'un autre enfant plutôt qu'avec lui.

Mais les enfants de Piaget n'étaient pas des jumeaux – et il n'a apparemment pas étudié les jumeaux! Les jumeaux aussi s'asseyent dos à dos parmi leurs jouets et construisent leurs propres tours de cubes mais ils commencent aussi à participer à des activités communes et interactives beaucoup plus tôt que les enfants uniques.

Je me souviens que mes filles auraient fouillé parmi tout un tas de lettres de l'alphabet pour trouver celle d'une couleur particulière que l'une d'elles cherchait. «La voici! C'est l'orange!» criait celle qui l'avait trouvée en la tendant à sa sœur.

Dianne Thomas, conseillère matrimoniale et familiale, donne depuis plusieurs années des cours sur les nourrissons, tant jumeaux qu'enfants uniques, à Palo Alto, en Californie. Elle observe que les jumeaux présentent une maturité sociale avancée. Ils se séparent plus aisément de leur mère pour aller dans la pièce de jeu, par exemple. Ils réagissent au chagrin de leur co-jumeau en l'aidant et viennent aussi en aide à tout enfant qui en a besoin ou a l'air attristé, contrairement aux autres nourrissons qui tendent à poursuivre paisiblement leur jeu.

Une preuve spectaculaire des aptitudes précoces des jumeaux à collaborer est leur tendance à déjouer les meilleures mesures de sécurité.

Alors qu'un seul bébé n'est pas capable de venir à bout d'une barrière de sécurité, des jumeaux peuvent s'entraider pour franchir la barrière ou, comme l'ont fait mes filles, dévisser les charnières qui la maintenaient en place en haut des escaliers.

La coopération et la collaboration peuvent aussi être positives. Les jumeaux partagent les informations dont ils disposent, comptent l'un sur l'autre et se racontent le monde. Ils le font avec tellement de naturel qu'ils ne sont que rarement troublés par leur manque de connaissances. Je me souviens avoir entendu Carine expliquer à sa sœur le fonctionnement d'un hélicoptère, après avoir regardé une émission sur le sujet à la télévision. A la fin de son explication, elle marqua une pause et demanda à sa sœur: «C'est quoi un hélicoptère?»

Toute cette coopération est positive, mais elle peut déboucher, chez de jeunes jumeaux, sur un partage de leur ignorance. Bien évidemment, les parents doivent s'impliquer au plus haut point et aider leurs enfants à se faire une image exacte du monde qui les entoure.

Croissance et développement physique

Mis à part les bébés prématurés et de faible poids à la naissance, les jumeaux se développent au même rythme que les autres enfants. Vers l'âge de un an, vos bébés qui semblaient, quelques mois plus tôt, ne jamais être rassasiés peuvent se mettre à manger moins. Leur vitesse de croissance se ralentit; entre douze et quatorze mois, le poids moyen passe de neuf à douze kilos, tandis que la taille passe de soixante et onze à quatre-vingt-un centimètres. En moyenne, les garçons pèsent et mesurent un peu plus que les filles.

Vers l'âge de quinze mois, la plupart des bébés marchent. Si ce n'est pas le cas, il ne faut généralement pas s'inquiéter, en particulier si l'enfant a franchi les étapes préliminaires qui précèdent l'apprentissage de la marche: marcher à quatre pattes, se tenir debout avec de l'aide ou marcher le long d'un meuble. Un enfant qui ne tient pas debout tout seul après dix-huit mois ou qui n'est pas encore capable de marcher à deux ans devrait néanmoins être examiné par un spécialiste.

Progressivement, la marche des bébés devient de plus en plus assurée jusqu'à être, vers l'âge de deux ans, semblable à celle d'un enfant – et parfois même à vive allure.

Dans la première partie de la deuxième année, la sensation que procure le fait de marcher et de courir éclipse le développement d'autres aptitudes motrices. Celles-ci, bien que moins spectaculaires, continuent pourtant à évoluer. Vers un an, les bébés sont capables d'empiler des cubes les uns sur les autres, une aptitude assez remarquable quand on pense à tous les systèmes – visuel, intellectuel et musculaire – que le bébé doit maîtriser pour y parvenir.

Vers l'âge de dix-huit mois, les bébés peuvent commencer à manifester une préférence pour la main droite ou la main gauche lorsque vous leur tendez une cuillère ou qu'ils s'emparent d'un jouet. Bientôt, les bébés seront capables de tenir une cuillère ou une tasse même s'ils ne les utilisent pas toujours avec adresse. Vers deux ans, ils peuvent être capables de construire une tour de cinq cubes ou plus.

De deux à trois ans, les enfants continuent à grandir assez lentement; la grande accélération de croissance de la petite enfance est terminée et ne se reproduira plus avant l'adolescence. L'enfant ne grossit en moyenne que d'un kilo huit cents grammes à deux kilos trois cents grammes et grandit de sept ou huit centimètres, passant de quatre-vingt-six ou quatre-vingt-neuf centimètres à environ quatre-vingt-quatorze ou quatre-vingt-seize centimètres.

Désormais, les enfants s'emploient à définir leurs compétences et à améliorer leurs aptitudes plutôt que de grandir et grossir. Ils marchent plus facilement, sautillent, marchent à reculons et grimpent les escaliers. A mesure que leurs muscles se développent et que leur corps s'allonge, ils ressemblent plus à des enfants qu'à des nourrissons.

Points spécifiques

Chez les jumeaux dizygotes, la croissance physique et le développement des aptitudes peut varier. Un jumeau peut être plus petit et moins agile et l'autre grand et souple. Les jumeaux monozygotes se développent généralement au même rythme.

Même lorsque les parents savent qu'il peut exister des disparités dans la croissance des jumeaux et que ceux-ci les vivent assez bien, il est difficile d'éviter les commentaires d'inconnus ou de membres de la famille qui font tout un drame du fait qu'un jumeau marche et l'autre pas. Ce problème peut être géré lorsqu'il s'agit d'une discussion privée entre vous et une tante bien intentionnée. Mais lorsque d'autres adultes font des commentaires désobligeants devant les enfants, cela peut être une cause de tension à moins que vous ne désamorciez le conflit.

Un inconnu peut demander à l'un de vos jumeaux: «Comment se fait-il que ta sœur est beaucoup plus grande que toi?». Un oncle peut dire: «T'as encore besoin de couches; regarde ton frère jumeau: il porte déjà un slip!» Vos bébés seront encore trop petits pour répondre avec bon sens, mais vous pourriez dire à l'inconnu: «André a juste la bonne taille pour son âge» ou répondre à l'oncle Ralph qui vous agace tant: «Jonathan apprend aussi à utiliser un petit pot. Il pourra porter son slip de grand garçon quand il sera prêt.»

Développement intellectuel

Le premier anniversaire de vos jumeaux est un moment très important. Vous avez franchi le cap des soins à prodiguer vingt-quatre heures sur vingt-quatre et une nouvelle aventure vous attend maintenant que leur aptitude à marcher et à parler leur ouvre de nouveaux horizons.

Ici aussi, les divers événements marquants du développement intellectuel ne diffèrent pour les jumeaux, par rapport aux enfants uniques, qu'en cas de prématurité et/ou de faible poids à la naissance.

A ce stade, le cerveau des enfants s'est développé pour atteindre pratiquement sa taille adulte. Les zones fonctionnelles du cerveau se sont organisées de telle sorte qu'elles peuvent traiter des données sensorielles et régler l'activité motrice d'une manière assez efficace. Le cerveau s'efforce à présent de créer des liens et des associations entre les différentes zones; ce processus n'est pas achevé, mais, à mesure que le cerveau mûrit, la capacité de vos enfants à se souvenir, à créer et à planifier évolue.

A partir de maintenant, l'apprentissage n'est plus seulement tributaire de l'évolution biologique; le comportement et la culture commencent à exercer leur influence. En effet, au cours de leur première année, l'intelligence de vos bébés se développe à mesure que leur cerveau grandit et mûrit. Maintenant, elle est le fruit de leurs jeux, observations, essais et erreurs, et de ce que vous leur apprenez par le langage.

Vers l'âge de deux ans, vos enfants commencent à comprendre certaines données abstraites, telles que le temps, l'avenir, le passé et la différence entre ce qui est vrai et ce qui est faux. Pendant cette année, leurs jeux deviennent plus créatifs. Au lieu d'empiler des cubes pour les renverser, ils y ajouteront d'autres cubes, des boîtes en carton et des torchons pour construire un château; ils inventeront des jeux compliqués et imaginatifs. Ils développeront des rudiments d'humour, appréciant des chansons stupides et des mots créés par eux.

Les enfants de cet âge commencent à reconnaître les formes. Ils sont capables de classer des objets par catégorie, en fonction de leur taille et de leur couleur. Certains enfants peuvent même citer plusieurs lettres.

Développement du langage

De un an à deux ans, vos jumeaux nommeront les objets qui les entourent – leurs jouets, vêtements, animaux – et ceux figurant dans les livres que vous leur lisez. Vos enfants auront acquis entre une douzaine et une centaine de mots avant l'âge de deux ans (la moyenne peut varier fortement). A cet âge, ils seront également capables de combiner deux ou plusieurs mots pour former une phrase composée d'un nom et d'un verbe, telle que «Papa parti» ou «Jamie pleure».

De deux à trois ans, le vocabulaire augmente pour atteindre un millier de mots. Vous pourrez apprécier la manière dont vos enfants associent les mots pour former des phrases originales. Ces phrases ne seront peut-être pas très compliquées, mais elles témoigneront d'une connaissance des règles de grammaire. Même leurs erreurs sont d'une logique assez surprenante. Par exemple, les enfants de cet âge savent qu'on ajoute un -s pour former le pluriel. Cette connaissance peut donner lieu à une phrase telle que: «Les chevals a tout manzé.»

Points spécifiques

Comme nous l'avons dit au chapitre 3, on prétend souvent que les jumeaux sont condamnés à s'exprimer plutôt tardivement. Bien que cela ne soit pas nécessairement le cas – les enfants multiples n'étant pas moins capables d'apprendre à parler que les enfants seuls –, certains facteurs peuvent contribuer à ce retard.

Les jumeaux et autres enfants multiples, nés prématurément, présentent souvent un retard au niveau de leur développement physique et intellectuel au cours de leur prime enfance et en tant que nourrissons. Pourtant, leur croissance au cours de ces années est plus rapide que celle des bébés uniques nés à terme et leur retard est progressivement résorbé. Selon une étude, le retard intellectuel est sans doute comblé vers l'âge de six ans et les différences physiques disparaissent vers huit ans.

Mais la manière dont les jumeaux acquièrent le langage est également différente. Elle est liée aux partenaires linguistiques des enfants, c'est-à-dire aux personnes avec qui ils parlent le plus quand ils sont petits.

Vos jumeaux peuvent également utiliser des babillages que les adultes ont du mal à comprendre, mais qui sont parfaitement clairs pour eux. Les jumeaux ont plus de chances que les enfants uniques de communiquer efficacement par des babils dès lors qu'ils ont un ou plusieurs partenaires constants susceptibles de mieux les comprendre que les adultes. L'utilisation de «mots inventés» est universelle chez les enfants de cet âge; la plupart des nourrissons disent «loulours» pour nounours ou «voitu» pour voiture.

L'utilisation des mots inventés par les jumeaux n'est pas un langage secret, mais un babillage partagé. Lorsque vous entendrez vos jumeaux de un an «converser» de cette manière, vous serez convaincue qu'ils se comprennent. Ce langage apparemment «secret» est en fait appelé «langage autonome», une version imparfaite du langage adulte qui est souvent utilisée et renforcée par la fratrie proche. Il se développe la plupart du temps chez les jumeaux – peut-être 40% des jumeaux –, mais ne se limite pas à eux; il se manifeste chez les enfants d'une même famille qui apprennent à parler en même temps et qui n'ont que peu de contacts avec des interlocuteurs adultes pouvant leur servir de modèles. Les nourrissons peuvent continuer à utiliser des mots inventés, un langage autonome et des babillages, mais cette tendance diminue progressivement à partir du moment où les enfants communiquent davantage avec des amis en dehors de la famille –, vers l'âge de trois ou quatre ans.

Il convient de ne pas oublier qu'il est assez normal pour des enfants de cet âge d'acquérir un langage socialement compréhensible à des rythmes différents. Dans n'importe quel groupe d'enfants âgés de deux à trois ans, qu'il s'agisse de jumeaux ou d'enfants uniques, ceux-ci s'expriment d'une manière complexe et différenciée. Certains le font avec des paragraphes complets, d'autres ne construisent que des phrases de deux ou trois mots. Certains parlent clairement, alors que d'autres écorchent les mots.

Vous aurez du mal à ne pas comparer vos jumeaux à mesure qu'ils apprendront à parler. A vingt mois, Gilles parle par phrases et Matthieu ne dit encore qu'un mot à la fois, les deux garçonnets étant cependant normaux. Des différences de langage qui seraient considérées comme parfaitement normales chez deux frères et sœurs d'un âge différent revêtent une importance exagérée lorsqu'il s'agit de jumeaux et d'autres enfants multiples. Vous vous mettrez à les comparer, mais vous feriez mieux de comparer vos enfants à d'autres du même âge que de les comparer l'un à l'autre.

Les différences dans la vitesse d'acquisition du langage sont plus importantes chez les jumeaux dizygotes, qui peuvent faire preuve de la même variabilité que tous les enfants de cet âge. Des jumeaux garçon-fille peuvent présenter d'énormes différences parce que les filles acquièrent en moyenne la parole plus tôt que les garçons.

Hormis les troubles profonds du langage, les enfants (jumeaux ou non) présentant un retard dans l'acquisition du langage feront néanmoins partie du groupe social des autres enfants et rattraperont probablement les autres avant l'école primaire.

Il est toutefois important que les enfants multiples de moins de six ans soient capables de communiquer facilement avec les autres enfants en dehors de la famille. Il peut arriver qu'en raison de leur proximité et de leur empathie ils inventent un système de communication non verbale tellement efficace qu'il faille du temps avant qu'ils ne soient aisément compris en dehors de la famille.

Tout retard de langage chez un enfant rend les interactions avec ses pairs plus difficiles; chez les jumeaux, ce retard peut aussi isoler les enfants et les enfermer dans leur statut de couple. Les jumeaux peuvent considérer qu'il est plus simple et plus agréable de focaliser leur communication verbale sur leurs frères et sœurs plutôt que de s'efforcer de communiquer avec d'autres enfants qui ne les comprendront peut-être pas.

Si vos jumeaux éprouvent quelques difficultés à communiquer avec leurs amis, les stratégies suivantes pourraient vous être utiles:

• Continuez à prévoir des occasions de jeu incluant d'autres enfants.

• Intervenez avec tact pour traduire les mots de vos enfants lorsqu'ils semblent frustrés ou qu'ils éprouvent des difficultés à se faire comprendre par un autre enfant.

• Ne les critiquez pas s'ils ont une grammaire ou une prononciation médiocres. Si vos enfants sont capables de demander certaines choses, de s'adresser aux autres verbalement et de prendre part à des activités, c'est que leur langage social est efficace.

• Si vos enfants commettent des erreurs, résistez à la tentation de les corriger. Réutilisez plutôt le mot ou l'expression corrects dans une autre phrase. Par exemple, si l'un de vos jumeaux dit: «L'ours s'est sait mal», vous pourriez répliquer: «Pauvre ours! Comment est-ce qu'il s'est fait mal?» En suivant votre exemple, vos enfants se corrigeront petit à petit eux-mêmes.

Si vous avez des inquiétudes quant à l'épanouissement du langage de vos enfants, il y a lieu de consulter un professionnel. Votre pédiatre peut vous rassurer et un spécialiste peut évaluer le discours et le langage de vos enfants.

Quel que soit le niveau de connaissances linguistiques de vos jumeaux, il est important de créer un environnement linguistique riche à la maison. Vous vous y prenez de façon très simple pendant que vous baignez, changez ou prenez soin de vos bébés. Vous montrez du doigt et nommez des objets dans la maison et à l'extérieur: oiseaux, chats, camions et avions. Vous lisez à haute voix avec vos enfants, leur commentez les images et leur posez des questions au fil de vos lectures.

Développement émotionnel et psychologique

Les enfants commencent souvent leur deuxième année en adoptant une attitude particulièrement affectueuse et charmante... mais ce n'est là qu'une étape qui, vers le milieu de l'année, dégénère en agitation et en négativisme. Souvent, les nourrissons de un an sont si enivrés par leur capacité à marcher qu'ils semblent ignorer autrui et ne manifestent aucun intérêt pour les relations sociales.

Environ six mois plus tard, les nourrissons deviennent extrêmement négatifs, même s'ils sont très attachés à leurs parents. Leur tâche, à ce stade, consiste à se séparer et à se définir, même s'ils ont très envie de proximité avec leurs parents. Ils affirment leur indépendance en criant «non!» et en refusant de coopérer.

Cette attitude de défi est certainement très pénible pour les parents, mais il importe de reconnaître qu'il s'agit là d'un signe positif. Essayez de ne pas prendre pour vous ces cris d'indépendance, mais utilisez plutôt les conseils en matière d'éducation des nourrissons dont nous parlerons plus loin.

Parallèlement, ils feront comprendre leur besoin de proximité en s'accrochant à vous. A ce stade, les crises de colère peuvent devenir violentes. Vos enfants peuvent aussi commencer à avoir des cauchemars à mesure que leur imagination se développe.

Les bébés uniques ne manifestent souvent aucune empathie au cours des premières années; ils semblent considérer les autres comme des objets – des objets intéressants et sympathiques, mais pas des personnes ressentant des sentiments comme les leurs.

Contrairement aux bébés uniques, les jumeaux font souvent preuve d'une empathie remarquable. Si l'un est bouleversé et pleure, l'autre fait rapidement de même. Dans une étude, les mères devaient quitter la pièce avec un jumeau, laissant l'autre seul. Le nourrisson «abandonné» se mettait à pleurer et accourait vers sa mère pour se faire cajoler dès le retour de cette dernière. Le jumeau qui n'avait pas quitté sa mère était peiné par le chagrin de l'autre et se tournait aussi vers sa mère pour être cajolé.

Au cours de cette année, la plupart des enfants montrent des signes d'anxiété à chaque séparation: ils pleurent ou sont bouleversés lorsqu'ils sont séparés des êtres qui leur sont chers. Pour un enfant seul, ces êtres sont généralement le père ou la mère. L'étude de Louisville, qui s'est penchée sur l'attachement chez les jumeaux, a révélé qu'à l'âge de un an ces enfants acceptent calmement que leur mère les laisse seuls avec un inconnu, à condition que les deux jumeaux restent ensemble.

Ils sont beaucoup plus bouleversés si leur mère laisse l'un des deux seul avec un inconnu et part avec l'autre. Ces observations laissent à penser que la présence du co-jumeau procure un profond sentiment de protection contre l'angoisse que génèrent de nouvelles situations et aussi que les parents doivent réfléchir avant de prendre des dispositions pour faire garder leurs jumeaux séparément.

A l'âge de deux ans, les enfants sont souvent assez coopératifs, contrairement à l'idée selon laquelle les enfants de deux ans sont terribles. Ils jouent avec d'autres enfants, côte à côte plutôt qu'ensemble. Dans leurs jeux, les jumeaux sont généralement plus coopératifs que les enfants uniques. Comme nous l'avons dit précédemment, même les jumeaux qui ne sont pas encore capables de parler synchronisent leurs jeux d'une manière qui annonce déjà la véritable coopération de nourrissons plus âgés.

Durant cette année, les enfants montrent un certain penchant pour la routine et prennent plaisir à établir des rites, comme accueillir leur père à la porte ou s'entourer d'animaux en peluche et de livres de contes à l'heure du coucher. Ces rites et routines aident les enfants à apprendre et à retenir ce qu'on attend d'eux; ils sont également extrêmement apaisants et réconfortants.

Vers l'âge de deux ans et demi, les enfants deviennent généralement plus difficiles, s'opposent davantage aux adultes et sont plus autoritaires et plus agressifs dans leurs relations avec d'autres enfants. Les crises de colère atteignent aussi leur paroxysme. Les enfants de cet âge manifestent souvent une attitude craintive. Vers le milieu de l'année, les craintes deviennent assez concrètes: bruits retentissants et grands chiens, par exemple.

Vers l'âge de trois ans, ils sont en proie aux peurs les plus imaginatives qu'on retrouve chez les enfants de moins de six ans: fantômes, sorcières, images effrayantes vues à la télévision.

Avant leur troisième anniversaire, la plupart des enfants se conduisent nettement mieux. Ils commencent à comprendre les règles et les attentes de leur famille et peuvent faire l'effort de bien se comporter. Néanmoins, cet effort est souvent imparfait, et les bêtises et récidives sont monnaie courante.

DISPOSITIFS DE SÉCURITÉ

Il est important de prévoir des dispositifs de sécurité dans toute maison, mais plus encore lorsque deux ou plusieurs collaborateurs potentiels risquent de se lancer dans une aventure hasardeuse. Vos enfants multiples s'attireront des ennuis en fonction de leur caractère. Parfois, ils opéreront en équipe; parfois, ils joueront à obéir au meneur.

«Lorsque j'étais enceinte et que j'imaginais la situation quand ils seraient en âge de marcher», raconte une mère de triplés, «je pensais qu'ils iraient tous mettre leurs doigts dans les prises en même temps. Cela n'est jamais arrivé. Ils couraient toujours un risque séparément.»

Les dispositifs de sécurité à utiliser pour des enfants multiples étant les mêmes que ceux qui doivent servir à protéger un seul enfant, nous vous conseillons de consulter un bon ouvrage en la matière. Néanmoins, lisez ces ouvrages en partant de l'hypothèse que vos jumeaux s'attireront des ennuis plus tôt qu'un seul enfant parce qu'ils s'entraideront pour y parvenir.

Cela nous amène à dire que les problèmes de sécurité sont différents pour trois raisons dans le cas d'enfants multiples. Premièrement, il y a le facteur distraction. Un enfant peut s'approcher d'une source d'ennuis, tandis que vous changez l'autre, ou peut essayer d'atteindre le fer chaud, alors que vous tentez de calmer la crise de colère de son jumeau.

Deuxièmement, deux enfants (ou plus) sont physiquement capables de faire plus qu'un enfant seul. Deux très petits nourrissons peuvent grimper plus haut qu'un nourrisson de taille moyenne parce que l'un peut soulever l'autre jusqu'à une étagère (ou sur la cheminée, comme c'est déjà arrivé). Des triplés opérant ensemble exercent une pression trois fois plus importante sur une barrière de sécurité qu'un seul bébé.

Troisièmement, les jumeaux collaborent. Un enfant seul pourrait ne jamais envisager de se hisser jusqu'à la fenêtre du deuxième étage, mais deux comploteurs pourraient bien planifier une telle escapade. Si l'un des jumeaux a la brillante idée de goûter le détergent pour la vaisselle, l'autre l'imitera probablement.

Au début, vous veillerez à disposer d'endroits propices pour coucher, baigner et changer les bébés. Il vous faudra aussi prévoir un lieu sûr où laisser un bébé tandis que vous allaiterez ou changerez l'autre. Au cours du second trimestre de la première année, la mobilité des jumeaux augmente, et c'est là que l'aventure commence.

Ne sous-estimez jamais la capacité de vos nourrissons à déplacer des meubles lourds ou à les faire basculer. J'ai dû me résoudre à retirer toutes les étagères et les commodes de la chambre de mes filles et à utiliser des armoires basses pour ranger leurs effets personnels. Vous pouvez également visser les commodes et les meubles lourds au plancher. Une famille de sextuplés n'a aucun meuble dans les chambres des enfants, hormis les berceaux. Tout est rangé dans des paniers.

Assurez-vous que les fenêtres des étages supérieurs sont bien fermées. Je connais une famille dont les filles déplacèrent leur berceau en silence jusqu'à la fenêtre de leur chambre, au deuxième étage. Elles s'en servirent comme d'une échelle pour grimper sur le rebord de la fenêtre ouverte. Elles s'assirent là, bras dessus bras dessous, regardant la lune. Elles s'en sortirent saines et sauves grâce à la vigilance de leur père qui les vit juste à temps et les prit à bras-le-corps.

Faites bien attention à l'endroit où se trouvent vos enfants lorsque vous les sortez pour les installer dans leur siège auto. Laissez un bébé dans son parc tandis que vous portez l'autre à la voiture, puis retournez le chercher. Plus tard, vous pourrez indiquer à vos enfants un endroit sûr près de la voiture où ils vous attendront le temps de les installer dans la voiture à tour de rôle.

Bien qu'il soit difficile de porter deux ou plusieurs nourrissons en même temps, vous devrez les retenir d'une façon ou d'une autre quand vous serez dans un lieu public, dans la rue ou à proximité d'autres dangers. Utilisez des poussettes et des porte-bébés dorsaux quand vos enfants sont petits et, le cas échéant, des harnais lorsqu'ils seront plus grands.

Un groupe de soutien pour les parents d'enfants multiples a suggéré de réserver une pièce de la maison aux bébés et de l'équiper de tous les dispositifs de sécurité. Ils auront, bien entendu, encore besoin d'être surveillés, mais ils courront moins de risques dans cette pièce.

SURMONTER LES PREMIÈRES ANNÉES

«Aujourd'hui, les enfants ont mis des flocons d'avoine dans la bouche d'aération» nous raconte une mère de jumeaux de deux ans.

«La situation ne s'améliore pas quand ils sont en âge de marcher», explique une autre mère. «Ils sont différents, c'est tout.»

Certes, la situation ne s'améliore pas, mais il est vrai que cet âge apporte son lot de nouveaux défis. Désormais vos bébés peuvent courir, sauter et grimper. Ils commencent à parler... et à vous répondre!

Les enfants de cet âge sont réputés pour le bruit qu'ils font, leur attitude de défi, leurs culbutes et une manière de se comporter qui met les nerfs des parents à rude épreuve. Mais ils peuvent aussi se montrer doux, aimables, amusants, créatifs et charmants. Dans le cas d'enfants multiples, les aspects tant positifs que négatifs sont évidemment multipliés.

Apprendre à ses enfants à connaître les limites et à se maîtriser

Les incidents n'étant pas rares, l'attitude la plus sage consiste à aménager votre maison et à organiser vos tâches quotidiennes de manière à minimiser les conflits. Par exemple, si vous ne voulez pas que vos jumeaux s'approchent de votre collection de porcelaines, mieux vaut les mettre en lieu sûr plutôt que de les laisser à portée de main.

Les dispositifs de sécurité dont nous venons de parler présentent un autre avantage. Plus leur milieu est sûr, plus les enfants peuvent aller et venir à leur guise et apprendre. S'ils peuvent toucher, déplacer et manipuler des objets, ils commenceront à comprendre la cause et l'effet. S'ils jouissent d'une certaine autonomie, ils peuvent apprendre à maîtriser leurs impulsions.

Minimisez les querelles en changeant de tactique. Par exemple, si vos jumeaux essaient de se faire tomber mutuellement de vos genoux, posez-les par terre et prenez-en un à la fois. Restez calme (ou du moins, faites semblant de l'être), même s'ils crient. S'ils sont incapables de se partager vos genoux ou d'attendre leur tour, changez à nouveau de tactique. Couchez-vous sur le sol et faites-leur la lecture pendant quelque temps; ainsi, il n'y aura plus de genoux à se partager.

Essayez de prévoir les ennuis et d'envisager des solutions avant que la situation ne vous échappe. Si vous savez, par exemple, que vos enfants se battent toujours pour savoir lequel pourra choisir le premier une histoire, faites en sorte que chacun attende son tour. Et rappelez-le aux enfants: «Aujourd'hui, c'est Jean qui a choisi le premier, demain ce sera le tour de Sarah.»

N'oubliez pas que la fatigue et la faim, en particulier en fin de journée, peuvent surexciter vos enfants. Anticipez les ennuis en prévoyant des en-cas et essayez de leur faire faire une sieste avant qu'ils ne soient complètement épuisés.

Utilisez un langage ferme mais positif lorsque vous parlez à vos enfants. Dans la pratique, ce langage devrait découler naturellement des bavardages que vous avez quodidiennement avec vos jumeaux («Maintenant, on met les chaussures de Philippe, puis on mettra celles de Bertrand»). Si un jumeau devait maltraiter le chat de la famille, vous pourriez lui dire: «Philippe, la chatte veut que tu la caresses gentiment. Tu lui fais mal en lui tirant la queue.»

Il est préférable de réduire au minimum le nombre de fois où vous aurez à dire «non». Si vous vous limitez aux situations vraiment dangereuses ou aux infractions graves, vous risquerez moins de susciter une rébellion. Un père que je connais utilisait le mot «stop!» au lieu de «non!» dans les situations d'urgence et obtenait de bons résultats. Ainsi, lorsque des jumeaux galoppent dans deux directions différentes, vous avez de bonnes chances que l'un des deux au moins s'arrête vraiment.

De plus, le fait d'utiliser des ordres positifs présente un certain intérêt dès lors que les nourrissons ont tendance à n'entendre que la dernière partie de la phrase. Si vous dites «Ne courez pas dans la rue», ils peuvent entendre: «Courez dans la rue». Mais si vous dites «Stop» ou «Venez ici», il y a plus de chances qu'ils comprennent.

Lorsque vos enfants désobéissent, il vaut mieux les mettre temporairement sur la touche que de leur infliger des punitions plus sévères. Ces mises à l'écart peuvent être de très courte durée au début. En mûrissant, vos enfants commenceront à comprendre que s'ils ne sont pas capables de se comporter normalement dans une situation sociale déterminée, ils doivent s'en aller et rester seuls avant de pouvoir rejoindre le groupe.

Encouragez-les à être serviables

Dès qu'ils en seront capables, vos enfants aimeront beaucoup vous aider dans les tâches ménagères. Ils adorent le train-train et aiment montrer qu'ils connaissent la place de chaque objet et la manière dont les choses doivent être faites.

Leur «aide» n'est pas toujours très utile: s'ils vous aident, par exemple, à faire la lessive, ils jetteront par terre tous les vêtements propres qui se trouvaient dans le panier à linge. S'ils doivent arroser les fleurs, ils inonderont toute la terrasse et seront trempés. Pourtant, en leur permettant d'essayer, vous leur inculquerez la notion d'aide. En grandissant, ils vous aideront sans trop se plaindre.

A cet âge, vos enfants doivent avoir l'impression de jouer – utilement – en s'acquittant de leurs «tâches». Ils apprécieront peut-être de s'adonner au même travail en même temps ou chacun voudra avoir le sien. Un enfant aimera peut-être ranger les courses dans le placard, tandis que l'autre préférera dresser la table.

Vos jumeaux tirent un enseignement de tout ce qu'ils font avec vous. En disposant une cuillère pour chaque membre de la famille, ils apprennent les premiers éléments de mathématiques. Ils mélangent la pâte à crêpes, regardent la pâte lever et apprennent des rudiments de physique.

Mais plus important encore, par ces activités, ils apprennent qu'ils font partie d'une famille et que chacun – même le plus petit – peut apporter sa contribution.

Des petits pots partout

Croyez-le ou non, ces couches qui semblent envahir votre vie ne seront bientôt qu'un lointain souvenir. Vos enfants multiples apprendront à utiliser le petit pot! Un adulte jumeau qui a grandi à l'époque des couches en tissu se souvient que les membres de sa famille avaient baptisé le sous-sol «la forêt blanche» en guise de plaisanterie, car plusieurs mètres carrés de couches étaient étendus sur des cordes à linge.

Le mieux est d'attendre qu'ils soient vraiment prêts et désireux de commencer l'apprentissage de la propreté. Il n'y a pas pire perte d'énergie dans une famille ayant des jumeaux que d'essayer d'apprendre à des nourrissons à être propres s'ils ne sont ni prêts ni motivés. On dit que les jumeaux apprennent à être propres six mois après les autres; les vôtres seront plus précoces ou plus tardifs, mais rien ne sert de les bousculer.

Si c'est vrai pour un enfant seul, ce l'est doublement pour les jumeaux: plus vous commencerez tôt, plus vous passerez du temps à faire leur apprentissage. Si vous laissez vos bébés dans leurs couches jusqu'à ce qu'ils soient prêts, le processus sera plus rapide et cette période transitoire où les enfants font leurs besoins par terre sera moins longue.

Comment saurez-vous que vos poupons sont prêts? Entre deux et trois ans, la plupart des enfants ont acquis suffisamment de maturité et d'intérêt pour s'y mettre.

Vous saurez qu'ils sont prêts quand:

• Vos jumeaux seront capables de comprendre et de suivre des directives simples en deux ou trois étapes.

• Ils auront une compréhension basique de la cause et de l'effet: «Si je fais pipi dans ma couche, elle est mouillée.»

• Ils sont à un stade psychologique où ils désirent plaire et coopérer avec leurs parents. N'entamez pas leur apprentissage quand ils traversent une phase où les crises de colère sont fréquentes, durant leur période «non!» ou à un moment de tension inhabituelle ou de changements dans la vie familiale.

• Ils sont physiologiquement prêts à apprendre à maîtriser leurs excréments. Ils doivent savoir ce qu'on ressent quand on est sur le point d'excréter et reconnaître et contrôler les sensations de l'évacuation.

Dès que vous pensez que vos jumeaux sont prêts, essayez d'inaugurer l'apprentissage à un moment où, loin de se battre et de rivaliser, ils aiment faire des choses ensemble et s'imiter l'un l'autre. De cette manière, ils pourront s'épauler dans l'effort.

Une fois que le processus a commencé, les jumeaux maîtrisent souvent cette étape importante du développement plus tôt que les enfants uniques parce qu'ils peuvent s'observer mutuellement et apprendre l'un de l'autre. Il n'est pas rare, néanmoins, que le processus dure au-delà de l'âge de trois ans. Vers trois ans et demi, la plupart des enfants sont propres de jour comme de nuit.

Il est tout à fait possible que les jumeaux n'atteignent pas ce stade en même temps. Si c'est le cas des vôtres, résistez à la tentation d'en faire toute une histoire. L'enfant qui accuse un retard en est certainement conscient. N'ayez l'air de rien et acceptez la situation. Encouragez une attitude «grand enfant», mais ne réprimandez pas vos enfants en cas de défaillances inévitables.

Faites néanmoins attention si un enfant qui était propre se remet à faire souvent pipi au lit. Cela peut être révélateur d'un stress. Vous veillerez donc à examiner les éléments qui, dans la vie de l'enfant, peuvent provoquer ce stress. Vous pourrez ainsi le comprendre et lui venir en aide.

Les jumeaux et le sommeil

Bien dormir est essentiel pour être en bonne santé et adopter une attitude positive par rapport à la vie: cela vaut tant pour les parents que pour leurs jumeaux. Vous serez plus détendue et plus souple avec vos enfants si vous êtes reposée, et ils se montreront plus joyeux et plus coopératifs s'ils ont eu assez de repos.

Pourtant, les nourrissons refusent souvent d'aller au lit et de faire la sieste même s'ils sont de toute évidence épuisés. Chez les jumeaux, cette attitude naturelle peut susciter plus de difficultés dès lors qu'ils se réveillent l'un l'autre ou s'empêchent mutuellement de s'endormir.

Les enfants n'ont pas tous les mêmes besoins de sommeil. L'un peut être somnolent plus tôt dans la soirée ou se réveiller plus tôt que l'autre le matin. L'un peut s'endormir rapidement et facilement, tandis que l'autre peut être plus tendu et avoir besoin d'un rituel plus long avant de s'endormir.

Sieste

Si vous avez de la chance et que vos jumeaux aient des besoins de sommeil similaires et présentent des caractéristiques de développement identiques, vous n'aurez aucun mal à coordonner leur sieste. Jusqu'à l'âge de quinze à dix-huit mois, ils feront probablement une sieste en milieu de matinée et une autre en milieu d'après-midi. Celle du matin sera progressivement supprimée. Ils seront probablement tous les deux prêts à aller dormir en même temps après le dîner ou le bain.

Néanmoins, il est plus probable que vos jumeaux aient des rythmes différents. L'un peut avoir envie de dormir après le petit déjeuner, tandis que l'autre sera en pleine forme et gambadera jusqu'à midi. Si l'un de vos enfants a manifestement besoin de plus de sommeil que l'autre, vous devrez vous adapter à ses besoins en le couchant pour un petit somme. Aspect positif: cela vous permettra de passer un peu de temps en tête-à-tête avec l'enfant qui ne dort pas. Aspect négatif: vous aurez moins de temps pour vous reposer.

Lorsque des jumeaux font la sieste au même moment et au même endroit, l'un peut empêcher l'autre de s'endormir. Au lieu de dormir, ils videront les tiroirs de leur commode ou déplaceront les meubles de leur chambre. Si l'heure de la sieste dégénère en heure de jeu, peut-être sera-t-il préférable de les coucher séparément.

Vous pouvez également décréter que l'heure de la sieste est un «moment tranquille»: les enfants devront rester dans leur chambre, pourront regarder des livres d'images ou jouer calmement. Même s'ils ne dorment pas, ils profiteront de quelques instants de repos. Et vous aussi.

La nuit

Chez nous, le soir venu, Carine était toujours disposée à aller se coucher, tandis que Christine choisissait ce moment pour parler de la journée. «Parle plus!», criait-elle à Carine, qui lui répondait «non» dans un soupir. Parfois Christine descendait de son berceau, montait sur celui de sa sœur et la chevauchait malgré ses protestations: «J'ai sommeil!» Il arrivait que Carine l'emporte, Christine finissant par s'endormir; parfois c'était le contraire et elles continuaient à converser pendant une demi-heure ou plus.

Je ne suis pas sûre que nous les aurions séparées même si nous avions disposé de suffisamment de place. Avec le temps, ces discussions nocturnes au cours desquelles elles se faisaient un compte rendu de leur journée respective devinrent un moment privilégié de leur relation. Toutefois, il peut être raisonnable de décider de coucher vos jumeaux séparément si cette agitation nocturne est répétée et fatigue vos enfants et que vous disposez d'assez de place. Des parents me racontent néanmoins souvent qu'ils couchent leurs enfants dans des chambres séparées et les retrouvent endormis dans la même chambre le matin.

Jouets et heure de jeu

Nous avons souligné au chapitre 8 l'importance des cadeaux individuels et de la propriété respective des jouets. Il sera profitable pour vos jumeaux de posséder leurs propres poupées, nounours, camions et autres trésors. Même s'ils adorent ces jouets, ils choisiront peut-être de se les prêter, de s'en servir à tour de rôle ou de les échanger.

D'un point de vue pratique, certains jouets appartiendront aux deux enfants – cubes, et autres jeux de construction, matériel d'escalade et certains jeux de grande taille. Ces jouets communs offrent l'occasion d'apprendre à attendre son tour et à accepter des compromis.

Voici quelques idées de jeu pour vos nourrissons:

• Rien de plus simple que de crouler sous les jouets, camions, cubes, poupées et pièces de puzzle dans une famille à jumeaux. Non seulement il est difficile de maintenir l'ordre, mais les enfants peuvent aussi en avoir assez des jouets qu'ils voient tout le temps. L'idée de ranger puis de ressortir les jouets des enfants est dès lors excellente. Chaque semaine, vous pourriez ranger les jouets les moins utilisés et ressortir une boîte pleine de «nouveaux» jouets. Une poupée ou un jeu que vos enfants redécouvrent présente le même attrait qu'une poupée ou un jeu sorti tout droit du magasin, et c'est beaucoup moins coûteux.

• Les enfants aiment beaucoup «jardiner»: arroser les fleurs, creuser des trous, jouer dans le sable ou dans la boue.

• Si vous avez une véranda ou un patio en béton ou un trottoir facilement accessible, donnez à vos enfants un petit seau et un vieux pinceau un jour d'été et laissez-les peindre à l'eau. Leurs «dessins» seront clairement visibles avant de s'évaporer.

• Donnez à chaque enfant de grandes boîtes en carton qui serviront de maisons de poupées. Vous pouvez y découper des portes et des fenêtres, dessiner des rideaux et autres décorations. Les enfants adorent avoir un endroit rien qu'à eux et vos jumeaux profiteront de l'occasion pour jouer seuls.

Vos jumeaux et leur fratrie

Nous avons décrit précédemment la réaction de la fratrie à l'arrivée de jumeaux. Petit à petit, les bébés grandissent et leurs aînés aussi. Les habitudes familiales évoluent en conséquence. Vos aînés pourront vous aider, mais ils seront aussi agacés par leurs cadets.

Si vous le pouvez, essayez de protéger le territoire de vos aînés. Si vous pouvez leur faire confiance quand ils s'enferment dans leur chambre, autorisez-les à le faire ou équipez leur chambre de barrières de sécurité.

Continuez à apprécier leur rôle de grand frère ou de grande sœur et faites l'éloge de leur aide. Toutefois, trouvez le moyen d'encourager leur participation en leur attribuant des tâches autres que celles d'assistants. Si cela est possible, faites-leur découvrir le bonheur de vivre avec des jumeaux. Si vos aînés ne se contentent pas de surveiller leurs cadets, mais jouent et s'amusent avec eux, la situation sera bénéfique pour tous. Par exemple, ces maisons en carton que vous avez fabriquées pour vos jumeaux peuvent être décorées par un aîné, lequel pourrait dessiner des rideaux, des volets ou autres détails de ce genre.

Chapitre 11

Nouveaux amis : l'horizon s'élargit

Vos jumeaux avant l'âge de six ans

«Mes filles sont les meilleures amies et les meilleures ennemies du monde. Elles peuvent se battre et être fâchées l'une contre l'autre et, l'instant d'après, jouer ensemble.»

De trois à cinq ans, les enfants apprennent à connaître le monde au-delà du cadre de leur famille et leur place dans celui-ci. Pour s'embarquer dans cette aventure, les jumeaux ont à leur côté un compagnon pour la vie et, occasionnellement, un adversaire.

Au fur et à mesure que leur esprit s'épanouit, qu'ils apprennent, pensent et imaginent, ils unissent leurs informations ou leur manque d'informations. Ils s'encouragent mutuellement à tenter de nouvelles expériences, mais exercent aussi l'un sur l'autre une influence restrictive. Ils s'instruisent, se réconfortent, s'importunent et se défient mutuellement.

Il s'agit souvent d'un «âge d'or» pour les parents de jumeaux. Les défis des premières années sont derrière eux, et les enfants sont désormais capables d'en faire plus par eux-mêmes et d'accepter les règles et les limites familiales.

Le présent chapitre sera consacré au développement des compétences sociales et intellectuelles de vos jumeaux, à l'évolution de leur concept du moi et à l'épanouissement de leur relation mutuelle.

DÉPASSEMENT DE LA RELATION GÉMELLAIRE AVANT L'ÂGE DE SIX ANS

Lorsque les jumeaux sont très jeunes, ils peuvent se contenter de leur compagnie mutuelle. Mais vers l'âge de trois ans, vos jumeaux – comme tous les enfants de cet âge – sont généralement disposés à jouer à plusieurs et à se faire des amis en dehors de la famille. Je me souviens qu'un jour mes filles m'ont dit qu'elles s'ennuyaient. «Nous n'avons personne avec qui jouer», me dirent-elles. Et Christine ajouta: «Je ne veux pas jouer seulement avec Carine.»

A compter de ce moment, les enfants s'intéressent davantage aux autres enfants et craignent moins de se séparer de leurs parents. S'ils ont passé leurs premières années à la maison, ils sont généralement prêts à entrer à l'école maternelle, même s'ils n'abordent pas tous cette étape de la même façon.

Qu'ils soient à l'école ou à la maison, ils commencent à appliquer leurs schémas sociaux à un monde plus vaste. En jouant davantage avec des enfants en dehors de la famille, ils manifestent des préférences distinctes – bien que de courte durée – pour certains enfants et gravitent autour de leurs préférés.

Pendant ces années, les jumeaux se lient d'amitié avec d'autres enfants tantôt d'une manière individuelle tantôt en équipe. Leurs compagnons de jeu commencent à remarquer la relation unique qui les lie. Il peut arriver que la force de la cohésion gémellaire incite d'autres enfants à semer la zizanie entre eux. Un jour que j'allais chercher mes filles et une autre fillette à l'école maternelle, je remarquai que Carine mâchait un chewing-gum. Lorsque je lui demandai où elle l'avait trouvé, j'appris que l'autre fillette l'avait soudoyée: en échange d'un chewing-gum, elle avait demandé à Carine d'être son amie et de ne plus jamais parler à Christine!

Lorsque d'autres enfants choisissent de jouer avec l'un de vos jumeaux, prêtez attention aux sentiments qu'ils éprouvent tous deux. Le «chouchou» ne pourra s'empêcher de se réjouir de l'attention particulière dont il fait l'objet. Si l'enfant est assez mûr, il prendra néanmoins conscience de l'injustice d'une amitié fondée sur l'exclusion délibérée de son jumeau et choisira d'y mettre fin.

Bien que les jumeaux et autres enfants multiples continuent à coopérer et à collaborer plus que les enfants uniques avant l'âge de six ans, le degré de leur coopération varie en fonction de leur personnalité et de leur caractère mono- ou dizygote. Nancy Segal, directrice du Twin Study Center à l'Université de l'Etat de Californie à Fullerton, a filmé plusieurs paires de jeunes jumeaux tandis qu'ils assemblaient les pièces d'un puzzle. Les jumeaux dizygotes se partageaient les pièces, essayaient de faire le puzzle chacun pour soi et finissaient inévitablement par se disputer. Les jumeaux monozygotes mettaient leurs pièces en commun et les assemblaient ensemble.

Comme nous l'avons souligné précédemment, les jumeaux manifestent un sens de l'empathie beaucoup plus tôt que les autres enfants. Ils s'apportent mutuellement des jouets, s'entraident en cas d'urgence, se réconfortent. Si vous les félicitez quand ils sont gentils l'un avec l'autre, vous les encouragerez et ferez en sorte qu'ils se sentiront bien dans leur relation.

Cette prévenance s'épanouit chez les enfants de cet âge. Si l'une de mes filles faisait un cauchemar et s'éveillait, l'autre la réconfortait. Elles s'aidaient mutuellement à retenir un poème ou l'une apprenait à l'autre à faire un nœud.

Malgré l'attention qu'ils se portent mutuellement, vos jumeaux continueront à se quereller et à se battre. Mais, souvent, leurs disputes ne seront que de courte durée ou se termineront par une franche réconciliation.

Il est enrichissant pour les jumeaux de jouer avec d'autres enfants

Il arrive parfois que les parents ne saisissent pas les occasions qui s'offrent à leurs jumeaux de jouer avec d'autres enfants parce qu'ils pensent qu'un jumeau a toujours un compagnon de jeu. Dès lors que les jumeaux jouent souvent bien ensemble, les parents trop occupés peuvent ne pas trouver le temps ou l'énergie d'organiser des rencontres ludiques, notamment si les enfants veulent jouer avec différents copains. Pourtant, il est important de prévoir de telles rencontres afin que chaque enfant puisse avoir la chance d'acquérir l'expérience sociale dont il a besoin.

Un groupe de mères que je connais a organisé des rencontres pour leurs jumeaux dans un parc de leur localité. Les cinq mères et leurs dix enfants s'y réunissent une fois par mois. Les enfants s'amusent beaucoup et ont l'occasion de connaître d'autres enfants, et leurs parents en profitent aussi pour se faire des amis.

Associer deux paires de jumeaux peut également être profitable. Je connais deux jumelles dizygotes dont l'une est grande, très ouverte, bruyante et pleine d'énergie et l'autre, plus petite et plus calme, semble insignifiante dans le sillage de sa sœur. Leurs parents ont trouvé une autre paire de jumelles présentant les mêmes dissemblances et ont organisé des rencontres ludiques en «assortissant» les enfants: les plus intrépides joueraient ensemble dans une maison et les plus calmes dans l'autre.

Parfois, il est préférable qu'un groupe de jeu se compose d'un nombre pair d'enfants, car cela réduit les chances que l'un d'eux soit exclu. En revanche, pour certains enfants, un groupe de trois fonctionne mieux. Les jumeaux peuvent être habitués à jouer ensemble et se réjouir d'avoir un autre compagnon avec qui jouer. Il vaut mieux pour cet enfant qu'il soit plein d'énergie. Mes filles avaient un ami prénommé Thomas avec qui elles jouaient à tour de rôle. Quand l'une finissait par se fatiguer et allait se reposer, l'autre se mettait à jouer avec lui. Elles se relayaient ainsi jusqu'à ce qu'il fût l'heure pour Thomas de rentrer chez lui. Thomas était à ce moment-là un petit garçon épuisé.

L'école maternelle

Quitter ses parents et entrer à l'école maternelle peut être une transition enivrante, mais parfois douloureuse pour les enfants qui ont passé leurs premières années à la maison. A l'heure de mettre vos enfants à l'école maternelle, vous vous demanderez peut-être s'il faut les placer dans la même classe ou non. Si l'école maternelle compte plusieurs classes, vous voudrez sans doute savoir si vos enfants seront ensemble ou séparés.

Il s'agit d'une question que vous vous poserez pendant toute la scolarité de vos enfants, et nous y reviendrons en détail au chapitre suivant. En règle générale, il vaut mieux ne pas séparer des jumeaux de cet âge. Laissez-les profiter de leur relation pendant cette période de transition vers un monde plus vaste. Lorsque des jumeaux quittent le nid familial pour la première fois, ils peuvent compter sur le soutien l'un de l'autre. L'idéal serait que les activités et les autres enfants les encouragent à jouer individuellement, mais toujours en la présence réconfortante de l'autre.

«Au début, mes jumeaux restaient soudés l'un à l'autre», se rappelle une mère. «Plus tard, après quelques semaines à l'école maternelle, ils n'avaient plus besoin d'être ensemble. Ils vaquaient chacun à leurs occupations, mais s'il arrivait quelque chose à l'un d'eux, même à l'autre bout de la pièce, l'autre accourait immédiatement.»

«J'ai constaté cette attitude à maintes reprises chez les jumeaux. Ils réagissent avec les autres enfants comme avec leur jumeau. Si quelqu'un pleure ou est triste, ils s'approchent de lui et essaient de l'aider. Ils en ont tellement l'habitude.»

DÉVELOPPEMENT PHYSIQUE

De deux ans et demi à trois ans et demi, vos bambins commencent à perdre leur aspect de bébés et ressemblent de plus en plus à des enfants. Ils marchent et courent avec plus d'assurance et de confiance. Ils acquièrent des habitudes d'hygiène de «grands enfants».

Au cours de leurs premières années, vos bébés apprennent à maîtriser leurs facultés motrices d'une façon si rapide et si spectaculaire que les changements peuvent être mesurés presque au jour le jour. De trois à cinq ans, les enfants affinent leurs nouvelles compétences par une pratique quotidienne. Leur aptitude à manier des objets – cuillères, brosses à dents, crayons – les rend aptes à s'occuper d'eux-mêmes et à s'exprimer par le jeu.

Ils peuvent désormais manier pinceaux et crayons. Leurs œuvres sont de plus en plus réalistes. Ils peuvent utiliser des couverts pour manger et dresser la table. Ils peuvent démonter des objets pour voir comment ils fonctionnent. Ils peuvent manipuler une fermeture Velcro, défaire des boutons, utiliser une fermeture Eclair. Bientôt, ils seront capables de lacer leurs chaussures.

Il se peut que vos jumeaux aient un niveau d'énergie comparable ou très différent – l'un toujours sur le qui-vive et l'autre se contentant de jouer calmement. Il se peut aussi que leurs capacités athlétiques soient semblables ou non, un secteur de plus où leurs talents individuels commencent à se manifester. Votre rôle consiste à les féliciter, que leurs aptitudes soient pareilles ou différentes, et à éviter toute comparaison négative.

A cet âge, vos enfants seront beaucoup plus conscients de leurs différences. Même si vous acceptez et valorisez ces différences chez vos enfants, il se peut que des étrangers et vos proches n'agissent pas de la sorte. Je connais une famille de triplés trizygotes, de taille et d'aspect assez différents. L'un des garçonnets est beaucoup plus petit que ses frères.

«Les inconnus remarquaient toujours cette différence», se rappelle leur mère, «et ne pouvaient s'empêcher de faire une remarque devant lui. Ils faisaient des commentaires du genre: "Voilà l'avorton de la portée." Des différences physiques de cet ordre sont plus difficiles à accepter par les enfants multiples que par des frères et sœurs uniques, du fait qu'ils ont le même âge et évoluent dans le même cercle.» Si les gens font des comparaisons désobligeantes devant vos enfants, envisagez une réplique telle que: «Tous mes enfants se portent très bien, merci.»

DÉVELOPPEMENT INTELLECTUEL ET DU LANGAGE

Vers l'âge de trois ans se produit un changement extraordinaire. C'est comme si les enfants se tenaient sur le seuil d'un nouveau monde enivrant, un monde plein de merveilles à explorer, à expérimenter, à imaginer. Vous le constaterez aux questions que vous poseront vos enfants et à la façon dont ils écouteront vos réponses.

Avant l'âge de six ans, tous les enfants réalisent des progrès spectaculaires dans leur manière de penser, de raisonner, de parler et de s'exprimer. Vos enfants seront capables de se souvenir du passé et de penser à l'avenir (ils le démontreront en utilisant les temps du passé et du futur dans leur conversation). Leur pensée sera plus abstraite et ne se limitera plus au monde matériel.

Leurs facultés cognitives connaîtront, bien évidemment, des limites. Piaget qualifie cette période de stade «préopératoire» du développement intellectuel, au cours de laquelle les enfants sont capables de manipuler des symboles (tels que des mots et des images qui représentent la réalité), mais ne sont pas encore à même de distinguer le vrai du faux.

Au chapitre précédent, nous avons parlé du premier stade de l'apprentissage du langage. A l'âge de trois ans, la plupart des enfants disposent d'un vocabulaire assez étendu – peut-être neuf cents mots – et s'expriment avec des phrases. Leur prononciation s'améliore mais n'est sans doute pas encore parfaite. Leur discours est de moins en moins puéril.

Hormis certaines difficultés de développement liées à la prématurité, les jumeaux, triplés et autres enfants multiples ont les mêmes capacités intellectuelles que les enfants uniques. Les enfants multiples étant souvent prématurés, ils peuvent présenter au cours de leurs premières années d'existence des retards liés à la prématurité ou au faible poids à la naissance. La plupart d'entre eux résorbent ces retards avant l'âge de six ans.

Toutefois, les enfants multiples développent leurs capacités intellectuelles et langagières dans un contexte différent de celui des autres enfants. Ils grandissent entourés d'un ou de plusieurs frères et sœurs du même âge et ont, par conséquent, moins d'interactions individuelles avec les adultes. Cette situation présente des avantages et des inconvénients.

Pour pouvoir développer leurs capacités langagières, les enfants ont besoin de bons modèles de langage. Ils ont besoin de pratiquer le langage dans un environnement détendu et sans contraintes. Il est plus facile pour les parents d'un seul enfant de répondre à ces besoins; les parents d'enfants multiples devront sans doute fournir des efforts délibérés.

Les enfants multiples doivent souvent se battre pour parvenir à placer un mot. Certaines tactiques communes consistent à parler fort, à parler en même temps, à s'interrompre et à parler très rapidement. Cette manière de procéder peut se transformer en habitude qui rend plus difficile toute conversation avec des personnes étrangères à la famille et peut affecter leur vie sociale.

D'autre part, comme nous l'avons dit au chapitre précédent, les jumeaux ont généralement un partenaire à portée de main pour parler ou converser. Ils peuvent pratiquer la conversation, partager des informations, poser des questions et y répondre, et s'entraider pour retrouver certains mots et certaines idées.

Malgré les sempiternelles histoires de jumeaux qui ont inventé un langage propre, peu de recherches systématiques ont été effectuées en ce qui concerne l'apprentissage langagier des jumeaux. Nous savons néanmoins que la situation gémellaire affecte cet apprentissage. La plupart des recherches se focalisent sur les difficultés langagières rencontrées par les jumeaux.

Une récente étude réalisée en Australie a révélé que les jumeaux accusent de légers retards pour ce qui est de la prononciation et de la maîtrise de la grammaire, mais qu'ils ont un niveau de conversation normal pour leur âge. Les triplés accusent systématiquement un retard. Aucune connexion entre les retards dans l'apprentissage de la parole et le poids à la naissance ou la zygosité n'a été mise en évidence. On a toutefois observé une corrélation entre les compétences langagières et les enfants multiples conçus grâce à des traitements contre la stérilité. Cela peut être dû au fait que les parents, qui ont les moyens de suivre de tels traitements, ont peut-être plus d'éducation et sont mieux à même d'encourager leurs enfants.

Certaines conclusions indiquent que les premières études menées sur les déficiences langagières chez les jumeaux n'étaient pas parfaites parce qu'elles utilisaient des normes qui ne conviennent pas à la situation gémellaire. Par exemple, les jumeaux adorent terminer les phrases l'un de l'autre. Ce processus linguistique complexe réduit la durée de parole de chaque jumeau durant une conversation. Et le développement langagier est souvent mesuré en termes de longueur – à savoir le nombre de mots – du discours. De tels tests mettraient en évidence une déficience plutôt que les aptitudes avancées dont font preuve les jumeaux.

Dès le début, les jumeaux et les triplés doivent apprendre à converser avec plus d'une personne à la fois (un parent plus un ou plusieurs autres enfants). Il en résulte qu'ils apprennent rapidement à s'adresser à une personne en particulier. Lorsque l'occasion lui en est donnée, un jumeau adressera son discours à l'adulte plutôt qu'à son jumeau.

Le langage : une fenêtre sur le monde gémellaire

A mesure que vos enfants apprendront à maîtriser le langage, vous comprendrez l'évolution de leur développement intellectuel. Vos enfants sont désormais capables de parler d'idées et d'abstractions et vous aurez la possibilité de percevoir leurs visions successives de la réalité.

Il est important que les adultes d'une famille soient à l'écoute des conversations de leurs enfants, car elles sont révélatrices d'une certaine réalité. Bien que les jumeaux aient tous deux la même expérience, l'un d'eux fera souvent preuve à l'égard de l'autre d'une autorité imméritée. J'appelle ce phénomène la «règle de la tribu». Vers l'âge de trois ans, tous les enfants ont eu suffisamment de contacts avec d'autres pour admirer et essayer d'imiter leur attitude «sophistiquée». Observez comment les petits enfants regardent, admiratifs, leurs aînés dans une plaine de jeux. Les enfants, qui ont des frères et sœurs plus âgés, disposent d'exemples d'attitude plus mûre à portée de main et les considéreront comme une autorité sur le monde qui les entoure et sur vous, leurs parents.

C'est également le cas des jumeaux et des triplés, mais à une nuance près. Les jumeaux ne manqueront certainement pas de respecter leurs aînés, mais seront davantage enclins à considérer leur jumeau comme une autorité. Tout ce que celui-ci dira ou fera aura la priorité. C'est fort bien lorsque les jumeaux partagent des informations précises; ce l'est moins lorsqu'ils partagent des visions de la réalité déformées ou inexactes ou lorsqu'ils partagent une idée fantasque comme s'il s'agissait d'une vérité — un élément commun de la pensée préopératoire chez les enfants de moins de six ans.

Un jour, mes filles revinrent de l'école maternelle, bouleversées à l'idée qu'un pompier devait se rendre dans leur école le lendemain matin. Je finis par comprendre ce qui n'allait pas. Elles pensaient qu'un pompier apportait du feu tout comme un facteur apporte le courrier et un laitier du lait.

Rien de ce que je leur dis ne put les convaincre du contraire. Le lendemain matin, elles refusèrent d'aller à l'école jusqu'à ce que je leur promette de leur offrir une glace après les cours si le pompier se manifestait. Ce qu'il fit. Je leur achetai une glace et un rituel familial fut instauré. Chaque fois que la visite d'un pompier était prévue ou qu'il y avait un exercice d'évacuation incendie à l'école, nous mangions une glace par la suite.

«Effets jumeaux»

Dans les recherches que j'ai menées sur le développement langagier, j'ai identifié ce que j'appelle les «effets jumeaux», effets qui sont liés à l'idée que les enfants ont d'être une équipe. Il s'agit d'adaptations du langage correct, utilisées pour exprimer une réalité propre à leur gémellité. Elles vont de pair avec le développement du langage précité, mais ne le remplacent pas nécessairement.

Au nombre de ces «effets jumeaux», on trouve:

• L'utilisation d'un nom d'équipe, tel que «moi et moi aussi» ou «nous» (par opposition à «vous») que les enfants utilisent pour parler d'eux-mêmes quand ils sont ensemble.

• L'utilisation de verbes à la troisième personne du singulier après leur nom d'équipe: «Est-ce que Christine-Carine va aller au parc, papa?»

• L'utilisation du «moi» pour parler d'eux en tant qu'équipe: «Assieds-toi entre moi, maman.»

Dans une étude que j'ai réalisée sur les «effets jumeaux» auprès de jumeaux et de triplés âgés de deux à cinq ans dans 166 familles canadiennes, 44% des parents m'ont signalé certains types d'«effets jumeaux» chez leurs enfants.

De nombreux parents ont répondu que le langage de leurs enfants ne présentait aucun «effet jumeaux» parce qu'ils «ne le toléraient pas». Apparemment, la crainte d'un retard dans l'acquisition du langage a poussé ces parents à interdire un usage créatif de la langue visant à exprimer la relation gémellaire.

Si vos enfants utilisent des «effets jumeaux», tels qu'un double prénom pour parler d'eux-mêmes en tant qu'équipe, ne vous inquiétez pas pour autant qu'ils connaissent et puissent chacun utiliser leur prénom. Ils auront de moins en moins recours à un nom d'équipe à mesure que leur horizon social s'élargira au-delà de leur couple, signe révélateur de leur maturité.

En revanche, si vos enfants semblent confondre leurs prénoms – si Sarah appelle sa sœur «Sarah», par exemple –, faites tout ce que vous pourrez pour les aider à «prendre possession» de leur prénom comme d'un bien personnel. Passez en revue tous les domaines dans lesquels vous pouvez mettre en évidence leur individualité; faites en sorte que chacun ait ses propres vêtements, jouets et espace. Utilisez autant que possible chaque prénom individuellement lorsque vous vous adressez à eux.

Il ne faut pas confondre noms d'équipe et noms de substitution. Il arrive que les enfants ne soient pas capables de prononcer les lettres de leur prénom et inventent un substitut. Deux jumelles de deux ans prénommées Delphine et Annick ne parvenaient pas à dire «Delphine». Aussi Delphine s'était-elle auto-baptisée «Pas Annick». Ce prénom ne signifiait pas que Delphine avait une vision négative d'elle-même. Elle utilisait l'adverbe de négation «pas» d'une manière créative pour se donner un prénom distinct, différent de celui de sa jumelle.

A mesure que le langage de vos enfants se développera, il vous éclairera sur la vision qu'ils ont d'eux-mêmes en tant qu'individus et «couple» ou «tribu». Quand elle avait trois ans, Carine dit à sa sœur: «Toi et moi sommes les mêmes parce que les gens disent que toi et moi sommes les mêmes.» Elles savaient pourtant qu'elles étaient différentes et exploraient ces différences dans leurs conversations.

Avec l'âge, la prononciation de vos enfants deviendra moins puérile, ils utiliseront moins d'«effets jumeaux», tels qu'un nom d'équipe, et lanceront des phrases et des idées de plus en plus complexes. Vous pourrez alors parler à chacun d'eux de leurs besoins et de leurs désirs et discuter de leur relation.

Créer un environnement riche pour le langage

Trouver suffisamment de temps pour converser avec chacun de vos enfants n'est certes pas une tâche insurmontable. Songez aux nombreux moments au cours d'une journée où vous avez un contact avec chaque enfant: quand vous l'aider à s'habiller, à se peigner, à se laver les mains, à manger.

Vous pouvez faire en sorte que chaque contact apporte une amélioration de leur langage en leur parlant de ce que vous faites. Posez-leur des questions – toujours un excellent stimulant du langage – et écoutez respectueusement les réponses de chacun. Au lieu de dire: «Michel, j'aime les boutons rouges de ta veste», demandez-lui: «Michel, de quelle couleur sont tes boutons?» Encouragez vos enfants à répondre par des phrases.

Si vous dites: «On s'est bien amusé dans le jardin, n'est-ce pas?», la réponse que vous obtiendrez se limitera à un «oui». Par contre, si vous dites: «Racontez à papa ce qu'on a fait dans le jardin», vous les inciterez peut-être à décrire les activités de la journée.

Voici quelques autres suggestions:

• Profitez des trajets en voiture pour jouer avec le langage; inventez de petites chansons, parlez d'hier et de demain, faites des rimes. Une mère que je connais a inventé une chanson sur une baleine à laquelle elle ajoutait des couplets sur ses enfants tandis qu'elle les conduisait à l'école tous les matins. Les enfants guettaient les parties les concernant et ajoutaient leurs propres mots à la chanson.

• Encouragez d'autres adultes à prendre le temps de parler à chaque enfant: les grands-parents ou autres proches peuvent être d'une aide précieuse. Débrouillez-vous pour obtenir la contribution d'autres adultes, notamment si vous estimez que votre emploi du temps ne vous permet pas d'avoir des conversations sérieuses avec chacun de vos enfants.

• Insistez pour que chaque enfant parle en son nom propre: «Tu n'auras pas de biscuit si tu ne le demandes pas toi-même.»

• Résistez à la tentation de les réprimander s'ils s'interrompent. S'ils attendent leur tour et font preuve de patience, félicitez-les. Si l'un de vos enfants interrompt l'autre, vous pouvez réagir calmement en décrivant ce que vous observez: «J'entends Charles qui essaie de parler. Mais Alain me montre son dessin. Quand Alain aura fini, ce sera au tour de Charles.»

• Faites la lecture à vos enfants tous les jours. Une histoire de quinze ou vingt minutes juste avant l'heure du coucher ou de la sieste est une excellente occasion d'enrichir votre relation avec vos enfants. Faites en sorte que ce moment soit calme et détendu. Eteignez la télévision, débranchez le téléphone et installez-vous confortablement. Vous pouvez leur faire la lecture un par un ou ensemble. Veillez à ce que chacun puisse choisir une histoire et ait la possibilité de regarder les images et de les commenter. Ce faisant, votre langage leur servira d'exemple et vous serez capable de détecter et de corriger tout malentendu ou mauvaise information qu'ils partagent. S'ils se disputent pour savoir qui s'assiéra à vos côtés, arrêtez-vous et trouvez une solution ensemble.

Souvenez-vous que le développement du langage varie considérablement d'un enfant à l'autre. Si l'un de vos enfants semble accuser un retard sur les autres, comparez son langage à celui d'autres enfants de son âge. Il peut se situer dans la tranche normale pour son âge, différant quelque peu de ses autres frères et sœurs. La plupart de ces disparités sont anodines.

Ne vous inquiétez pas à la moindre erreur de prononciation, ou encore en cas de zézaiement ou bégaiement. Ils font partie du processus d'apprentissage. Néanmoins, si vous êtes préoccupée par le langage d'un ou de plusieurs enfants, adressez-vous à leur école ou à un service psychopédagogique privé.

La première étape consiste à faire examiner l'audition de l'enfant. S'il ne présente pas de problèmes d'audition, faites évaluer le langage de tous vos enfants par un spécialiste pour vous assurer qu'aucun trouble, susceptible d'être corrigé, n'a été négligé. Si le résultat de l'examen s'avère positif, veuillez à ce que tous vos enfants comprennent les objectifs de la thérapie des troubles de la parole que vous entreprenez pour l'un ou plusieurs d'entre eux, afin qu'ils y apportent leur contribution et ne l'entravent pas.

En règle générale, le discours d'un enfant de quatre ans, qui quitte la famille pour entrer à l'école et vivre d'autres expériences sociales, devrait être suffisamment clair pour être compris.

Vos enfants de trois ou quatre ans se trouvent probablement dans la normalité en matière de développement langagier s'ils sont capables de:

- S'exprimer par des phrases de cinq ou six mots;
- Ecouter des histoires avec intérêt;
- Raconter de brèves histoires ou faire partager leurs points de vue;
- Parler d'eux-mêmes à la première personne du singulier ou du pluriel;
- Compter jusqu'à trois;
- Connaître leur nom et prénom.

COMMENT VOTRE RÔLE DE PARENT ÉVOLUE-T-IL AVEC VOS JUMEAUX ?

Durant les premières années, c'est vous qui imposez les règles et les faites respecter. Avant l'âge de deux ans et demi, peu d'enfants parviennent à les assimiler au point d'être capables de fixer des limites à leur comportement. Vous ne devez pas espérer qu'ils ne dépasseront pas les bornes. La maturité amenant une plus grande maîtrise de soi, les enfants pourront progressivement se retenir (eux-mêmes et mutuellement) d'aller trop loin.

Tous les enfants doivent apprendre à faire preuve de fair-play dans les jeux de société et les sports, à partager leurs jouets et à attendre leur tour. A cet âge, ils apprennent beaucoup de leurs compagnons de jeu et de leur fratrie. La situation est un peu plus complexe pour les jumeaux. Vers l'âge de trois ans, ils se seront probablement partagé le pouvoir de différentes manières au sein de leur relation. Ils auront joué différents rôles – meneur et suiveur, tyran et victime, citoyen modèle et anarchiste – et auront progressivement élaboré leurs propres règles de partage, de jeu à tour de rôle, de justice et d'injustice. Ils doivent à présent concilier leurs règles avec les vôtres et celles de la société et, pour ce faire, ils auront besoin de vos conseils.

Cela signifie que votre rôle évolue et n'est plus celui du surveillant que vous étiez durant les premières années. Votre rôle est désormais celui d'un entraîneur ou d'un arbitre.

Entraîneur et arbitre

En tant qu'entraîneur de vos enfants, vous définirez les règles familiales du fair-play, vous leur enseignerez les compétences requises, vous encouragerez les joueurs et vous les aiderez à franchir les étapes difficiles.

En tant qu'arbitre, vous veillerez à ce que vos enfants comprennent les règles et les conséquences en cas de transgression de ces règles. Vous arbitrerez les différends, exigerez (le cas échéant) des temps morts et infligerez des punitions si les règles ne sont pas respectées.

Entraîner et arbitrer dans le cadre familial est tout un art. Vous aurez besoin d'une bonne dose d'humour pour supporter les tentatives de vos enfants de mettre à l'épreuve vos limites et les leurs. Vous aurez besoin de souplesse et de patience. Vous devrez surtout avoir présent à l'esprit que faire fonctionner un système familial n'est pas simple. Parfois, rien ne semblera aller comme vous le souhaitez. Vous devrez vous ressaisir et essayer à nouveau. Vous permettrez ainsi à vos enfants d'apprendre d'importantes leçons, à savoir que tout le monde peut commettre des erreurs et qu'il ne faut pas baisser les bras.

Supposons que vous et vos jumeaux ayez réparti les tâches ménagères sur un tableau, mais que cela n'empêche pas les enfants de se quereller pour savoir qui doit dresser la table. Vous avez un rhume et vous commencez à avoir mal à la tête en entendant vos enfants se disputer. Ensuite, votre compagnon téléphone pour dire qu'il rentrera tard. Il se peut que vous perdiez patience et que, dans le feu de l'action, vous soyez tentée de renoncer à ce système et d'attribuer dorénavant les tâches vous-même. Même si vous pensez gagner du temps en prenant cette décision, celle-ci risque de se retourner contre vous.

Il serait préférable de dire: «Les enfants, je sais que c'est important et je veux vraiment vous aider à trouver une solution, mais, en ce moment, j'en suis incapable. Ce soir, que chacun place ses couverts et, demain, nous essaierons de résoudre le problème.»

Deux (ou plus) contre un

Vos jumeaux ont désormais dépassé l'âge critique du défi et de la résistance. Vous pouvez attendre de vos enfants qu'ils maîtrisent davantage leur comportement et qu'ils vous parlent plus de ce qu'ils aiment ou n'aiment pas plutôt que de s'exprimer par des crises de colère.

Vos enfants sont certes en pleine évolution, mais ils n'ont pas encore atteint le stade de la maturité. Réservez votre sens de l'humour pour le moment où vous serez confrontée à une double ou triple rébellion. Vos jumeaux ou triplés peuvent annoncer en chœur qu'ils détestent les spaghettis, qu'ils ne joueront pas avec leur cousin ou qu'ils ne s'habilleront pas pour la fête.

Si leur rébellion vous dérange, il faut la considérer comme une transgression grave des conventions familiales. Mais il est important de garder à l'esprit qu'il s'agit d'une expérience palpitante pour vos enfants. Ils exercent leur pouvoir collectif et vous mettent à l'épreuve d'une nouvelle manière: en équipe. Il n'y a rien de tel qu'un ennemi commun pour renforcer l'opposition. Il va sans dire que vous ne voulez pas être enfermée dans le rôle de «l'ennemi».

Examinons quelques autres attitudes négatives que vous pourriez observer chez vos jumeaux. Bien que tous les enfants de cet âge adoptent certaines d'entre elles, elles ont de quoi inquiéter lorsqu'il s'agit de jumeaux. Du fait que les enfants ont le même âge et qu'ils partagent tant de temps et d'activités, les attitudes négatives peuvent susciter des problèmes plus aigus chez les jumeaux.

Soyez attentive aux comportements suivants:

• *Autoritarisme.* Une mère de jumelles monozygotes appela un jour **Twin Services** pour poser la question suivante: «Ma fille de quatre ans régente sa jumelle du matin au soir. Elle décide même des jeux auxquels sa sœur doit ou ne doit pas participer.» Cette mère avait entendu dire que ce genre d'autoritarisme de l'un des jumeaux finissait par se résoudre de lui-même et se demandait si elle devait intervenir ou non.

S'il est vrai que les jumeaux jouent différents rôles et peuvent être dominants à tour de rôle, il vous faudra intervenir si l'un d'eux semble s'approprier plus durablement ce rôle.

Peut-être l'un de vos jumeaux a-t-il tendance à donner des ordres à l'autre, lui demandant, par exemple, de cesser de jouer avec ses chevaux pour jouer au ballon. Vous pouvez dire: «Eric, je n'aime pas t'entendre dire à Marie ce qu'elle doit faire. Marie t'a dit qu'elle voulait jouer avec ses chevaux. Si tu ne peux pas attendre qu'elle ait fini de jouer, tu devras aller jouer ailleurs.»

Si Eric s'entête, vous pouvez imposer un temps mort. S'il s'efforce de négocier avec sa sœur, félicitez-le de ses efforts.

Vous pourriez aussi dénicher un compagnon de jeu aussi autoritaire que votre petit meneur. En luttant contre un adversaire plus fort, il pourrait apprendre la valeur du compromis. De même, trouver un compagnon de jeu plus docile pour votre «suiveur» pourrait lui donner l'occasion de mener à son tour.

• *Surprotection.* Il n'est pas rare qu'un jumeau «materne» l'autre d'une façon qui pourrait sembler gentille, mais qui, en réalité, s'apparente à de la surveillance. L'un peut toujours lacer les chaussures de l'autre, lui rappeler de prendre sa veste pour aller à l'école, l'aider à boucler sa ceinture de sécurité ou encore intervenir et poser des questions avant que l'autre n'ait eu le temps de parler.

Il arrive assez souvent, dans une paire garçon-fille, que ce soit la fille qui assume ce rôle de protectrice, du fait que les filles sont généralement plus mûres que les garçons à cet âge. Dans ce cas, le déséquilibre finira par se corriger lorsque le garçon aura rattrapé le degré de maturité de sa sœur.

Néanmoins, si un jumeau semble prendre le dessus, cette attitude peut entraver le développement de l'enfant moins dynamique. Il va de soi que vous ne voulez pas décourager gentillesse et obligeance chez vos jumeaux, mais vous pouvez rappeler à la «protectrice» qu'il est des activités que son jumeau doit apprendre à faire seul, comme lacer ses chaussures ou répondre aux questions. On peut lui faire comprendre qu'elle l'aidera davantage en le laissant se débrouiller.

• *Brimades.* C'est assez naturellement que les enfants s'essaient au rôle du tyran: ils s'imposent en faisant usage de la force physique, de vexations verbales et de menaces. Avant de pouvoir communiquer verbalement, les jumeaux ont recours à l'agression physique. Vers l'âge de trois ans, cette attitude agressive a généralement fait place à une attitude plus mature.

Il arrive néanmoins que cette attitude persiste et devienne la cause d'une grande perturbation de la relation gémellaire, du fait qu'il est difficile d'y échapper. Si votre enfant a un compagnon de jeu tyrannique, il peut au moins lui échapper lorsqu'il rentre à la maison. Lorsque le tyran est son jumeau, l'enfant peut se sentir accablé. J'ai connu une petite fille qui était tellement intimidée par son frère jumeau qu'elle est devenue craintive à l'égard des autres enfants au point qu'elle avait peur de s'asseoir près de ses camarades de classe.

Si l'un de vos enfants a des manières de tyran, intervenez immédiatement. Interdisez toute intimidation. Imposez les mêmes règles aux enfants venant de l'extérieur: si l'un d'eux continue à malmener vos enfants, ne l'invitez plus à jouer avec eux.

• *Manque d'amour-propre.* Tout le monde connaît des moments de tristesse. Mais si un enfant se sent mal à l'aise tous les jours, son amour-propre en pâtit. L'enfant évite tout contact social, devient indifférent et peut même sembler renfrogné et enclin à la colère. Si vous observez une telle attitude chez l'un de vos enfants multiples, recherchez-en les causes éventuelles, y compris dans la relation gémellaire. L'enfant a-t-il suffisamment l'occasion d'agir en toute indépendance? Y a-t-il des problèmes avec d'autres membres de la famille? L'enfant se sent-il oppressé d'une manière ou d'une autre par la relation gémellaire? Entretient-il des rapports difficiles avec d'autres enfants du voisinage, à l'école?

Si vous n'êtes pas capables de déceler la cause et d'améliorer la situation assez rapidement, adressez-vous à un spécialiste. N'attendez pas que la situation se dégrade. Prenez des mesures préventives dès que possible.

SOUTENIR SES JUMEAUX EN TANT QU'INDIVIDUS ET EN TANT QU'ÉQUIPE

Il y a plusieurs années, un directeur d'école me demanda d'aider une famille dont les jumeaux de trois ans ne s'autorisaient pas mutuellement à travailler seuls. Si l'un faisait une construction à l'aide de cubes, l'autre accourait pour la renverser. Si l'un faisait un dessin, l'autre le rayait. Les parents, l'instituteur, le directeur et le psychologue de l'école avaient tout essayé pour mettre fin à cette rivalité.

Avec la mère des garçonnets, nous avons passé l'environnement familial au peigne fin pour trouver des indices. Les jumeaux avaient chacun leur lit. Je lui demandai s'ils avaient chacun leurs vêtements et jouets propres. «Non!», me soufflat-elle. «Nous rangeons tous les vêtements dans un grand panier et les jouets sont tous communs.»

Dès que je lui expliquai l'importance de la propriété pour le développement de l'identité, cette mère n'eut plus qu'une idée en tête. Elle aida ses fils à se partager les jouets et les vêtements et elle réaménagea la zone de rangement afin que chacun puisse avoir un endroit où ranger ses effets. Au bout d'une semaine, la mère et le directeur m'appelèrent pour me dire que les enfants avaient changé du tout au tout. Au lieu de se battre, ils s'étaient mis à coopérer et à collaborer à tel point que les observer était devenu un plaisir.

Si vous constatez qu'un de vos jumeaux empêche l'autre de travailler ou de jouer, faites attention. Sont-ils simplement en train de se taquiner? Cela se produit-il occasionnellement ou quotidiennement? Si cette attitude se répète régulièrement à la même heure, elle peut être liée à la faim et à la fatigue; dans ce cas, vous pouvez résoudre le problème en prévoyant des en-cas et en modifiant le programme d'activités pour qu'il inclue une période de détente en fin de journée.

Si nourriture et repos ne calment pas les esprits, il est temps d'examiner attentivement leur environnement. Assurez-vous que vos deux enfants reçoivent tout ce dont ils ont besoin pour avoir le sentiment de construire leur avenir personnel. Chacun dispose-t-il d'un espace ou d'un territoire suffisant? Ont-ils chacun un lit, des vêtements et des jouets qui leur appartiennent en propre?

J'ai constaté que l'absence de propriété et de contrôle était généralement l'élément qui déclenche ce genre d'attitude agres-sive. Mais propriété ne veut pas dire que les enfants ne peuvent pas partager ce qu'ils possèdent ou apprécier les mêmes choses. Si vos enfants veulent tous les deux une histoire de plus ou qu'ils désirent tous les deux sortir acheter une glace, rien de plus normal. Ils n'agiront pas toujours de concert. Vous ne devez pas créer des différences coûte que coûte. Si c'était le cas, vous exerceriez une pression inutile sur vos enfants et sous-entendriez que leurs similitudes posent un problème.

Réagissez à leurs différences. Je connais une famille dont les jumelles dizygotes étaient très différentes. L'une, ouverte et extravertie, dominait leurs jeux et éclipsait sa sœur, calme et recueillie. Après de nombreux conflits, leurs parents trouvèrent une formule neutre assurant que chaque fillette aurait une chance de prendre des décisions: la fillette dont l'heure de nais-sance était un chiffre pair mènerait la barque les jours pairs et celle dont l'heure de naissance était un chiffre impair dirigerait les jours impairs.

La méthode n'était pas magique. Elle n'effaça pas leurs différences, mais elle apaisa leurs conflits quotidiens et permit à chaque fillette de passer ce cap difficile d'une enfance conflictuelle.

Méthodes qui peuvent vous aider

Voici quelques suggestions supplémentaires qui vous aideront à respecter vos jumeaux en tant qu'individus et en tant qu'équipe:

• *Aidez vos enfants à parler d'eux-mêmes.* S'ils se ressemblent beaucoup, encouragez-les à dire leur prénom à leurs amis et à leurs proches. Apprenez à ces derniers à le leur demander s'ils ont un doute. Beaucoup de jumeaux me disent être habitués à la confusion des autres et préfèrent qu'on leur demande leur prénom plutôt que de faire l'objet de devinettes.

• *Passez du temps avec chaque enfant.* Vers l'âge de cinq ans, les enfants ont une meilleure notion du temps, ce qui les aidera à accepter d'attendre leur tour pour passer un moment seul avec vous. Commencez progressivement par de brefs moments en tête-à-tête: lisez-leur une histoire, allez au parc ou à la bibliothèque. Veillez à consacrer un peu de temps au deuxième enfant dès que possible. En cas d'empêchement, expliquez-lui-en les raisons et fixez immédiatement un autre rendez-vous.

Une mère de triplés m'a raconté qu'elle et son époux avaient commencé à sortir les enfants un à un quand ils avaient trois ans. «Même s'ils étaient en compagnie l'un de l'autre, les deux enfants qui restaient à la maison étaient tristes. A cet âge, ils ne comprenaient pas ce que nous faisions. Mais devant notre persévérance, ils finirent par s'habituer. Je veillais toujours à ce que ces moments en tête-à-tête fussent courts et rapprochés; ainsi, aucun ne devait attendre son tour longtemps.»

• *Faites en sorte que chaque enfant ait l'occasion d'être seul.* Veillez à ce que chacun puisse avoir l'occasion d'être seul s'il le désire. Si vous manquez d'espace, prévoyez un coin dans une pièce où chacun pourra passer du temps seul. Etablissez une règle: quiconque désire être seul peut se retirer dans ce coin sans que personne ne soit autorisé à s'interposer. Laissez-les décider de l'heure et de la manière dont ils joueront ensemble. Et, bien entendu, servez d'arbitre si nécessaire.

Il va sans dire que tout cela est plus simple quand chaque enfant dispose de sa propre chambre. Dans les familles à enfants «singuliers», un frère ou une sœur plus âgé(e) voudra avoir sa propre chambre avant l'âge de six ans; dans les familles à jumeaux, les enfants devront peut-être s'accommoder d'une même chambre. La décision de laisser ou non vos jumeaux dans la même chambre dépendra de deux facteurs: le nombre de chambres disponibles et le désir de vos enfants d'être séparés ou non. Il ne faut rien précipiter, mais si vous avez une paire garçon-fille, leur besoin d'intimité se manifestera plus tôt que chez des jumeaux du même sexe.

• *Offrez-leur des cadeaux en fonction de leurs intérêts et de leurs souhaits.* Aidez-les à dresser une liste de cadeaux pour leur anniversaire et conformez-vous à leurs demandes. S'ils veulent le même robot, achetez-en deux. Si l'un demande un robot et l'autre un ballon, offrez-les-leur. En répondant aux souhaits qu'ils ont exprimés, vous les aidez à se forger leur propre identité en fonction de leurs propres choix. Résistez à la tentation de leur donner des cadeaux différents s'ils veulent le même.

En effet, n'oubliez pas que ce sont des processus internes qui établissent leur sens de l'individualité et du respect de soi et non les objets qu'ils possèdent. Si vous et votre amie utilisez le même genre de raquettes de tennis ou portez le même type de lunettes de soleil, personne ne pensera que vous avez perdu votre individualité. Vous opérez simplement des choix similaires.

• *Laissez vos enfants choisir certains de leurs vêtements.* En choisissant leurs vêtements, les jumeaux décident s'ils vont ou non s'habiller de la même façon. Il s'agit d'une étape importante du développement du sentiment de maîtrise qu'ils ont de leur destin. En affirmant leur individualité et en analysant les effets du port de vêtements semblables ou différents, ils prennent des décisions qui renforcent leur sens du moi et leur conscience de la relation.

Si vous le pouvez, encouragez chaque enfant à choisir ses vêtements et son apparence physique, mais essayez de ne pas accorder trop d'importance au fait qu'ils se ressemblent ou non. Expliquez-leur simplement que les gens auront moins de mal à les reconnaître s'ils portent des vêtements différents et ont des coupes de cheveux distinctes.

• *Aidez vos jumeaux à canaliser leur sens de la compétition d'une manière saine.* La compétition est un aspect naturel du développement. Lorsqu'elle est compensée par un souci de l'autre et qu'elle n'est pas excessive, elle peut éveiller l'intérêt et l'esprit d'initiative. Vos jumeaux rivaliseront de plusieurs manières dès le début pour attirer votre attention, celle de leur fratrie et même pour s'asseoir sur vos genoux. Si votre réaction à cette attitude naturelle est calme et rassurante, vous montrerez à vos enfants la voie vers une relation équilibrée. Admettez leurs sentiments et posez des limites à une attitude agressive.

Si vos enfants vous accusent de favoriser l'un d'eux, demandez-leur: «Qu'est-ce qui vous fait croire ça? Que puis-je faire pour que vous vous sentiez mieux?» S'ils se disputent pour savoir qui s'assiéra à côté de la fenêtre dans le bus, demandez-leur d'établir une règle. Certaines situations se prêtent au tour de rôle; pour d'autres, il vaudra mieux jouer à pile ou face.

Lorsque vous aidez vos jumeaux à résoudre leurs conflits, n'acceptez pas l'idée que l'un d'eux puisse réussir au détriment de l'autre. Il arrivera que vos enfants aient des besoins différents, voire opposés. Pour satisfaire l'un, vous rendrez l'autre malheureux, du moins c'est ce que vous croirez. Si vous vous retrouvez empêtrée dans ce genre de situation, prenez le temps de réfléchir et envisagez d'autres solutions. Essayez de trouver un moyen pour que chaque enfant ait l'impression d'avoir gagné. Si, dans une situation inéquitable, l'enfant qui l'emporte sur l'autre semble satisfait, la leçon que vos enfants en tireront est que la réussite de l'un dépend de l'échec de l'autre, alors que vous voulez au contraire qu'ils apprennent qu'ils peuvent tous – ou tous les deux – réussir.

• *Tenez bon contre le favoritisme.* Les jumeaux sont particulièrement sensibles aux adultes qui encouragent le favoritisme parce qu'ils partagent une grande partie de leur vie quotidienne, y compris leur anniversaire. Lorsqu'un aîné a droit à un privilège, vous pouvez toujours donner une explication au cadet: «Jérôme peut rester debout jusqu'à dix heures parce qu'il est plus âgé. Quand tu auras douze ans, tu pourras aussi aller te coucher plus tard.»

Il n'en va pas de même avec des jumeaux. Ceux-ci scrutent la moindre différence de traitement. C'est pourquoi vous devrez adopter une position ferme lorsque les autres adultes négligent cet aspect. Une dame m'a raconté qu'une de ses vieilles tantes offrait des cadeaux uniquement à sa sœur jumelle. Elle en rit aujourd'hui, mais, enfant, elle avait du mal à le digérer, même si, par la suite, sa sœur partageait avec elle les cadeaux.

Si vos amis ou un membre de la famille tendent à favoriser l'un au détriment de l'autre, essayez de leur faire comprendre combien il importe qu'ils soient équitables avec tous vos enfants. S'ils continuent à favoriser l'un d'eux, envisagez sérieusement de limiter leurs rapports avec les enfants.

GESTION DU MÉNAGE AVEC DES ENFANTS DE MOINS DE SIX ANS

Les enfants de trois ans sont assez grands pour s'acquitter de certaines tâches. Ils peuvent, par exemple, vider le sèche-linge, aider à débarrasser la table, ranger leurs jouets dans des paniers ou sur des étagères.

Si on leur confie des tâches dont ils peuvent facilement s'acquitter, les enfants de moins de six ans sont très heureux de donner un coup de main. Ils adorent avoir des responsabilités et tirent profit du sentiment de satisfaction qui accompagne tout travail bien fait. Il s'agit d'un domaine où chaque enfant peut briller, notamment s'il a son mot à dire sur le travail qui lui est attribué.

Le système mis en place par la famille pour répartir les tâches ménagères évoluera. A mesure que les enfants deviendront plus compétents, leurs jouets seront plus perfectionnés, de même que le système établi par la famille pour en réglementer l'usage. Vous pouvez accrocher sur la porte du réfrigérateur une liste des tâches que chacun des enfants s'engagera à accomplir chaque semaine. Vous pouvez également prévoir un système de rotation automatique. La première semaine, c'est Jérôme qui nourrit le poisson et met les couverts dans le lave-vaisselle après chaque repas et Catherine qui va chercher le journal et aide à dresser la table. La semaine suivante, ils intervertissent les tâches.

En tant qu'entraîneur, vous leur apprendrez à nourrir le poisson, à dresser la table, à remplir le lave-vaisselle et à aller chercher le journal. Vous les aiderez s'ils éprouvent des difficultés et féliciterez chacun d'eux: «Catherine, j'aime beaucoup la façon dont tu as dressé la table ce soir», «Jérôme, tu es passé maître dans l'art de nourrir le poisson.»

Certains jours, il arrivera – croyez-moi – que quelqu'un oublie de s'acquitter de sa tâche ou rechigne à s'exécuter. Ce jour-là, l'autre enfant sera le premier à vous en informer. Et soudain, vous ferez office d'arbitre. Il y aura, d'un côté, l'enfant rétif qui refuse de nourrir le poisson et, de l'autre, l'enfant qui dénonce son frère.

Ce dernier peut se réjouir à l'idée d'avoir causé des ennuis à son jumeau ou en avoir sincèrement assez de faire son travail alors que l'autre se dérobe à ses obligations. Votre réaction sera particulièrement édifiante pour cet enfant. Si vous invitez vos jumeaux à exprimer calmement leurs souhaits et leurs senti- ments, ils apprendront à agir de la sorte sans votre intervention.

Votre nouveau rôle d'éducateur

De trois à six ans, vos enfants passeront plus de temps en dehors de la famille – chez des voisins, dans une plaine de jeux, un parc, à la crèche ou à l'école maternelle. En tant que jumeaux, ils feront l'objet d'une attention particulière et de nombreux commentaires de la part des autres.

La plupart des parents de jumeaux s'adaptent à leur statut de «célébrités»: ils l'acceptent ou s'en réjouissent même. Il n'est certainement pas simple de l'ignorer, car plus vous sortirez avec vos jumeaux, plus on vous posera de questions et plus vous entendrez de commentaires. Il arrivera même que de parfaits inconnus vous fassent tout un cours à ce propos.

La liste des questions posées par les autres parents, les instituteurs et les étrangers s'allonge et devient plus indiscrète. Même une question innocente telle que: «Sont-ce des jumeaux?» peut pousser les parents à rassembler leurs forces parce qu'elle sera invariablement suivie d'une kyrielle d'autres questions: «Sont-ils identiques? Avez-vous suivi un traitement contre la stérilité? Comment se fait-il qu'ils sont habillés de la même manière (ou différemment)?» On a même posé cette question à une mère: «Avez-vous eu trois rapports au cours de la même nuit pour avoir des triplés?»

En fonction de votre énergie et du temps dont vous disposerez dans de tels moments, soit vous ignorerez les commentaires, soit vous fournirez une réponse neutre ou encore vous retrousserez vos manches et donnerez une petite conférence sur le développement gémellaire. Toutes ces réactions sont parfaitement normales.

Si vos enfants vous accompagnent, ils entendront ces échanges et prêteront une oreille attentive à vos réponses. Peut-être leur en reparlerez-vous plus tard pour leur expliquer pourquoi vous avez tenu ce genre de propos ou les raisons pour lesquelles vous auriez préféré répondre autrement.

Ces discussions offrent un excellent terrain d'apprentissage à vos enfants, qui devront élaborer leurs propres réponses à des commentaires du même genre.

Une mère que je connais laissait ses filles de trois ans choisir leurs vêtements chaque jour pour leur permettre d'apprendre à décider seules. Les jours où ses filles s'habillaient de la même façon, elle se faisait critiquer par d'autres parents quand elle les déposait à l'école maternelle. Les gens lui disaient: «Je pensais que vous n'étiez pas censée les habiller de la même manière.»

Certains jours, elle prenait le temps de leur expliquer que ses enfants faisaient des expériences. D'autres jours, elle se contentait de sourire et passait son chemin. Elle finit néanmoins par apposer des étiquettes avec leurs prénoms sur tous les vêtements que ses filles portaient, et les critiques s'apaisèrent.

Que vous le vouliez ou non, vous aurez l'occasion de devenir un éducateur sur les questions gémellaires. Que vous parliez ou non de vos jumeaux, les autres parents vous observeront et connaîtront les habitudes de votre famille. Il s'agira alors pour vous de vous raccrocher à la réalité de votre famille et aux besoins de vos enfants de manière à leur offrir ce qui leur convient le mieux, indépendamment des commentaires d'autrui.

CHAPITRE 12

Ensemble et séparés

Vos jumeaux à partir de six ans

«Nos fils de sept ans ne cessent pas de se battre. Une grande partie de leur relation, depuis qu'ils ont six ans, est fondée sur la bagarre. Ils se disputent à propos de ce qui est juste et de ce qui ne l'est pas, de qui reçoit le plus et de qui reçoit le moins. Et ils se battent physiquement, mais sans se faire de mal. On dirait deux lionceaux.

Mais, dans toutes leurs batailles, il y a beaucoup de contacts. Dans leur relation, il y a de la taquinerie, de la joie et du réconfort, une intimité qu'on ne retrouve pas chez leurs amis.»

Les années d'école primaire – de cinq ou six ans à douze ans – peuvent être à la fois passionnantes et frustrantes dès lors que les enfants multiples, en faisant leur entrée dans le monde, se font de nouveaux amis, participent à des activités scolaires et réorganisent leurs relations avec les membres de la famille et leurs co-multiples. Ils apprennent à pratiquer le basket-ball, à jouer du piano, à faire des divisions. Ils rivalisent, se rendent mutuellement fous, puis changent d'avis et se soutiennent affectueusement.

Durant les années d'école primaire, les enfants se découvrent tout un éventail de compétences et d'intérêts. Ils relèvent les défis, par exemple en apprenant à lire, à faire des pointes ou à lancer correctement le ballon. Leur amitié peut prendre différentes formes: de l'intimité du «meilleur ami» à la camaraderie plus occasionnelle des sports d'équipe, des activités scolaires et des intérêts partagés.

Les enfants apprennent également les règles de politesse et de bienséance et comment se comporter en société. Ils apprennent à inviter et à accepter des invitations. Ils apprennent aussi – c'est inévitable – à être grossiers et à taquiner. Ils incluent les autres dans leur cercle d'amis ou les en excluent. Ces années peuvent donc blesser les sentiments de n'importe quel enfant, qu'il soit jumeau ou non.

Cette période intermédiaire de l'enfance se situe entre deux périodes de grands bouleversements: les «années nourrisson» et le développement de la sexualité à l'adolescence. C'est une période où les enfants peuvent plus aisément concentrer leur énergie sur l'acquisition de connaissances et de compétences, ce qui correspond aux activités courantes des enfants de cet âge.

Cette période peut être plus calme dans les familles à enfants «uniques». Les parents d'enfants multiples nous disent souvent que leurs enfants sont plus querelleurs et plus chamailleurs durant ces années parce qu'ils appliquent leurs nouvelles connaissances et leurs aptitudes cognitives à leur relation.

Le présent chapitre sera consacré au développement des jumeaux de six à douze ans et abordera en profondeur la question délicate de savoir s'il convient ou non de les mettre dans la même classe.

LA RELATION DE VOS JUMEAUX

A ce stade, vos enfants ont disposé de cinq ans ou plus pour établir et roder leur relation. Ils ont expérimenté diverses possibilités et combinaisons de commandement et de soumission, ont tour à tour donné des conseils ou procuré du réconfort. Ils sont généralement bons amis, mais à leur manière qui peut être soit enjouée et coopérative, soit houleuse et combative.

Conflit avant la séparation

Vers l'âge de six ou sept ans, et pendant les deux années qui suivent, les jumeaux vont souvent de querelles en querelles, aussi mouvementées que lorsqu'ils étaient nourrissons, mais généralement plus verbales que physiques. Nez à nez, les jumeaux se disputent du matin au soir. «Je déteste ton visage!», se crient-ils l'un à l'autre.

Ces explosions peuvent être dues à une rivalité féroce, à la jalousie, à des blessures d'amour-propre, à des différences dans le comportement social ou à l'abandon d'un jumeau par l'autre.

On assiste, en réalité, à la première phase d'un processus de séparation, comparable à celui qui précède un divorce. Ils s'entraînent ainsi pour la séparation plus réfléchie qui viendra à l'adolescence.

«Ils se disputent beaucoup», raconte la mère d'une paire garçon-fille de sept ans. «Il est embêtant et ne cesse pas d'ennuyer sa sœur. Ils doivent apprendre à se battre et à résoudre leurs conflits.»

D'autre part, elle dit aussi que ses enfants se soutiennent parfois mutuellement. Si l'un ne comprend pas quelque chose, l'autre le lui explique.

«Et ils jouent», ajoute-t-elle. «Ils jouent avec des poupées Barbie, avec des peluches.»

Compétition et comparaisons

La compétition, qu'elle soit sociale, scolaire ou sportive, peut se développer au cours de ces années, comme c'est le cas chez tous les frères et sœurs. Les enfants de cet âge aiment établir des règles et marquer des points. Vos jumeaux aussi, mais ils auront plus souvent que les autres enfants l'occasion de maintenir leur score. Puisqu'ils ont les mêmes activités au même moment, toute différence ou injustice perçue devient un problème majeur.

«C'est bon pour eux», nous dit une mère. «J'essaie de leur faire comprendre que la vie n'est pas juste, que l'important n'est pas de savoir qui a reçu quoi, mais si ce qu'ils ont reçu est suffisant. Les enfants de sept ans attachent beaucoup d'importance à la justice et cette tendance est exacerbée chez les jumeaux.»

Voici quelques conseils en cas de conflit:

• *Apprenez à vos enfants à gérer un conflit.* En d'autres termes, apprenez-leur à accepter qu'un certain degré de conflit est inévitable, mais qu'il existe plusieurs manières de le gérer. Les enfants peuvent apprendre à «se disputer gentiment» à propos de leurs points de désaccord et à éviter les injures blessantes.

• *Apprenez à vos enfants à construire des phrases qui commencent par «je» plutôt que par «tu».* Par exemple, félicitez vos enfants s'ils disent: «Je n'aime pas que tu entres dans ma chambre sans m'en demander l'autorisation» plutôt que: «Tu mets toujours du désordre dans mes affaires.»

• *Aidez-les à déterminer les objets qu'ils partageront et ceux qu'ils posséderont individuellement et prévoyez du «temps ensemble» et du «temps séparément».*

• *Résistez à la tentation de résoudre leurs conflits à leur place.* Il faut parfois que vous les laissiez résoudre leurs problèmes tout seuls.

• *Essayez d'aider vos jumeaux à évaluer leurs résultats scolaires par rapport aux élèves de leur classe ou de leur année et non par rapport à leur jumeau.* Aidez-les à focaliser leur rivalité sportive sur l'autre équipe ou sur le record qu'ils comptent battre plutôt que sur leur frère ou leur sœur.

LA RELATION DE VOS JUMEAUX
AVEC LES AUTRES ENFANTS

Que vos jumeaux soient dans la même classe ou non, ils doivent encore apprendre à se faire une place en tant qu'individus au niveau tant scolaire que social. Le processus de séparation et de différenciation par rapport à leur jumeau et à leurs parents se poursuit. De six à douze ans, toute une série de sujets éveilleront leur intérêt. C'est en fonction de ceux-ci et de leur personnalité qu'ils seront attirés par certains enfants et se tiendront à l'écart de certains autres. Les jumeaux dizygotes ont souvent les mêmes intérêts et ce n'est pas plus mal.

L'amitié évolue d'une manière naturelle chez les jumeaux à mesure que leurs intérêts s'étendent. Ainsi, un enfant passionné de théâtre passera-t-il plus de temps avec des enfants qui partagent la même passion, tandis que les sciences ou le sport attireront son jumeau dans une direction différente. Cette évolution de l'amitié est naturelle et saine et ne risque pas de susciter un sentiment de jalousie ou de rivalité entre les enfants multiples. Durant les années d'école primaire, les jumeaux n'auront pas que des amis communs, mais aussi des amis distincts qui «appartiendront» à l'un ou à l'autre.

A mesure que les enfants se font plus d'amis distincts, ils se créent inévitablement des occasions différentes. L'une peut avoir une amie qui l'invite dans la maison de campagne de ses parents. Il se peut que son frère jumeau soit tellement obnubilé par son championnat de volley-ball qu'il ne remarque même pas son absence. Mais s'il n'a aucun centre d'intérêt, il passera la journée à se morfondre en l'absence de sa sœur.

Les parents désirent tellement que leurs enfants soient heureux qu'ils peuvent être tentés de niveler leurs loisirs en refusant qu'un jumeau mène une activité seul ou en renonçant à leurs projets de week-end pour organiser une fête à l'attention de l'enfant qui se sent perdu.

Quoi que vous fassiez, la meilleure stratégie consiste à aider vos enfants à comprendre que la vie est faite de hauts et de bas et que tout le monde n'a pas les mêmes occasions de s'amuser au même moment. Encouragez vos enfants à saisir celles que leur offre la vie et encouragez-les à s'amuser s'ils en ont l'occasion, que ce soit ensemble ou séparément.

L'avantage d'être jumeaux

Les jumeaux sont particulièrement bien préparés à entrer dans la société. L'expérience qu'ils ont de l'équilibre changeant de leur propre relation au sein de la famille les avantage, de même que le réconfort et la confiance qu'ils puisent l'un dans l'autre.

«Socialement, ils avaient un avantage sur les autres», dit une mère de ses fils. «N'étant jamais seuls, il était très naturel pour eux de se faire des amis. Les autres enfants étaient curieux et voulaient se lier d'amitié avec eux. Ils ont tiré profit de leur gémellité pour se faire des amis.»

Lorsque les jumeaux sont très différents l'un de l'autre, ces disparités peuvent les aider à élargir leur horizon social. Une mère de garçons dizygotes raconte: «Grâce à son frère plus extra-verti, l'autre, plus calme, est davantage impliqué dans la société qu'il ne l'aurait été s'il n'avait pas eu un frère comme le sien.»

La difficulté d'être jumeaux

Le fait d'être jumeaux peut néanmoins entraver ou compliquer le développement social. Les autres enfants peuvent, par exemple, ne pas traiter les jumeaux en tant qu'individus et les associer comme s'ils n'étaient pas des êtres humains à part entière. Les parents veulent que les autres respectent la relation unique qui lie leurs enfants, mais ils veulent aussi qu'on les considère comme des individus.

Par ailleurs, la compétition sociale (comme tous les autres types de compétition) peut poser un problème. C'est particu-lièrement le cas lorsque des proches ou d'autres personnes mettent l'accent sur les différences entre les enfants ou vantent les réussites d'un enfant au détriment de l'autre. Des sentiments de rivalité, de jalousie, d'exclusion peuvent être plus douloureux qu'ils ne le seraient pour d'autres frères et sœurs en raison de l'intimité et du lien extraordinaires qui existent entre les jumeaux. Cela peut poser un grave problème si l'un des enfants est manifestement plus extraverti que l'autre.

Parfois des enfants plus âgés feront de jumeaux plus jeunes leurs «chouchous», les invitant à manger à leur table ou à jouer avec eux à la récréation. Même si vos jumeaux se délectent de leur statut et de l'attention que leur portent les autres enfants, ils doivent aussi avoir l'occasion de jouer avec leurs camarades de classe. Si ce n'est pas le cas, demandez à un instituteur d'en-courager vos enfants à participer à des activités avec des enfants de leur âge.

Fêtes d'anniversaire et autres imprévus

La question des invitations individuelles pose un problème aux jumeaux. Avant l'âge de cinq ou six ans, les jumeaux ont du mal à comprendre les raisons d'une invitation adressée à un seul membre du groupe, en particulier s'ils sont du même sexe. Une fois qu'ils sont à l'école primaire, la plupart des jumeaux sont assez mûrs pour comprendre que les deux ne seront pas nécessairement invités aux mêmes événements sociaux.

Les fêtes – et notamment les fêtes d'anniversaire – peuvent être source de grande joie, mais également de tension et de peine dans les familles ayant des jumeaux. Ces cassettes vidéo, où l'on voit trois gâteaux portant chacun trois bougies, sont sans aucun doute épatantes. Mais au fil des ans, la question se posera de savoir si on fêtera les anniversaires ensemble et qui on invitera.

Il est souvent possible d'organiser une fête en satisfaisant tout le monde. «Je voulais qu'ils fêtent leur anniversaire séparément», nous dit une mère d'un garçon et d'une fille de deuxième année primaire. «Certes, je voulais que les gens respectent leur couple, mais aussi leur individualité et leurs intérêts distincts. Il y avait beaucoup d'invités communs sur les listes, mais chacun avait eu l'occasion d'inviter ses propres amis.»

Une autre mère qui avait toujours préparé des fêtes communes pour son fils et sa fille accepta d'organiser deux fêtes distinctes pour leurs sept ans. Mais ses enfants se mirent à changer d'avis, désirant un jour partager la même fête et, le lendemain, voulant deux fêtes séparées.

Les jeunes jumeaux éprouvent fréquemment des difficultés à bien comprendre que la société des enfants uniques n'est pas adaptée aux duos ou aux groupes. Une invitation est généralement adressée à un seul ami, mais lorsque l'hôte connaît la famille, les jumeaux ou tous les enfants multiples seront souvent invités. «J'apprécie vraiment l'offre, que les deux enfants l'acceptent ou non», nous dit une mère.

On peut probablement éviter ce genre de problèmes en connaissant les parents des amis de ses enfants et en expliquant aux instituteurs de l'école maternelle et primaire comment éviter ces situations délicates.

Les parents de l'enfant qui invite peuvent ne pas savoir que l'invité a un jumeau. Lorsque mes filles étaient confrontées à pareille situation, je parlais généralement avec les parents et leur expliquais le problème; s'il s'agissait d'une fête informelle, comme une fête d'anniversaire dans le jardin, l'autre jumelle était, la plupart du temps, également invitée.

Certaines situations peuvent être négociées de sorte que les deux enfants puissent prendre part à la fête sans abuser de la générosité des hôtes. Les parents peuvent, par exemple, proposer de surveiller les enfants ou de servir de chauffeurs.

Après six ans, les jumeaux commencent généralement à élargir leur horizon et à se lier d'amitié avec des personnes distinctes. Ils devraient désormais être en mesure de comprendre qu'une invitation puisse être adressée uniquement à l'un d'eux. Vous pouvez leur expliquer que les invitations sont généralement adressées à une seule personne et non à un groupe. Un jumeau peut être invité cette semaine, l'autre le sera une prochaine fois.

Des enfants multiples du même sexe peuvent avoir du mal à comprendre qu'une invitation ne les concerne pas tous. Des enfants multiples de sexe différent peuvent être mieux à même d'accepter l'idée de fêtes et de sorties entre garçons ou entre filles.

«La semaine dernière, Christine a été invitée à une fête entre filles», raconte la mère d'enfants de deuxième année. «C'est la première fois que les jumeaux n'étaient pas invités ensemble. Antoine était triste à l'idée de rater quelque chose, mais quand nous lui avons expliqué qu'il n'y aurait que des filles, il a compris.»

Ce jour-là, le père d'Antoine s'efforça de prévoir une activité à laquelle Antoine voulait vraiment s'adonner, en l'occurrence aider son père à rénover une maison. Le tout était de choisir une activité qui semblait prévue rien que pour lui.

Si des vies sociales distinctes sont à l'origine de souffrances, elles offrent aussi des occasions heureuses. Lorsque les vies sociales des jumeaux commencent à diverger, les parents peuvent davantage se consacrer à des activités en tête-à-tête avec chaque enfant.

DÉVELOPPEMENT PHYSIQUE ET INTELLECTUEL
Développement physique

Les enfants de six ans se sentent à l'aise dans leur corps. Leur poids et leur taille varient, mais l'accélération de la croissance, typique de l'adolescence, n'a pas encore commencé. Si vos jumeaux étaient petits à la naissance et que, plus tard, leur poids et leur taille soient inférieurs à ceux des autres enfants de leur âge, ils devraient désormais avoir comblé leur retard ou le rattraperont dans un an ou deux.

Avant la fin de l'école primaire, les filles dépassent généralement les garçons en taille et en poids, une situation qui consterne tant les filles plus grandes que les garçons plus petits. Chez les jumeaux garçon-fille, cette différence de taille peut poser problème, notamment quand ceux-ci ont des amis et camarades de classe communs, susceptibles de remarquer cette disparité et de faire des commentaires à ce sujet. Le mieux que les parents puissent faire est de continuer, comme auparavant, à accepter et à soutenir leurs deux enfants, à admirer leurs qualités propres et à leur assurer que leur croissance est normale et que la différence s'estompera à l'adolescence.

La coordination des mouvements peut varier considérablement, notamment chez des jumeaux dizygotes; les aptitudes physiques peuvent, dès lors, ne pas être les mêmes. Un jumeau peut être souple et très bon joueur de football et l'autre, pas du tout.

Vers l'âge de cinq ou six ans, les enfants sont très impatients de perdre leur première dent et d'avoir droit aux éloges et récompenses qui accompagnent cet événement. Les jumeaux monozygotes perdent souvent leurs dents de lait en même temps; ce n'est pas toujours le cas des jumeaux dizygotes.

En règle générale, les enfants qui entrent à l'école primaire commencent à prendre soin d'eux-mêmes et ce, de différentes façons. Ils peuvent boutonner leur manteau et lacer leurs chaussures. Ils n'ont plus besoin de faire la sieste l'après-midi. La plupart vont aux toilettes seuls et les incidents sont rares. Il peut arriver qu'un enfant se remette à faire pipi au lit pendant une période de tension. Si la cause est physiologique, il est probable que, dans le cas de jumeaux monozygotes, l'autre en sera également affecté. Si un jumeau monozygote fait pipi au lit et l'autre pas, cela peut être révélateur d'une tension inhabituelle dans la vie de cet enfant.

Développement intellectuel et développement du langage

Durant ces années, l'école modifie la manière dont les enfants acquièrent des connaissances. Ils ne se limitent plus à leur expérience immédiate et à leurs jeux. Désormais, ils tirent également profit de l'enseignement de leurs instituteurs, des projets de leur classe, de textes et autres livres, de la télévision et des autres enfants.

La capacité des enfants à distinguer le vrai du faux s'est affinée. La pensée abstraite et l'utilisation de symboles sont encore rudimentaires au cours des premières années d'école primaire, mais se préciseront à l'approche de l'adolescence.

C'est ce que Piaget a appelé «le stade opératoire concret» du développement cognitif. Les enfants peuvent classer des objets par catégories et se servir de la logique dans le domaine pratique. Ils peuvent comprendre et appliquer des règles, qu'il s'agisse de mathématiques, de grammaire, de football ou de répartition des tâches ménagères. Mais ils n'ont pas tendance à penser en termes abstraits à des concepts qui dépassent leur expérience.

En fait, l'adoption de règles et le respect de celles-ci comptent parmi les priorités des enfants de cet âge. Dans quelques années, ils philosopheront sur le sens et l'éthique de ces règles, mais, à ce stade-ci, ils les observent.

L'idée communément répandue que les jumeaux sont désavantagés intellectuellement a-t-elle un fondement? Les aptitudes des enfants varient considérablement; celles de vos jumeaux varieront aussi. S'ils sont monozygotes, leurs résultats scolaires seront plus semblables que s'ils sont dizygotes. Il est probable que les capacités linguistiques et de lecture seront différentes chez les paires de jumeaux garçon-fille.

Certaines études, mais pas toutes, montrent que les jumeaux lisent moins bien que les enfants uniques; dans la plupart des cas, ce retard est lié à leur faible poids à la naissance et non à leur situation gémellaire.

Néanmoins, il est prouvé que les résultats des tests de lecture d'un jumeau sont moins bons que ceux d'une jumelle ou d'un enfant unique, peut-être en raison du syndrome du déficit de l'attention, qui touche davantage les garçons et les jumeaux que les filles et les enfants uniques.

Les parents s'inquiètent des différences de capacités intellectuelles chez leurs jumeaux. En revanche, il peut parfois aussi être stimulant pour des jumeaux d'avoir des aptitudes très similaires. S'ils sont dans la même classe, ils auront les mêmes devoirs et devront peut-être faire preuve d'ingéniosité pour présenter des travaux distincts. Mes filles veillaient à choisir des livres différents pour leurs rapports. Elles s'efforçaient parfois aussi de choisir des sujets de dissertation distincts; sinon, leur travail eût été parfaitement identique.

Il est difficile d'éviter de comparer deux enfants qui sont au même niveau ou dans la même classe. Lorsque des jumeaux présentent des dons intellectuels similaires, la moindre différence peut revêtir pour eux une importance extrême. Je connais une jumelle monozygote qui a eu 97% à un test de mathématiques. Quand elle apprit que sa sœur avait eu 98%, elle s'écria: «J'ai toujours su que j'étais nulle en maths.»

Il peut être douloureux pour des jumeaux, et pour des jumeaux monozygotes en particulier, que l'un d'eux soit inscrit à un cours de perfectionnement et l'autre pas. En général, lorsque c'est le cas, cela n'est pas imputable à une différence de capacités des enfants, mais à des évaluations différentes par des instituteurs différents.

Vos jumeaux à l'école : ensemble ou séparés ?

«Nos fils semblent très indépendants et jouent séparément à l'école, mais cette indépendance repose, en grande partie, sur la sécurité de leur présence mutuelle. D'une part, nous voudrions les séparer pour éviter que leur présence mutuelle ne les empêche d'apprendre; d'autre part, il semble très difficile de leur imposer deux changements considérables en même temps. Ce n'est certes pas une décision facile à prendre.»

L'inquiétude de ces parents est celle de milliers d'autres parents de jumeaux en âge d'entrer à l'école. Ils pressentent, à juste titre, que la décision de placer leurs enfants dans la même classe ou dans des classes distinctes est cruciale. En fait, elle est l'un des événements les plus importants de l'extension de l'environnement social de leurs enfants (après l'école maternelle ou la garderie) et annonce une séparation majeure par rapport aux parents et à la maison. Il n'est donc pas étonnant que les parents et les directeurs d'école y accordent une telle importance.

Mais cette décision si difficile est encore compliquée par la persistance d'un mythe chez l'homme de la rue et et chez certains directeurs d'école.

Le conseil classique : «Séparez-les pour leur bien»

Quand on observe le processus éducatif des jumeaux, c'est dans le domaine du placement scolaire que la mythologie joue le plus grand rôle. Peut-être est-ce parce que bon nombre de directeurs d'école croient et perpétuent le mythe selon lequel il est préférable de placer des jumeaux dans des classes distinctes quels que soient leur âge et leur stade de développement.

Au cours des vingt dernières années, je me suis entretenue avec des centaines de directeurs d'école à propos du placement scolaire des jumeaux. Tous m'ont répété que les psychologues encourageaient le placement des enfants multiples dans des classes séparées, mais aucun n'a jamais pu me fournir la moindre référence. Je n'ai moi-même jamais trouvé aucune preuve, dans les ouvrages sur le sujet, qu'une séparation précoce était bénéfique.

En revanche, certains chercheurs encouragent les parents à inscrire leurs jumeaux dans la même classe. Au début, lorsqu'ils s'acclimatent à l'école, leur relation est un atout trop important pour ne pas être pris en compte.

Lorsque vous décidez du placement scolaire de vos enfants, votre objectif n'est pas de prouver qu'ils peuvent être d'emblée indépendants l'un de l'autre, mais d'opérer les meilleurs choix pour eux en tant qu'individus sans nuire à leur relation.

La séparation forcée de jumeaux qui se sentiraient plus confiants ensemble n'est pas seulement difficile à vivre pour eux; elle leur envoie aussi un message négatif. Une jumelle de six ans dont le directeur voulait absolument la séparer de sa sœur lui a demandé: «Sommes-nous mauvaises parce que nous sommes jumelles?»

Pourquoi, alors, cette pratique persiste-t-elle? Il y a, selon moi, trois raisons essentielles. Premièrement, le personnel enseignant croit que séparer des jumeaux fait d'eux des enfants comme les autres. Ainsi, l'école ne sera pas confrontée à des «problèmes gémellaires», tels que compétition, crânerie et fanfaronnade.

Deuxièmement, le personnel enseignant est convaincu que la séparation physique favorise l'indépendance et qu'il est dès lors préférable de commencer le plus tôt possible.

Troisièmement, les responsables d'école réagissent peut-être d'une manière exagérée à l'usage, courant il y a quelques générations, d'habiller et de traiter les jumeaux de la même façon pendant leur scolarité. La séparation à l'école était considérée comme un moyen de contrecarrer la dépendance excessive entretenue dans certaines familles. Il y a eu, en effet, des cas de jumeaux dont la relation était pathologiquement forte et qui ont tiré profit d'une séparation. Mais il s'agissait là de rares cas où les jumeaux étaient élevés dans des familles peu équilibrées; appliquer la même politique à des enfants normaux n'a aucun sens.

D'autre part, certains instituteurs peuvent refuser d'accueillir des jumeaux dans leur classe parce qu'ils craignent de les contrarier en ne parvenant pas à les distinguer.

De quels éléments faut-il tenir compte lorqu'on décide du placement scolaire de ses jumeaux?

Il importe que vous ayez présent à l'esprit que la relation gémellaire n'est pas un «problème» et que vous ne posez pas de «problèmes» à l'école lorsque vous insistez pour que vos enfants aient droit au traitement qui leur convient le mieux.

Lorsque vos enfants entrent à l'école, la relation qui les unit l'un à l'autre est bien établie: il s'agit d'un lien solide qui peut leur procurer un merveilleux sentiment de sécurité.

Pour un enfant, une classe c'est un monde. Vous rappelez-vous la taille que semblait avoir votre classe quand vous aviez cinq ans? Peut-être vous accrochiez-vous aux basques d'un ami jusqu'à ce que vous ayez commencé à connaître d'autres enfants.

Comme il serait merveilleux que vos jumeaux puissent entrer dans la classe en compagnie de leur(s) meilleur(s) ami(s). Imaginez comme il doit être effrayant de quitter ses parents et la sécurité du nid, mais aussi leurs autres frère et sœur jumeaux. Beaucoup d'enfants multiples sont effectivement traumatisés par une séparation forcée à un âge où les enfants sont très vulnérables.

A Twin Services, chaque année, des parents nous parlent des signes de tension que manifestent leurs enfants quand ils sont séparés. Ils se montrent agressifs, font pipi au lit, ne parlent plus, deviennent soudainement timides, nerveux, s'accrochent, sont anxieux et éprouvent des difficultés à apprendre en classe.

Des parents demandèrent que leurs jumelles soient placées dans la même classe depuis que l'une d'elle avait clairement montré qu'elle souffrait de la séparation. L'école refusa de placer les sœurs ensemble, mais envoya l'enfant en difficulté chez un psychologue.

Je me souviens d'un cas où des jumeaux monozygotes furent séparés en première année parce que c'était la politique de l'école. Un mois plus tard, l'un des garçonnets perdit tous ses cheveux. Les médecins ne purent déterminer la cause médicale, mais, selon eux, le stress pouvait être un facteur déclenchant. Finalement, un psychiatre suggéra de replacer les enfants dans la même classe. L'école accepta et, après une semaine, les cheveux de l'enfant se remirent à pousser.

Rares sont les parents qui nous contactent pour nous dire que leurs jumeaux souffrent d'être ensemble pendant les premières années d'école. Au contraire, les jumeaux qui sont ensemble paraissent profiter de la sécurité que procure la présence de l'autre. On nous parle souvent de jumeaux qui s'acclimatent aisément lorsqu'ils sont placés ensemble, qui s'impliquent rapidement dans les groupes de travail et de jeu avec les autres enfants.

Même les jumeaux dont les capacités et la personnalité sont très différentes semblent tirer profit d'un placement initial dans la même classe. C'est aussi le cas lorsque les jumeaux rivalisent l'un avec l'autre; la séparation n'est pas toujours la réponse adéquate à une rivalité exacerbée.

Voici nos conseils:

• Placez vos jumeaux ensemble quand ils entrent à l'école, à moins que vous n'ayez la certitude absolue – grâce à un placement indépendant réussi à l'école maternelle – que leur relation est mûre pour accepter une séparation quotidienne.

• En cas de doute, placez-les ensemble. Si l'expérience n'est pas concluante, les problèmes seront plus faciles à résoudre qu'en cas de séparation forcée.

• Lorsque des jumeaux monozygotes sont placés dans la même classe, prenez quelques mesures simples pour aider l'instituteur et les autres élèves à les distinguer et à les appeler par leur prénom. Des étiquettes avec leur prénom au début de l'année ou des couleurs spécifiques pour chaque enfant font généralement l'affaire.

En définitive, la décision devrait dépendre des circonstances et de la personnalité des enfants. Une mère de deux paires de jumeaux monozygotes plaça ses filles dans des classes maternelles distinctes parce que c'était la politique de l'école. Ses filles n'y virent pas d'objection. Elles s'en sortirent très bien. Deux ans plus tard, lorsque ses fils entrèrent à l'école maternelle, elle demanda qu'ils fussent placés ensemble.

«Les enfants étaient si unis à cet âge que je voulais qu'ils restent ensemble», dit-elle. «Ils étaient inquiets lorsqu'ils se perdaient de vue. C'est comme si quelque chose leur manquait. Et ça les troublait. Il faut leur donner ce dont ils ont besoin en fonction de leur individualité.»

Comment faire face à des responsables d'école peu compréhensifs ?

Les habitudes en ce qui concerne le placement des jumeaux peut varier d'une école à l'autre.

Si, on a dans votre école, l'habitude est de séparer les jumeaux alors que vous voulez les placer ensemble, la première chose à faire sera simplement d'introduire une demande auprès de la direction de l'école. Certains responsables accepteront de déroger à la règle si les parents le leur demandent.

Il est parfois préférable de se mettre d'abord en contact avec un instituteur compréhensif, un conseiller pédagogique, un psychologue ou tout autre membre du personnel enseignant qui vous épaulera dans vos démarches administratives.

Si le directeur de votre école insiste pour séparer les enfants, vous pouvez demander à leurs instituteurs de faire en sorte qu'ils se voient durant la journée. Ils pourraient jouer ensemble à la récréation ou se rejoindre pour le déjeuner. Néanmoins, cette solution devrait être provisoire; à long terme, il serait préférable que vos enfants mettent à profit l'heure du déjeuner et celle de la récréation pour élargir leur horizon social et partager des activités avec d'autres enfants.

En dernier ressort, envisagez d'inscrire vos enfants dans une école privée plus compréhensive ou dans une école publique d'une ville voisine.

Une dernière question que vous devriez vous poser est de savoir si vos enfants sont prêts à entrer à l'école. Depuis quelques années, on a tendance à reporter l'entrée des enfants en première année si ceux-ci sont immatures ou accusent un retard de développement. Les garçons, en particulier, bénéficient souvent d'une année supplémentaire avant d'entrer en première année, de même que les enfants nés en automne et qui sont, dès lors, les plus jeunes.

Si l'un de vos jumeaux semble prêt et que l'autre l'est moins, vous serez confrontée à un dilemme. Faut-il les faire commencer ensemble et espérer que le plus lent rattrapera son retard? Faut-il en faire commencer un en première année et attendre un an de plus pour l'autre? Ou remettre leur entrée en première année à l'année suivante?

Dans ce genre de situation, il serait peut-être profitable pour vos enfants d'attendre et de commencer ensemble l'année suivante. Une année supplémentaire d'école maternelle peut être enrichissante et productive pour celui des deux qui est plus avancé. Et faire commencer vos enfants ensemble quand ils seront prêts tous les deux réduit les risques que l'un d'eux ne redouble plus tard (nous examinerons ce point plus loin dans ce chapitre).

L'importance de réévaluer la situation chaque année

Une fois que vos jumeaux se seront adaptés à l'école, vous saurez mieux s'ils doivent ou non être placés dans des classes séparées. Chaque année, posez-vous la question de savoir si vos jumeaux tireront profit d'être dans la même classe ou non. Cette évaluation tiendra compte de l'avis de l'école et des souhaits des enfants.

A mesure que vos enfants avanceront dans leur parcours scolaire, ils pourraient, à un moment donné, émettre le souhait d'être placés dans des classes distinctes. Il s'agit d'une évolution naturelle de leur relation, en particulier s'ils ont été autorisés à commencer leur parcours scolaire dans la même classe.

Lorsque leurs parents les interrogent, il peut arriver qu'un jumeau demande à être dans une classe séparée et l'autre non.

Dans ce cas, il est important de s'interroger sur les raisons de cette divergence. L'un se sent-il accablé par la responsabilité qu'il a de son jumeau? Répète-t-il ce qu'il a entendu dire autour de lui, à savoir que les jumeaux sont censés être séparés?

Dans ce genre de situation, il est généralement préférable de ne pas les séparer. Celui qui demande à être séparé peut changer d'avis. Et même si vos enfants sont dans la même classe, un instituteur éclairé peut être sensible au besoin d'«espace» manifesté par vos enfants et veiller à ce qu'ils s'occupent de projets distincts ou soient assis à des tables différentes.

Dans les cas où un des jumeaux est prêt pour son intégration sociale et l'autre pas, il est important d'aider les enfants à équilibrer leur relation. Le placement dans une même classe avec un instituteur bienveillant peut permettre aux enfants d'adapter leur relation afin qu'elle tienne compte de leurs différences et de leurs points forts sans que l'un se sente responsable de l'autre.

Ainsi, un instituteur qui a une bonne approche des différences entre les deux enfants peut faire sortir le plus timide de sa coquille et l'orienter vers des activités et des amitiés plus adéquates. Le jumeau plus sociable peut se sentir libre de se faire des amis et ne pas avoir l'impression d'être responsable de la vie sociale de son jumeau.

Une séparation, dans un cas de ce genre ou dans d'autres circonstances où les différences entre jumeaux sont importantes, pourrait sous-entendre que seul un jumeau est capable de réussir et ce, au détriment de l'autre.

Quand la séparation est la meilleure des solutions

Bien que je recommande vivement de placer des jumeaux ensemble en première année, il est des situations où il apparaît clairement qu'il vaudra mieux pour eux, dans leur propre intérêt, les placer dans des classes distinctes et ce, même dès l'école maternelle.

Voici quelques scénarios possibles:

• Lorsque les deux enfants ou tous les enfants en font eux-mêmes la demande;

• Lorsqu'ils ont des personnalités ou des aptitudes très différentes et qu'un jumeau doit payer un prix émotionnellement trop élevé pour essayer de se maintenir au niveau de l'autre;

• Lorsqu'on craint que les jumeaux ne soient enfermés dans des rôles distincts susceptibles de les brimer.

Une mère nous raconte l'expérience positive qu'elle a vécue avec son fils et sa fille. «Je pense que ça fonctionne à merveille», dit-elle du placement de ses enfants. «Ils sont désormais dans deux écoles maternelles différentes. Avant cela, ils avaient chacun un rôle clairement défini: l'un était le "sociable" et l'autre l'"intellectuel". Lorsqu'ils sortaient de leur rôle, ils étaient intimidés. Maintenant qu'elle est dans une classe distincte, ma fille est capable de répondre aux questions sans avoir l'impression que son frère l'attend au tournant et qu'il connaît la bonne réponse avant elle. Et mon fils, qui est moins sociable, peut sortir et se faire des amis tout seul.»

«Mes enfants sont très proches, mais totalement différents», ajoute-t-elle. «Il était tellement évident que le rôle de l'un était de se faire de nouveaux amis et celui de l'autre d'apprendre. Maintenant qu'ils sont séparés, ils sont à même de développer leurs compétences respectives.»

Quand un des jumeaux est promu et que l'autre redouble

L'école peut parfois conseiller aux parents de laisser passer dans la classe supérieure l'un des jumeaux et de faire redoubler l'autre. C'est un aspect particulièrement délicat de la question du placement scolaire. Il est difficile de justifier la promotion d'un jumeau qui n'est pas à la hauteur, mais faire redoubler l'un des deux exerce une forte pression sur la relation gémellaire.

Avant de décider que la séparation est la meilleure solution, nous vous conseillons d'examiner les raisons de cette recommandation.

Souvent, les jumeaux se trouvent dans une classe normale pour leur âge, mais, dès lors que l'un est en avance sur l'autre, les instituteurs réagissent d'une manière exagérée et pensent que le jumeau plus lent ne sera pas capable de relever le défi. Il est assez fréquent que le jumeau «plus lent» soit le garçon d'une paire garçon-fille. Il peut accuser un retard par rapport à sa sœur, mais il est important de le comparer aux autres garçons de son âge. Est-il dans la moyenne? Et même s'il accuse un léger retard, pourra-t-il le combler dans quelques années comme le font la plupart des petits garçons?

Dans des cas comme celui-ci, le fait de mettre les jumeaux dans deux années différentes peut représenter une solution permanente à un problème temporaire. Il est courant que les garçons mûrissent moins vite que les filles. Ils les rattrapent souvent avant l'âge de douze ans. Cela dit, il me paraît dommage de donner à des jumeaux une étiquette intellectuelle permanente (l'intelligente, le nigaud) alors que leurs différences peuvent s'estomper d'elles-mêmes.

Le redoublement est difficile à vivre pour un enfant seul (et des études récentes suggèrent qu'il en est fait un usage abusif). Chez des jumeaux, le fait d'en promouvoir un et de faire redoubler l'autre est particulièrement pénible. Un enfant unique peut se faire à l'idée, et le redoublement finira par être plus ou moins oublié au fil des ans. Mais des jumeaux seront sans cesse comparés (avec les questions et les jugements inévitables qui en découlent) à mesure qu'ils avanceront à l'école primaire et secondaire. En dépit des efforts des parents, on aura tendance à considérer le redoubleur comme le «nigaud», même si son retard de développement s'est fortement réduit.

Lorsque l'école suggère cette solution, les parents peuvent rencontrer le personnel enseignant et lui demander des précisions. L'enfant «plus lent» est-il moins mûr uniquement en termes de compétences scolaires et de comportement? La différence entre les jumeaux est-elle importante? Les deux enfants sont-ils dans la moyenne? Comment peut-on aider (à part le redoublement) le jumeau qui accuse un retard?

Nous recommandons de faire tout ce qui est possible pour garder les enfants dans la même année. Une aide supplémentaire, que ce soit dans le cadre de l'école ou à titre privé, est peut-être à conseiller. Dans ce cas, deux classes séparées pourraient être la meilleure solution.

En dernier ressort, envisagez de placer vos enfants dans la même année, mais dans des écoles différentes si c'est l'unique manière de leur donner l'enseignement dont ils ont besoin sans en faire redoubler un des deux. Plus tard, s'il s'avère que le retard de développement a pu être comblé, vos enfants pourront être réunis dans la même école.

CHAPITRE 13

Grandir et partir
Vos enfants multiples à l'adolescence

«La première réflexion que je me suis faite quand elles sont nées deux mois avant terme n'était pas "survivront-elles?" mais "comment survivrai-je avec deux filles qui auront treize ans en même temps?" J'ai survécu. Elles ont aujourd'hui quinze ans», dit une mère.

Une autre mère raconte: «Elles n'arrêtent pas de se chamailler. Quand c'est comme ça, je sors. Hier soir, leur dispute a été si violente que l'une de mes filles m'a demandé si elle pouvait aller dormir dans la voiture.»

Et une troisième ajoute: «Elle est en train de dessiner sa robe pour le bal de la promotion et essaie de convaincre son frère de l'y accompagner parce qu'elle pense qu'il serait très beau dans un smoking. Jusqu'à présent, il s'y oppose. Cela m'amuse beaucoup!»

Entre douze et vingt ans environ, vos enfants changeront d'une manière aussi spectaculaire qu'ils le firent durant leur prime enfance quand, du jour au lendemain, leurs vêtements devenaient trop petits ou qu'ils acquéraient de nouvelles aptitudes.

De nouveau, vos enfants se métamorphoseront sous vos yeux – les garçons se changeront en hommes et les filles en femmes – d'une manière qui, tout à la fois, vous surprendra, vous effraiera et vous enchantera. Tous les enfants traversent plusieurs étapes prévisibles au cours de ce processus et s'efforcent d'acquérir les mêmes compétences. Mais les efforts que doivent fournir les enfants multiples sont encore plus difficiles.

Le présent chapitre sera consacré à la nature de plus en plus complexe de la relation gémellaire durant cette étape du développement et à la manière dont l'adolescence modifie les relations sociales, scolaires, familiales, parents-enfants et la relation gémellaire elle-même. Nous vous expliquerons comment les parents peuvent surmonter cette période de troubles et de changements inévitables et guider utilement vos adolescents vers l'âge adulte.

Il convient de commencer par examiner les différentes étapes de l'adolescence. Bien que vos enfants changent d'année en année (et parfois même de semaine en semaine), les spécialistes s'accordent généralement à penser que les deux étapes correspondant respectivement au début et à la fin d'adolescence sont suffisamment distinctes pour être analysées séparément.

Un enfant n'est pas l'autre, mais, en règle générale, on considère que la prime adolescence s'étend de douze à quinze ans, tandis que l'adolescence tardive va de seize ans environ à vingt et un ans ou plus.

Le premier stade se caractérise par les changements spectaculaires de la puberté. Généralement, mais pas toujours, un enfant de onze ans se comporte comme un enfant. Dans les années qui suivent, son corps se transforme et devient celui d'un homme ou d'une femme.

Ce corps d'adulte est encore habité par un enfant, c'est-à-dire par quelqu'un dont le jugement, l'expérience et la maîtrise de soi ne sont pas encore pleinement développés. Vers l'âge de quinze ou seize ans – le début de l'adolescence tardive –, les adolescents commencent néanmoins à mûrir. Non seulement ils ont l'air d'adultes, mais ils ont tendance à se comporter comme tels.

Le premier stade de l'adolescence est souvent marqué par le conflit et le repli sur soi. Les adolescents de cet âge ont des hauts et des bas sur le plan émotionnel, se disputent vivement avec leurs parents, claquent les portes et remettent en question les règles et les attentes de ces derniers. Passé ce cap, les adolescents se calment et rétablissent souvent avec leurs parents des rapports plus réfléchis.

LA RELATION GÉMELLAIRE À L'ADOLESCENCE

Si le rôle de l'adolescent consiste à se séparer psychologiquement de ses parents et à devenir un adulte indépendant, celui des jumeaux adolescents est double: ils doivent se séparer de leurs parents, mais aussi de leur(s) co-multiple(s). Dans tous les cas, une relation étroite, qui fut jadis enrichissante et précieuse, doit changer: elle ne doit pas s'achever, mais évoluer vers un stade plus mature.

En d'autres termes, vos enfants multiples doivent s'atteler, durant l'adolescence, à une tâche plus complexe que les autres enfants. Ils doivent d'abord marquer leur différence par rapport à leurs parents, à l'instar de tous les adolescents, et ensuite redéfinir leur relation gémellaire pour affirmer leur différence par rapport à leur jumeau.

Il arrive souvent que des enfants qui appréciaient d'être ensemble à l'école primaire et aimaient être perçus comme des jumeaux changent au cours de la prime adolescence. Tantôt vos jumeaux voudront être proches l'un de l'autre, tantôt ils voudront être séparés. Tantôt ils s'entendront à merveille et s'amuseront ensemble, tantôt ils se rendront mutuellement fous. Parfois (plus fréquemment durant la prime adolescence), ils s'imiteront l'un l'autre, parfois ils s'habilleront et se comporteront d'une manière qui soit la plus différente possible pour marquer leur individualité.

Il peut être difficile de se singulariser longtemps sur le plan vestimentaire, par exemple. Une des sœurs d'un groupe de triplées adopta une nouvelle coupe de cheveux à la mode afin de se distinguer de ses sœurs; elle fut très fâchée lorsque ces dernières se firent faire aussitôt la même coiffure.

Ce flux et reflux naturel est encore compliqué par les attentes des autres, en particulier celles des enfants de leur âge. Tous les adolescents ont l'impression d'être surveillés de près: ils sont convaincus que tous leurs camarades de classe remarquent le moindre bouton, la moindre bourde. Chez les jumeaux, cette impression d'être le point de mire est encore accentuée.

Ainsi, la perception qu'ont d'eux leurs camarades pousse souvent les jumeaux à se rapprocher ou à s'écarter l'un de l'autre d'une manière qui peut ne pas paraître toujours logique. Un jumeau qui avait besoin de lunettes, contrairement à son frère jumeau, refusait de les porter. Ses parents perplexes finirent par apprendre que les amis de leurs fils avaient décidé que, puisque les jumeaux sont «les mêmes», le besoin de lunettes du garçon devait être un signe de faiblesse et ils le taquinaient à ce propos.

Plus fréquemment, ce sentiment d'être surveillés incite les jumeaux adolescents à amplifier leurs différences. Peut-être choisiront-ils des activités distinctes, simplement pour être différents, ou refuseront-ils de s'habiller ou de se coiffer de la même manière, d'être dans la même classe, de garder leur prénom ou surnom.

Ce besoin d'être différent est renforcé par la sensibilité typique de l'adolescence, en particulier lorsqu'un jumeau se sent moins compétent ou capable que l'autre.

«Un de nos jumeaux suit des cours de karaté avec son frère cadet, son frère jumeau ayant décidé qu'il ne pouvait pas pratiquer le karaté», raconte la mère de deux jumeaux monozygotes de seize ans. «Je lui ai fait remarquer que, puisque son frère était doué pour ce sport, il le serait peut-être aussi. Mais il ne veut pas entendre parler de ce sport ni le pratiquer.»

Deux jumelles monozygotes, toutes deux excellentes en gymnastique, terminèrent première et quatrième d'une compétition. Les quatre premières devant monter sur le podium, la deuxième jumelle dit qu'elle aurait préféré terminer à la cinquième place plutôt que de monter sur le podium à côté de sa sœur.

Ce fragile équilibre entre proximité et distance, ressemblance et différence est un problème que vos jumeaux devront résoudre. Vous pouvez les y aider en encourageant leurs décisions. Vous pouvez leur rappeler qu'il est tout aussi bien d'être semblables que différents.

Avec le temps, vos jumeaux surmonteront leurs différences et leurs similitudes. Un jumeau préférera être plus indépendant un jour, et, le lendemain, ce sera l'autre.

Une étude réalisée en Australie a révélé que les jumeaux passaient de moins en moins de temps ensemble pendant l'adolescence. A l'âge de onze ou douze ans, ils disaient passer environ 80% de leur temps ensemble. Ce chiffre n'était plus que de 53% à dix-sept ans et de 35% à dix-huit.

Développement physique

Les changements physiques qui se manifestent entre la fin de l'école primaire et la fin de l'adolescence sont vraiment stupéfiants. Au cours des premières années de l'adolescence surviennent les changements de la puberté. Chez les garçons, des poils apparaissent sur le visage et le pubis, la voix mue et devient plus adulte, les organes sexuels se développent et deviennent fonctionnels. Les filles acquièrent des formes féminines, voient apparaître des poils sur leur pubis et ont leurs premières règles. Garçons et filles prennent du poids et grandissent. Au cours de cette période, les garçons peuvent grandir de treize centimètres en un an.

Les changements hormonaux de la puberté provoquent des changements physiques et émotionnels: acné, vif intérêt — et trouble — pour le sexe, inquiétude quant au poids, instabilité affective et irritabilité.

Au cours des années qui suivent, les adolescents vont se sentir plus à l'aise dans leur corps. Les garçons de quatorze ans développent leur musculature et les filles joufflues perdent leurs traits infantiles. Entre quinze et dix-huit ans, les boutons disparaissent et l'humeur s'adoucit.

Les jumeaux monozygotes vivent généralement ces changements physiques ensemble, sauf quand l'un d'eux accuse un retard de développement dès le départ. Les jumeaux dizygotes diffèrent encore davantage à l'âge de la puberté ou lorsqu'ils connaissent une croissance rapide.

Le problème de la comparaison devient plus douloureux à l'adolescence. Au début, lorsque la croissance physique est si spectaculaire et la conscience de soi à son paroxysme, les jumeaux peuvent souffrir de ne pas se développer au même rythme. Même le plus «avancé» pourra se sentir embarrassé, qu'il s'agisse de la fille dans une paire garçon-fille de treize ans, d'un garçon dont la voix aura mué plus vite que celle de son jumeau ou d'une fille qui aura acquis des formes féminines contrairement à sa jumelle, restée jeunette et plate.

Développement intellectuel

Les progrès intellectuels réalisés par vos enfants à l'école primaire continuent à l'adolescence. Mais leur manière de réfléchir subit un changement qualitatif, qui va bien au-delà de leur aptitude à résoudre des problèmes mathématiques de plus en plus compliqués.

Selon Piaget, les enfants d'environ douze ans passent du stade des opérations concrètes de l'enfance à la pensée plus mûre de l'adulte, ce qu'il a appelé le stade des opérations formelles de la fonction intellectuelle. Comme nous l'avons souligné au chapitre 12, les enfants de six à douze ans sont capables de comprendre des concepts intellectuels assez complexes et peuvent utiliser des informations et des symboles. A l'adolescence, ces compétences évoluent encore. Les adolescents sont désormais capables de plus d'abstraction, de plus d'objectivité; ils peuvent examiner des questions morales sous divers angles et se mettre dans la peau d'autrui. En d'autres termes, ils commencent à penser comme les adultes qu'ils sont en train de devenir.

Néanmoins, leur capacité à penser de la sorte ne signifie pas qu'ils penseront toujours ainsi. Vos jeunes adolescents seront peut-être capables d'être logiques, mais n'agiront pas toujours logiquement. Ils peuvent être capables d'empathie et d'appréciations morales, mais ils agiront peut-être encore parfois avec cruauté et sans faire preuve de discernement. C'est normal, leur jugement et leur expérience ne sont pas encore arrivés à maturité.

L'une des principales tâches de l'adolescence tardive consiste alors pour les adolescents à appliquer ces nouvelles aptitudes intellectuelles à leur vie et à leurs actes. Les adolescents de cet âge s'y emploient tout en continuant à défier et à remettre en question les valeurs et l'autorité parentales, mais d'une autre manière. Au début de leur adolescence, vos jumeaux seront peut-être provocants ou impertinents. Plus tard, ils s'assiéront en face de vous et vous exposeront fermement leur position sur un sujet, citant des références pour étayer leurs arguments.

Il est cependant intéressant de noter que l'empathie est une caractéristique que les enfants multiples manifestent beaucoup plus tôt que les autres. Les enfants de douze ans commencent à peine à penser aux sentiments des autres, alors que vos jumeaux le font depuis qu'ils sont nourrissons. Ils ont toujours été attentifs aux sentiments des autres; ils savent ce qu'il y a dans la tête de l'autre enfant. Et ils sont désormais capables d'expliquer cette perspicacité avec des arguments rationnels.

Cette perspicacité et cette capacité intellectuelle peuvent être tant positives que négatives. Les enfants multiples peuvent se soutenir mutuellement d'une façon exceptionnelle, et leurs commentaires peuvent piquer au vif. Deux adolescents ou plus qui joignent leurs forces contre vous peuvent être intimidants (et bruyants). Ils peuvent décider de faire grève et refuser de s'acquitter de certaines tâches ménagères. Ils peuvent prendre la défense de l'autre qui n'a pas respecté certaines consignes.

Soudain, ces alliés peuvent se retourner l'un contre l'autre, dénonçant leurs marottes mutuelles. Lorsqu'elle est formulée par un jumeau, une légère critique sur l'attitude ou l'aspect de l'autre, comme «je déteste quand tu fais cette tête» ou «t'as vraiment l'air bizarre dans ce pull à col roulé», a plus de poids.

Développement émotionnel

A vrai dire, la vie émotionnelle des adolescents a tout d'un mauvais rap. Certes, les jeunes adolescents sont souvent instables et leur cheminement vers l'indépendance n'est pas simple: il va du défi et de la rébellion, d'une part, à la dépendance et à la vulnérabilité, de l'autre. Mais, en général, l'adolescence peut être une période agréable pour toute la famille à mesure que les enfants se découvrent de nouvelles aptitudes et vivent de nouvelles expériences. Pour les enfants multiples, l'adolescence peut présenter des avantages particuliers comme nous le verrons plus loin.

C'est généralement à son début que l'adolescence est la plus exaltée, quand l'enfant passe par des hauts et des bas. Les boutons d'acné, les premières amours d'adolescent, les portes qui claquent, l'humeur changeante et la rêvasserie poussent les adolescents à s'enfermer dans leur chambre pour musarder et écouter de la musique.

La pression exercée par les autres est désormais à son paroxysme, à un stade où les enfants n'ont pas encore atteint suffisamment d'indépendance pour affirmer leurs opinions et leurs goûts. Une autre caractéristique de l'adolescence est une sensibilité exacerbée, due à l'impression que le monde entier remarque et commente la moindre imperfection, la moindre erreur stupide.

Chez les jumeaux, cette sensibilité a plus de raison d'être que chez les enfants uniques. Après avoir été, pendant douze ans, comparés l'un à l'autre et avoir fait l'objet d'une attention particulière de par leur statut, ils en ont souvent assez d'être perçus comme des jumeaux.

Vers la fin de l'adolescence, cette instabilité subsiste, mais de nouvelles difficultés surgissent. La question des privilèges et de la liberté devient très délicate une fois que les adolescents se mettent à négocier ou à exiger des privilèges, tels que conduire la voiture ou sortir avec quelqu'un. A mesure que la fin de l'école secondaire approche, les adolescents s'apprêtent à se séparer de leur famille – la séparation la plus nette qu'ils aient jamais vécue – et les jumeaux doivent également envisager de se quitter.

En dépit de ce que l'on pense communément, la rébellion qui débouche sur le rejet des parents n'est ni inévitable ni nécessaire. Certes, un peu de provocation et de défi sont typiques et sains. Mais la plupart des adolescents parviennent à devenir indépendants tout en restant attachés à leurs parents. Et les jumeaux aussi arrivent à se détacher l'un de l'autre sans pour autant rejeter complètement leur relation gémellaire ou y porter atteinte.

LA DIFFICULTÉ D'ÊTRE DES ENFANTS MULTIPLES ADOLESCENTS

Si l'adolescence est un âge difficile, son côté déplaisant est certainement décuplé avec des enfants multiples. Une mère de triplées monozygotes est triplement confrontée au caractère instable, si caractéristique des enfants de treize ans.

«Pour le moment, elles détestent être des triplées. Elles peuvent être les meilleures amies ou ennemies du monde», dit-elle. «C'est normal. Leur corps change, leur esprit aussi. Lorsqu'elles sont impertinentes, c'est très pénible. Elles sont beaucoup plus émotives qu'avant. Nous vivons au jour le jour.»

Les querelles, les bagarres, les chamailleries et les vexations sont caractéristiques des jeunes adolescents, qu'ils soient jumeaux, frères et sœurs plus ou moins du même âge ou membres d'un groupe. Les adolescents dont la conduite peut être exemplaire individuellement deviennent souvent de vrais petits diables quand ils sont en groupe. Lorsqu'ils se battent, les enfants multiples peuvent mettre à l'épreuve la patience de leurs parents, car ils font généralement bloc.

Le plus timide d'une paire de jumeaux, qui peut s'être servi de sa gémellité comme d'un refuge, sera peut-être moins mûr socialement que son jumeau et ses camarades. Le rôle du jumeau plus sociable était de se faire des amis, au contraire du jumeau plus timide. Une jumelle dizygote de seize ans réfléchit à la question en ces termes: «Ma sœur est devenue l'amie de mes amies et ça m'inquiète. C'est dur quand une personne est plus timide que l'autre. Je veux que quelqu'un me parle à moi.»

Les parents, et les jumeaux eux-mêmes, risquent de comparer les jumeaux l'un par rapport à l'autre, alors qu'ils observeraient un enfant seul avec plus de souplesse. Un enfant seul peut être timide et devenir extraverti l'année suivante au fur et à mesure que ses intérêts et ses amitiés évoluent. Mais à tous les stades de son développement, un jumeau est jugé par rapport à l'autre jumeau.

L'AVANTAGE D'ÊTRE ADOLESCENTS ET JUMEAUX

A une période où les adolescents ne veulent peut-être pas demander conseil à leurs parents, ils peuvent toujours s'adresser à leur jumeau, comme le font bon nombre d'entre eux et les filles en particulier.

Dans le tourbillon social de l'adolescence, la gémellité est un plus. C'est certainement une façon de briser la glace pour bien des adolescents. Comme le dit Marc, qui a une sœur jumelle de seize ans: «C'est amusant de dire à quelqu'un qu'on est jumeaux quand on fait connaissance: cela donne matière à discussion, et l'interlocuteur s'intéresse toujours de plus en plus à nous.»

En outre, les jumeaux s'apportent mutuellement un soutien affectif, précieux à l'adolescence, qu'ils ont souvent du mal à trouver auprès de leurs parents. Le fait de savoir que quelqu'un est toujours là, qui vous comprend parfaitement et vit les mêmes expériences, peut être une grande source de réconfort.

Les jumeaux tirent une grande fierté de la solidité de leur relation. Ils sont assez mûrs pour comprendre qu'une relation stable est un bien précieux qu'ils possèdent pour l'avoir eux-mêmes forgée. «Nous nous entendons vraiment bien», dit Catherine, seize ans, de sa relation avec sa sœur jumelle. «Ce n'était pas le cas quand nous étions dans la même école. Maintenant, nous sommes dans deux écoles différentes et on ne nous perçoit plus comme des jumelles. Je suis fière de la façon dont notre relation a évolué. La plupart des gens n'ont pas la chance d'avoir ce genre de relation.»

Des parents d'adolescents jumeaux m'ont dit et répété à plusieurs reprises ce que j'ai, moi-même, observé chez mes filles: les jumeaux se font généralement des amis dans un cercle social plus étendu que celui des enfants uniques. Ils sont moins exclusifs et n'insistent pas autant sur des relations limitées à une personne à la fois. Cette attitude se développe à l'adolescence. Plutôt que de sortir avec une seule personne, les jumeaux se font souvent des amis dans de grands groupes composés de garçons et de filles.

Une mère de jumelles de quinze ans nous raconte: «A l'école primaire, elles faisaient partie d'un grand groupe de garçons et de filles qui étaient tous amis. Cela leur a permis de surmonter leur "peur" des garçons. Maintenant qu'elles sont à l'école secondaire, lorsque l'une d'elles se fait un nouvel ami, celui-ci est absorbé dans le groupe social auquel elles appartiennent.»

Mes filles disent que le fait d'avoir une jumelle leur permet de rester en contact avec le groupe social. Si l'une d'elles sort avec un garçon et passe moins de temps avec le groupe, elle reste quand même au courant de tout ce qui s'y passe parce que sa sœur y est impliquée. Ensuite, elle peut revenir dans le groupe plus facilement qu'un enfant seul, qui ne jouit pas de ce lien privilégié.

Notoriété des jumeaux - avantages et désavantages

Que vous le vouliez ou non, on remarque les jumeaux et, plus encore, les triplés et autres enfants multiples. Cette médiatisation est une épée à double tranchant, comme nous l'avons dit précédemment. Certains jumeaux adolescents aiment tirer profit de leur gémellité sur le plan social, alors que d'autres détestent l'impression qu'ils ont d'être surveillés et comparés. Ils se plaignent parfois, comme beaucoup l'ont fait auprès de moi, d'avoir à répondre aux mêmes questions, encore et encore, année après année.

Les adolescents élaborent souvent des réponses caustiques et effrontées à ces questions. En voici quelques-unes dont ils m'ont fait part.

Lorsqu'on lui demande ce que ça fait d'être jumeau, l'un d'eux répond: «Je ne sais pas. J'ai toujours été jumeau. Qu'est-ce que ça fait de ne pas être jumeau?»

Autre question récurrente: «Lequel des deux est le plus âgé?» (En général, cette question déplaît fortement au jumeau «plus jeune».) Voici ce que pense un jumeau de quatorze ans: «Les gens veulent toujours savoir qui est le plus âgé et de combien. Qu'en dites-vous? Daniel est plus vieux d'une minute. Ils pensent toujours que c'est moi le plus vieux et sont surpris que je ne le sois pas. Je me demande pourquoi. Je ne vois pas ce qui pourrait les laisser penser le contraire.»

Beaucoup de gens demandent: «Est-ce que vous avez une perception extrasensorielle? Pouvez-vous lire dans les pensées de votre sœur?» Une jumelle dizygote de seize ans répond: «J'écarquille les yeux. Si ce sont mes amies, je leur demande si elles ont une perception extrasensorielle avec leurs frères et sœurs. Parfois, je plaisante et je réponds que oui. Je ne pense pas que ce genre de chose existe. Les gens nous demandent: Est-ce que vous vous ressemblez, est-ce que vous pensez de la même façon, est-ce que vous prenez la place l'une de l'autre pour duper les gens?»

On demande aussi souvent aux jumeaux s'ils sont identiques. (Les paires garçon-fille trouvent cette question particulièrement stupide.) Un jumeau monozygote m'a avoué que son frère et lui avaient toujours adoré taquiner les gens qui leur posaient des questions idiotes: «Si quelqu'un nous demande si nous sommes jumeaux, je lui réponds que moi oui et que mon frère non. Les gens demandent: "Qui est qui?" Et je réponds: "Je suis lui et il est moi." Ils nous demandent aussi comment nos petites amies nous distinguent; nous répondons qu'elles ne font pas la différence et qu'elles prennent celui qui vient.»

Certains jumeaux, quand ils sont d'humeur à le faire, saisissent l'occasion pour expliquer à leurs amis ce qu'est la gémellité, la part de mythe et la part de vérité.

«Si on devait s'énerver à chaque fois qu'on nous pose une question idiote», dit une fille, «on passerait sa vie à s'énerver. Ça n'en vaut pas la peine.»

COMMENT SOUTENIR VOS ENFANTS MULTIPLES ADOLESCENTS?

Malgré leur plus grande indépendance et leurs commentaires parfois négatifs, les enfants multiples adolescents ont un grand besoin d'être soutenus par leurs parents. Voici quelques manières de le faire:

• *Admettez que votre rôle évolue.* Au fil des ans, votre rôle est de moins en moins celui d'un entraîneur ou d'un arbitre. Par contre, vous servez de point de repère et de guide. Vous rejetez certaines idées, posez des questions sur des solutions alternatives, puis vous vous effacez et acceptez leurs choix. Mais, malgré ce changement, vous devez encore poser des limites et continuer à parler à vos enfants.

• *Admettez que les sentiments de vos enfants changent.* C'est particulièrement important si vous avez apprécié la notoriété et le prestige d'avoir des enfants multiples et que vos enfants en aient, eux aussi, profité. Il est probable qu'ils voudront désormais se présenter aux autres d'une façon plus indépendante.

• *Admettez leur besoin d'intimité.* Tous les adolescents ont besoin d'être séparés quelque temps de leurs parents; les jumeaux veulent l'être non seulement de leurs parents, mais aussi l'un de l'autre. L'un pourrait avoir envie de se faire des amis ou d'aller faire du camping tout seul. Si c'est le cas, aidez vos enfants à utiliser leur remarquable empathie à bon escient et rappelez-leur qu'ils doivent tenir compte des sentiments de l'autre tandis qu'ils opèrent leurs propres choix. Vous pouvez dire: «Il est normal que tu aies envie de partir dans un camp de vacances tout seul. Mais il est aussi normal que ton frère ait de la peine. Pourquoi ne tirez-vous pas les choses au clair?»

• *Aidez-les à surmonter leurs différences de maturité sur le plan physique et social.* A mesure que leurs intérêts et compétences se développent, efforcez-vous de les encourager tous les deux, que leurs compétences soient similaires ou différentes. Une mère de jumeaux garçon-fille explique qu'elle s'est toujours efforcée de ne pas définir ses enfants par rapport à leurs différences parce qu'elle ne voulait pas qu'ils ressentent que leurs rôles les limitaient. Aujourd'hui les intérêts et le degré de maturité de ses adolescents sont tout à fait différents; elle et son époux l'ont accepté. «Mon fils était le classique anti-école, anti-autorité, anti-parents», dit-elle. «Il fait partie d'un groupe de rock et compose de la musique. Ma fille est plus mûre et travaille dur à l'école. Ils suivent des voies très différentes. Mais nous faisons de notre mieux pour les encourager tous les deux sans distinction.»

• *Continuez à observer et à surveiller leur développement.* Intervenez de façon appropriée quand l'un monopolise le rôle de meneur au détriment de l'autre. Si l'un de vos jumeaux essaie de régenter la vie de l'autre, parlez franchement de vos sentiments. Dites-lui: «Je suis mal à l'aise quand je te vois prendre des décisions concernant la vie sociale de ta sœur. Tu sais aussi bien que moi que ce n'est pas bien.»

A l'adolescence, rien ne sert, en général, de donner des ordres et de résoudre les problèmes comme vous le faisiez peut-être quand les enfants étaient petits. Il est plus profitable de les aider à élaborer des stratégies pour changer par eux-mêmes. Vous pourriez les réunir et parler à tous les deux de vos inquiétudes, puis parler à chaque jumeau séparément.

• *Etablissez des règles (liées à la sécurité et au bien-être) individuellement, en fonction de la maturité de chaque jumeau.*

Si un jumeau est assez mûr pour rentrer tard le soir et l'autre pas, ils devront l'accepter. Le jumeau moins mûr pourrait vous accuser de favoritisme et d'injustice si les règles sont différentes. Il devra toutefois faire preuve de plus de maturité pour obtenir plus de liberté.

• *Choisissez vos combats.* Soyez ferme sur des questions importantes et plus souple pour des problèmes qui le sont moins, tels que les goûts vestimentaires.

VOS ENFANTS QUITTENT LE NID

S'il est un moment où les enfants multiples doivent suivre ce que leur dicte leur cœur, c'est à l'heure de quitter leur maison et leur famille. Que leur décision les mène à l'université, à un travail ou au mariage, les adolescents ont besoin de pouvoir opérer leurs propres choix.

Un adolescent seul qui choisit une université ne se contente pas de s'interroger sur ce qu'il veut étudier, ce qu'il peut se permettre et le genre d'école où il aimerait s'inscrire. L'éloignement ou la proximité par rapport à la famille entrent également en ligne de compte. Il s'agit d'une décision délicate pour un jeune adulte qui dépend encore de ses parents.

Les enfants multiples prennent les mêmes décisions, mais doivent également se demander s'ils veulent rester physiquement proches de leur(s) co-multiple(s) ou, au contraire, s'éloigner d'eux.

A ce moment, nombre de jumeaux prennent la décision de bifurquer. En général, ce sont leurs intérêts divergents qui les poussent vers des voies différentes. Il est important qu'ils sachent que leur décision de s'inscrire dans des écoles différentes peut être bonne, mais qu'elle n'est pas indispensable. Ils doivent prendre cette décision en fonction de ce qu'ils désirent vraiment et non de ce que l'on attend d'eux. Mes filles, qui avaient choisi de s'inscrire dans la même université, y rencontrèrent des jumeaux qui avaient opté pour des écoles séparées parce qu'ils «pensaient qu'ils étaient censés agir de la sorte.»

Le plus important pour des jumeaux qui se trouvent en dernière année de secondaire, c'est d'exprimer leurs sentiments. Il est préférable que vos jumeaux parlent franchement de leurs décisions scolaires ou professionnelles et en discutent ouvertement l'un avec l'autre et avec vous.

«Je pense qu'on a éludé la question», me dit un jumeau dizygote en âge d'aller à l'université. «Il a dit qu'il voulait étudier la musique et j'ai dit que je voulais faire des études commerciales. Nous avons supposé que nous irions dans des écoles différentes quelles que soient nos matières principales. Nous n'en avons pas parlé et n'avons donc jamais su pourquoi. J'aurais aimé que Gilles aille dans la même école que moi.» Et il ajouta, à voix basse: «Ç'aurait été différent, vous savez.»

J'ai parlé à une jeune femme qui n'est pas allée dans la même université que sa sœur monozygote et qui pense que, dans un sens, cette expérience les a rapprochées. Elles ont grandi ensemble et ont fréquenté deux écoles différentes.

«On ne s'est rien dit», se rappelle-t-elle. «On voulait quand même rester proches l'une de l'autre. On ne s'est jamais dit qu'on irait dans des écoles différentes; on s'y est simplement inscrites.» Ces deux jeunes femmes ont suivi des voies différentes; l'une a étudié la médecine, l'autre le droit, et leurs études les ont séparées. Mais, à cause de leur séparation, elles se réjouissaient de se retrouver. «Notre amitié n'en était que plus grande. Chaque visite était un événement», dit-elle.

L'heure où vos enfants s'envoleront du nid sera pour vous douce-amère. Pourtant, si vos jumeaux entretiennent une relation mutuelle solide et saine, vous aurez la satisfaction de savoir que leur lien et leur soutien mutuel les aideront tout au long de leur vie.

CHAPITRE 14

Réflexions sur la gémellité
Des jumeaux adultes s'expriment

«Nos jumeaux, un garçon et une fille, ont aujourd'hui vingt ans. Les élever fut un véritable plaisir. Comment leur relation évoluera-t-elle à l'âge adulte? A quoi devons-nous nous attendre de leur part? Ils sont très proches et s'impliquent mutuellement dans presque tous les aspects de leur vie. Notre fille a des projets de départ pour l'été et présente déjà des symptômes d'anxiété.»

Cette lettre illustre une crainte typique des parents de jumeaux adultes. A quoi ressemble l'âge adulte pour les jumeaux et autres enfants multiples? A quels problèmes sont-ils confrontés? Les parents peuvent-ils les aider?

La relation gémellaire évolue et grandit avant la naissance. Tout au long de l'enfance, les jumeaux oscillent entre proximité et distance, entre l'attachement qu'ils portent à leurs ressemblances et l'affirmation de leurs différences.

L'âge adulte n'est pas l'achèvement de ce processus. Même si la plupart des jumeaux construisent leur vie d'une manière individuelle, leur attachement à leur jumeau se fait plus fortement sentir à certains moments de la vie.

Les chercheurs savent bien que les jumelles sont plus enclines que les jumeaux à répondre à des enquêtes sur la gémellité. Peut-être est-ce parce que les femmes sont plus promptes à tirer profit des avantages de la gémellité? Le lien étroit qui s'instaure grâce à celle-ci n'est pas en contradiction avec l'idée selon laquelle les filles et les femmes sont coopératives et sociables. Cette intimité peut constituer un frein à la recherche de l'indépendance farouche que l'on attribue généralement aux garçons et aux hommes.

Il n'est dès lors pas surprenant de constater que le degré d'intimité entre jumeaux adultes est plus élevé chez les jumelles monozygotes que, par ordre décroissant, chez les jumeaux monozygotes, les sœurs dizygotes, les frères dizygotes et, enfin, les paires garçon-fille.

Le présent chapitre sera consacré à l'avantage que les jumeaux ont retiré de leur relation pendant l'enfance et à l'âge adulte.

LA PHASE DE TRANSITION : LES JEUNES ADULTES

Comme nous l'avons souligné au chapitre précédent, la fin de l'adolescence s'accompagne du processus parfois difficile et délicat qui consiste, pour les jumeaux, à faire leur entrée dans le monde tout en maintenant leur relation gémellaire.

Selon Kay Cassill, écrivain, jumelle et fondatrice de Twins Foundation, le besoin de séparation peut ne pas apparaître chez les deux jumeaux en même temps. «Ce besoin surgit généralement chez l'un avant de se manifester chez l'autre. Le problème, qui est de trouver sa voie sans blesser l'autre, se pose à tous les types de jumeaux. Un homme m'a dit: "Ma sœur a décidé de se marier et je me suis soudain retrouvé tout seul."»

«Un enfant unique subit de nombreuses pressions, mais les jumeaux en subissent une de plus: non seulement ils essaient de quitter la famille, mais ils doivent aussi trouver une nouvelle place pour leur jumeau dans leur vie. Tous leurs points de repère changent.»

Choix de carrière

Tandis qu'ils s'adaptent à une relation qui est en pleine mutation, les jeunes adultes jumeaux doivent également s'acquitter d'autres tâches, y compris celle de choisir une profession. Faut-il que celle-ci soit identique ou différente? S'ils aiment le théâtre, peuvent-ils devenir acteurs tous les deux ou l'un a-t-il des prérogatives? Une décision de ce genre est plus difficile à prendre par des jumeaux, notamment parce qu'elle leur fera suivre des voies qui resteront parallèles ou seront divergentes.

Une jeune avocate, jumelle monozygote, se souvient de la manière dont elle et sa sœur, pédiatre, ont décidé de leur séparation et de leur carrière. Elles étaient inscrites dans des écoles différentes, mais suivaient des cours similaires. Sa sœur a fini par s'intéresser à la médecine, tandis qu'elle-même a abandonné cette voie.

«Nous voulions toutes les deux aller à l'université. Nous avons passé les examens et nous sommes inscrites en même temps, mais dans des disciplines différentes. Je pense que si nous avions suivi la même voie, nous aurions rivalisé et cette rivalité nous aurait attristées et éloignées l'une de l'autre. Je crois qu'au fond de moi j'aurais ressenti un tel esprit de compétition que je me serais culpabilisée ensuite.»

«Je trouve qu'il est intéressant que des jumeaux suivent des voies différentes et mènent leur propre vie. Je m'intéresse à sa profession et à sa vie et vice versa. On ne s'ennuie jamais.»

Kay Cassill mentionne une difficulté particulière que peuvent rencontrer des jumeaux qui choisissent la même carrière: ils risquent d'être confondus parce qu'ils portent le même nom ou qu'ils se ressemblent. Elle décrit le cas de deux actrices qui apprirent à maquiller leur ressemblance pour pouvoir être considérées et engagées en tant qu'individus et celui d'un psychiatre qui craignait que ses patients ne rencontrent son jumeau monozygote et ne lui parlent par inadvertance de leurs problèmes.

Qui dit choix de carrière et de profession dit aussi choix d'un lieu de résidence. Comme c'est le cas pour tous les jeunes adultes, le premier emploi peut être l'occasion de vivre seul, loin de la famille. Une femme d'une quarantaine d'années se souvient du sentiment d'abandon qu'elle a ressenti la première fois que sa sœur dizygote a quitté la maison. «Elle est partie travailler dans un ranch pendant une année. C'était étrange. On ne s'entendait pas vraiment bien, on ne sortait pas beaucoup ensemble. Mais j'ai pleuré, elle me manquait tellement.»

Flirts et mariage

Les jumeaux adultes se souviennent, souvent avec amusement, de la tournure particulière que prenaient leurs amours. Deux jumelles dizygotes, qui ne se ressemblaient guère, mais qui avaient la même voix, se rappellent que lorsque l'une d'elles parlait à son petit ami au téléphone et voulait faire une pause, elle passait le combiné à sa sœur qui continuait la conversation jusqu'à son retour.

Une jeune adulte jumelle se souvient qu'à l'université les jeunes gens manifestaient parfois l'intention de sortir avec elle et sa jumelle.

Mais les histoires d'amour sérieuses, que ce soit au lycée ou à l'université, aboutissent à une séparation que les jumeaux doivent surmonter. A cela peuvent s'ajouter des sentiments d'anxiété et de jalousie, la question «qui est l'ami de qui» devenant «qui est le petit ami de qui?».

Dans la plupart des cas, les jumeaux parviennent à régler ce genre de problème. Un homme d'une cinquantaine d'années, jumeau monozygote, a épousé une jumelle dizygote. Il décrit leur premier rendez-vous: lui et un ami avaient rendez-vous avec les deux sœurs, qui se ressemblaient beaucoup.

«C'était une rencontre arrangée», se souvient-il. «Au départ, j'étais avec sa sœur. Au milieu de la soirée, j'ai changé de partenaire pour être avec ma future femme sans que mon copain ne s'en aperçoive. Quand je le lui ai raconté le lendemain, il m'a demandé pourquoi j'avais changé. "Elles sont les mêmes", me dit-il. Je lui ai répondu qu'elles ne l'étaient pas du tout.»

C'est vrai que les jumeaux monozygotes ont de nombreux points communs, mais une fois adultes, quand ils établissent des relations, leurs préférences sont généralement différentes.

«Pour ce qui est des femmes, on n'a pas les mêmes goûts», dit un jumeau monozygote. «Je préfère le genre calme, bon chic bon genre; cela fait sept ans que je suis avec ma petite amie. Mon frère, qui préfère les filles plus tape-à-l'œil, s'est marié une première fois et est déjà divorcé.»

Le mariage représente une séparation particulièrement dure pour les jumeaux. Contrairement au départ pour l'université ou au déménagement dans une autre ville, le mariage marque le début d'une nouvelle relation, extrêmement intime, qui exclut inévitablement l'autre jumeau.

Selon K. Cassill, cette expérience peut soulever des questions douloureuses. «L'épouse acceptera-t-elle le jumeau? Le jumeau qui ne se marie pas se sent-il délaissé? Parfois, ils restent amis. Mais il en est d'autres qui disent: "Ma jumelle et moi étions de grandes amies, mais, dorénavant, "il" n'acceptera plus que je la voie."» Cela peut être très pénible. Une femme se souvient que le jour de son mariage, tandis qu'elle enfilait sa robe de mariée, sa sœur jumelle était assise par terre, à côté d'elle, et sanglotait.

L'impression de perdre quelqu'un peut être renforcée par les comparaisons inévitables dont les jumeaux ont toujours fait l'objet. Une jumelle d'une vingtaine d'années, dont la sœur s'était mariée, en avait assez que ses proches se préoccupent autant d'elle. Les gens voulaient savoir ce qu'elle pensait du mariage de sa sœur et semblaient soulagés d'apprendre qu'elle avait un petit ami.

Eloignement et rapprochement

Il n'est pas rare que les voies empruntées par des jumeaux divergent pour converger ensuite dans leur vie universitaire, le choix de leur carrière et leur lieu de résidence. Ce n'est, bien sûr, pas un aspect propre à la gémellité: changement de carrière ou de discipline, transfert vers d'autres institutions et retour dans sa ville natale sont autant de circonstances banales.

Chez les jumeaux, ces événements font partie du lot quotidien. Ils peuvent commencer dans la même université, puis en changer pour se rendre compte qu'en définitive ils poursuivent les mêmes études. D'autres frères et sœurs peuvent agir de même, mais cela suscite moins d'intérêt.

Une jumelle monozygote de vingt-neuf ans raconte que sa sœur lui a beaucoup manqué quand elle a déménagé dans une ville lointaine. Là-bas, elle s'est forgé sa propre identité et s'est fait ses propres amis, puis sa sœur est venue habiter dans la même ville.

«Mes sentiments étaient mitigés», dit-elle. «Elle savait que j'avais l'impression qu'elle marchait sur mes plates-bandes. Pour vous donner un exemple: j'avais un ami, Gilles. Si Gilles appelait Myriam pour l'inviter à manger, j'avais l'impression qu'on m'enlevait mon ami. Parfois le syndrome gémellaire refait son apparition. Et je me dis que je me comporte comme une gamine.»

J'ai récemment parlé à un homme de vingt-huit ans qui décrit sa relation avec sa sœur dizygote en ces termes: «Certes, nous sommes proches. Mais nous sommes aussi rivaux. Parfois plus qu'on ne le veut vraiment. Nous sommes à la fois les meilleurs amis et les pires ennemis du monde. Depuis la puberté, chacun a suivi son chemin... en tentant de dominer l'autre.»

Il a ajouté: «Nous avons eu de très bons moments et nous sommes très proches. Mais il nous est aussi arrivé d'avoir des bagarres au terme desquelles on ne se parlait plus pendant des mois.»

Il est important de souligner que ce désir de proximité et d'éloignement, bien qu'intense chez les jumeaux, fait partie de la vie. Comme l'écrit Amram Scheinfeld dans son livre *Twins and Supertwins*, le conflit entre le désir de rapprochement et le désir de séparation n'est pas propre aux jumeaux. Nous avons tous vécu ce conflit avec nos parents, nos amis, et au sein de notre couple.

«Une personne mûre peut s'adapter à ces deux forces qui, en toutes circonstances, les poussent tantôt vers l'indépendance tantôt vers l'attachement», écrit-il. «Et le jumeau qu'on a aidé à atteindre la maturité s'adaptera tranquillement et sainement non seulement à son jumeau, mais aussi à tous les autres.»

Définir la gémellité aux autres

Dans un chapitre précédent, nous avons dit comment les parents pouvaient être amenés à devoir expliquer aux autres la gémellité et les problèmes gémellaires. Ce sont maintenant les enfants, devenus adultes, qui se retrouvent dans cette situation. C'est eux qui décident de la manière dont ils vont se décrire eux-mêmes et expliquer leur relation. C'est un processus qui devient une seconde nature avec le temps.

«Les gens essaient de nous loger à la même enseigne qu'eux et parfois nous le voudrions bien, mais nous ne le pouvons pas», m'a dit K. Cassill. «C'est là que le sens de l'humour intervient, et la plupart des jumeaux que je connais en ont!»

Quand des jumeaux sont ensemble, ils attirent l'attention, c'est un fait. Et cette attention est un facteur avec lequel ils doivent composer. S'ils ont été séparés quelque temps, ils oublient parfois ce phénomène jusqu'à ce qu'ils réapparaissent en public ensemble. Mes filles, qui sont toutes deux archéologues, mais qui travaillent dans des endroits différents, ont récemment participé ensemble à une conférence. Un matin, alors qu'elles entraient dans leur hôtel, Carine prit la porte à tambour et Christine passa par la porte latérale. En entrant dans le hall, elles entendirent un étranger qui les avait vues dire à son compagnon: «Elles ne sont apparemment pas trop dépendantes l'une de l'autre; elles ne sont pas passées par la même porte.»

«J'avais oublié ce que c'était que d'être constamment évaluée et jugée», me dit Christine. «On s'imagine souvent que les jumeaux qui agissent de la même façon doivent connaître une dépendance "malsaine" et que s'ils agissent différemment, ils sont "sains". C'est un critère très étrange que les gens n'appliquent pas à eux-mêmes.»

«On nous en a fait voir de toutes les couleurs parce que nous faisions les mêmes études. Pourtant, mes deux sœurs aînées, qui ne sont pas jumelles et qui ont toutes deux étudié la biologie, n'ont pas subi toutes ces critiques.»

«Parallèlement, les gens romancent la gémellité. Ils en parlent comme s'il s'agissait d'une relation idyllique. Je leur dis que c'est chouette d'avoir une jumelle, qu'il y a certes des avantages, mais que la gémellité n'est pas la garantie d'une vie merveilleuse.»

L'ÉQUILIBRE DE LA TRENTAINE

Les premières années transitoires de l'âge adulte sont suivies par une période de consolidation. Même si tous ne «grandissent» pas au même rythme, la plupart des gens se rangent vers l'âge de trente ans, après l'université et les premières années de travail et de fréquentations, cette période pouvant être qualifiée d'instable. Des études ont révélé que les jumeaux et autres enfants multiples trouvaient aussi un équilibre vers cet âge et ne connaissaient pas plus de difficultés dans leur vie que n'importe qui d'autre.

La plupart des adultes jumeaux ont une vision positive de la gémellité et restent relativement proches après le mariage. Une fois qu'ils ont surmonté leur séparation, ont trouvé du travail et un partenaire, les jumeaux prennent souvent plaisir à se retrouver, dans le cadre d'une relation plus mûre.

Selon la plupart des études réalisées sur le sujet, il n'y a que peu ou pas de différences entre les histoires conjugales des jumeaux et celles des autres adultes. Et la santé mentale des uns ne diffère pas globalement de celle des autres: on ne relève ni plus ni moins de problèmes psychologiques ou de suicides d'un côté comme de l'autre.

Dans une étude qu'elle a menée sur des adultes jumeaux et sur d'autres adultes, la psychothérapeute Eileen Pearlman a constaté que rien ne permettait de justifier les idées communément admises selon lesquelles les jumeaux éprouvent plus de difficultés que les autres à développer leur propre estime, à établir et à maintenir des relations avec les autres ou encore à se marier.

Toutes les personnes, tant jumelles qu'enfants uniques, qui ont participé à cette étude avaient des histoires conjugales similaires. La plupart en étaient à leur premier mariage. Les célibataires, tant jumeaux qu'enfants uniques, vivaient au moins avec une personne. Aucune différence significative n'a été constatée dans ces domaines entre les jumeaux et les autres.

E. Pearlman souligne que la relation entre jumeaux adultes change lorsque l'un atteint un nouveau stade de développement avant l'autre. Si l'un se marie et que l'autre soit célibataire, si l'un a des enfants et que l'autre ne puisse en avoir, si l'un fait une carrière plus brillante que l'autre, ces différences peuvent peser sur la relation. Ces étapes difficiles ont parfois pour effet de rapprocher les jumeaux ou de les éloigner.

Avoir des enfants

Les jumeaux désirent souvent avoir des enfants en même temps pour faire des cousins des amis et des compagnons proches. «Ma sœur et moi voulions avoir des enfants en même temps», dit une jumelle monozygote. «Nous sommes tombées enceintes et, au troisième mois, il est apparu que j'attendais des jumeaux et elle, un seul bébé. Les trois bébés sont nés à trois semaines et demie d'intervalle. C'est très amusant!»

«Je me suis mariée la première», dit une autre jumelle adulte, «et c'est elle qui a eu des enfants d'abord. Elle a eu un fils, j'ai eu un fils. Elle a eu une fille, j'ai eu une fille. Elle m'a appelée à l'hôpital et m'a dit: "Françoise, tu ne pourrais pas être un peu plus originale?"»

«Je voulais vraiment avoir des jumeaux, mais lorsque mon fils est né, je me suis dit que j'étais beaucoup plus heureuse d'avoir été jumelle que d'être la mère de jumeaux. Notre belle-mère était un ange: elle en a vu de toutes les couleurs avec nous.»

Les joies de la relation gémellaire adulte se répercutent sur les enfants des jumeaux. Si les jumeaux adultes vivent l'un près de l'autre ou s'ils se voient fréquemment, les cousins seront proches aussi. Les enfants de jumeaux ont plus de points communs que la plupart des cousins dès lors qu'ils ont un patrimoine génétique commun. Les jumeaux adultes éprouvent donc beaucoup de plaisir à être avec leurs neveux et nièces, de même que les jumeaux sans enfants sont heureux de s'occuper des enfants de leur jumeau.

Le lien gémellaire vers la quarantaine

Même quand les adultes jumeaux mènent des vies séparées – mariage, famille, carrière –, la relation gémellaire continue.

Une femme de quarante-huit ans dit de sa sœur dizygote: «Elle me rend folle, mais ce lien qui nous unit est tellement différent de ce que j'ai connu avec toute autre personne! Si je parle et que j'hésite, elle sait immédiatement ce que j'essaie de dire. On est sur la même longueur d'ondes, c'est certain. A une époque où elle n'avait pas le téléphone, je ne pouvais pas l'appeler et je m'inquiétais pour elle. Puis elle appelait et me disait: "Ne t'inquiète pas, tu vois, je t'appelle", comme si elle devinait mes pensées.»

Une autre jumelle dit: «On s'appelle une fois par jour, souvent au même moment, si bien que la ligne est occupée parce qu'on appelle toutes les deux.»

Les jumeaux monozygotes se ressemblent à tel point que l'un sert de miroir à l'autre: les défauts de l'un se voient clairement chez l'autre. Il est impossible d'y échapper. La situation peut être difficile à gérer pour un jumeau qui n'aime pas voir ses propres défauts amplifiés chez l'autre, en particulier lorsqu'il avance en âge. Mais un «jumeau miroir» peut aussi être un plus: après tout, on peut voir à quoi ressemblera une nouvelle coiffure en la visualisant sur son jumeau. Comme l'a dit un homme à K. Cassill pour plaisanter: «On peut vérifier que sa cravate est bien droite avant d'aller travailler.»

Néanmoins, certains jumeaux ne voient pas leur ressemblance physique. «Je ne prête aucune attention au physique de ma sœur jumelle», dit une femme au chercheur Jean Kozlak. «Quand on connaît quelqu'un aussi bien, on a du mal à s'arrêter au physique. Quand je regarde ma jumelle, je vois quelqu'un de si différent de moi que notre ressemblance physique ne veut absolument rien dire.»

LE LONG TERME

La relation gémellaire est une relation de toute une vie. Si cette relation est respectée et que les jumeaux aient la possibilité de la renouveler et de l'actualiser selon leurs vœux, il s'agit d'un atout important que peu de gens ont la chance de posséder.

J'ai parlé à un monsieur de quatre-vingts ans qui est marié depuis cinquante ans. Lui et son épouse sont tous deux des jumeaux monozygotes. La sœur de son épouse vit dans le même immeuble et les familles sont amies depuis des années.

Il s'est souvenu de son enfance avec plaisir. «Je pense qu'être jumeau est un véritable bonheur», me dit-il, «parce que les jumeaux ont toujours quelqu'un qui a exactement le même niveau de développement; ils ont toujours un compagnon et c'est une chose merveilleuse que de pouvoir inventer des histoires, faire de la balançoire ou se promener dans les collines ensemble.»

Une jumelle monozygote d'une soixantaine d'années raconte: «Quand on se voit, ça me fait un choc. Quand elle descend de l'avion, c'est comme si je me voyais dans un miroir: c'est moi. On s'habille de façon similaire parce qu'on aime le même style. Je la vois, par exemple, parler avec les mains et je me dis: "Tu parles trop avec les mains ou tu parles trop vite."».

Je connais une jumelle monozygote de quatre-vingts ans qui se rappelle combien elle a souffert, jeune fille, parce qu'on les avait persuadées, elle et sa sœur jumelle, de choisir des voies différentes. Sa sœur est entrée au couvent directement après l'école secondaire. Cette femme mourait d'envie de suivre la même voie, mais avait l'impression de ne pas pouvoir le faire parce que c'était le choix de sa sœur. Elle termina l'université et entra elle aussi au couvent.

A mesure que les jumeaux vieillissent, ils se mettent à redouter la mort de l'autre.

«En vieillissant, on se met à craindre de plus en plus la mort de son jumeau», dit K. Cassill. «Même si l'on ne vit pas l'un près de l'autre, on ne peut s'empêcher de penser: "Que ferai-je quand je l'aurai perdu(e)?" La souffrance causée par la perte d'un jumeau est indicible.»

Néanmoins, l'idée que les jumeaux pourront probablement compter l'un sur l'autre tout au long de leur vie est

quelque peu réconfortante. Les jumeaux monozygotes ont généralement la même espérance de vie, à condition toutefois de
décéder de mort naturelle. Même les jumeaux dizygotes ont plus
de chances de rester tous deux en vie jusqu'à un âge avancé que
des frères et sœurs d'âges différents.

Comme le dit une mère de jumeaux: «Ma grand-mère
avait un frère jumeau. Ils étaient toujours très proches. Quand
ils perdirent leurs conjoints respectifs, ils décidèrent de voyager
ensemble. Ils moururent à un mois d'intervalle, à quatre-
vingt-seize ans. J'ai toujours pensé que leur relation avait quelque
chose de très particulier. Ils menaient des vies très indépendantes,
mais, à la fin, après la mort de leurs épouses et de la plupart de
leurs amis, ils ont pu compter l'un sur l'autre.»

CHAPITRE 15

Surmonter les crises

On peut dire que les jumeaux sont en quelque sorte un miracle. Les parents peuvent se sentir à la fois bénis et éprouvés compte tenu des circonstances particulières de leur conception, de l'excitation et de la joie qui ont entouré la naissance et des efforts héroïques qu'ils ont fournis pour venir à bout des premières années.

Les jumeaux naissent dans toutes sortes de familles. Certaines sont unies, prospères et fortunées. D'autres sont moins solides, disposent de moins de ressources ou traversent simplement une crise grave telle qu'un conflit conjugal, un divorce, la maladie ou le décès d'un jumeau, sans parler des problèmes liés aux jumeaux eux-mêmes.

Le présent chapitre sera consacré aux défis qui rendent l'éducation de jumeaux plus difficile, aux diverses pressions qu'une naissance multiple peut exercer sur la famille et à la manière dont la dynamique de la famille change en temps de crise. Nous verrons aussi ce que les parents peuvent faire pour résoudre des problèmes délicats.

CRISE FINANCIÈRE

La naissance de plusieurs enfants à la fois ne peut qu'avoir un impact très lourd sur le budget familial. Plus il y a de bébés, plus il y a de factures: les factures de l'hôpital et les dépenses en couches, le lait maternisé, l'aide ménagère, les vêtements, les soins médicaux et les frais de garderie.

Cette charge financière supplémentaire due à la naissance d'enfants multiples arrive souvent à un moment où les revenus du ménage diminuent. Les mères ont souvent dû s'absenter plus longtemps de leur travail; elles peuvent être incapables de retourner travailler aussi rapidement qu'elles l'auraient souhaité. Vu le coût plus élevé des frais de la crèche ou de la garderie pour deux ou plusieurs bébés, il est peut-être peu rentable de reprendre le travail.

Pour les familles qui connaissent déjà des difficultés financières, l'arrivée de plusieurs enfants peut être très pénible. Qu'il faille se serrer la ceinture ou que la famille traverse une véritable crise économique, les adultes et même les frères et sœurs aînés ne manqueront pas d'associer l'arrivée des bébés à ces restrictions. Dans ces moments-là, il faudra veiller, pour l'équilibre et le bien-être de tous, à éviter de blâmer les bébés ou de s'en servir comme boucs émissaires, car, après tout, ils ne sont pas responsables de la situation.

Il y a deux éléments dont il faut tenir compte dans ce genre de crise familiale: l'élément pratique – le coût financier qu'il vous faudra supporter – et l'élément émotionnel. Cette crise concerne l'arrivée de nouveaux bébés, de nouveaux membres de la famille. Vous aurez à tenir compte des sentiments et du bien-être émotionnel de tous les membres qui la composent.

Comment tenir le coup émotionnellement ?

Ce qui compte le plus, en l'occurrence, c'est le bonheur de la famille, la relation entre les adultes, et les bébés. La famille a besoin de rester soudée, ses membres doivent se soutenir mutuellement pour surmonter ces moments difficiles et s'entraider: rien ne sert de se laisser aller aux reproches, à la rancœur, à l'épuisement ou à l'abandon.

Parlez ouvertement à votre partenaire de la situation et de ce que vous ressentez. Il est naturel d'éprouver quelque amertume et ressentiment lors des circonstances qui sont à l'origine de ces difficultés. C'est notamment le cas si aucun des deux n'était enthousiaste à l'idée d'une naissance multiple. Le ressentiment peut alors se transformer en un sentiment de culpabilité, avoué ou non.

Une aide extérieure peut s'avérer nécessaire. Si les inquiétudes que vous avez s'aggravent, si vous avez l'impression de faire une dépression, d'éprouver une très forte colère ou une anxiété paralysante, demandez de l'aide. Ne laissez pas les soucis financiers prendre le dessus sur vos besoins affectifs; si votre assurance-santé ne couvre pas ces services, adressez-vous à des organismes caritatifs ou à un centre de soutien psychologique.

Parlez à vos autres enfants en fonction de leur âge. Expliquez-leur votre détresse et dites-leur que vous y faites face. Si vous prévoyez ensemble de vous serrer la ceinture, les enfants se sentiront peut-être moins menacés ou moins amers. «Maman va cesser de travailler pour pouvoir s'occuper des bébés», pourriez-vous dire à vos autres enfants. «Cela veut dire qu'on aura moins d'argent, qu'il faudra se serrer les coudes et trouver le moyen de faire des économies.»

N'oubliez pas que les problèmes financiers peuvent être surmontés avec le temps. Même s'il est difficile de vivre avec moins d'argent, vous parviendrez à vous en sortir si vous restez soudés.

Comment s'en sortir financièrement ?

C'est le moment de demander de l'aide à la famille, si c'est possible. Peut-être avez-vous un parent qui peut intervenir si peu que ce soit en attendant que les bébés soient plus âgés et que vous ayez récupéré. Vos amis et la famille peuvent aussi vous faciliter les choses en vous faisant don de provisions, de lait maternisé, de couches ou de matériel. Une famille que je connais s'en est sortie grâce au grand-père, qui pouvait obtenir des produits pour bébés à petit prix là où il travaillait.

Vu l'élargissement de la famille et votre situation professionnelle précaire, vous pourriez avoir droit à une aide publique.

Renseignez-vous auprès des services sociaux de l'hôpital où vos bébés sont nés.

Certaines familles peuvent envisager de déménager dans une région où le coût de la vie est moins élevé. Cela dit, il sera essentiel d'établir un budget rigoureux, de réduire les dépenses et d'acheter en faisant attention. Vous pourrez trouver des vêtements et des objets ménagers en bon état dans les ventes d'objets usagés, les magasins de seconde main et les boutiques d'occasion. Découpez les bons de réduction, achetez en gros et trouvez des magasins où vous pourrez trouver de la nourriture et des fournitures ménagères à prix réduits. Dans les magasins pour bébés, n'hésitez pas à demander si les jumeaux ou autres enfants multiples ont droit à des réductions. Cela ne coûte rien de demander.

Prenez contact avec des organisations de parents d'enfants multiples, qui vous fourniront des informations sur des magasins bon marché. Ces organisations prévoient souvent des marchés aux puces et des ventes de seconde main et ont une rubrique de petites annonces dans leur bulletin d'informations. Ce sont d'excellentes sources pour trouver des poussettes et autres équipements usagés.

Enfin, si vous envisagez de reprendre le travail, pesez soigneusement le pour et le contre. Les revenus générés par deux parents peuvent vite s'envoler quand on décompte les frais de la crèche pour des jumeaux, des triplés ou plus.

Il est parfois plus raisonnable d'un point de vue financier de rester à la maison tant que vos jumeaux sont petits. Vous pourrez réévaluer vos frais après quelques années, car ils diminueront avec le temps, la garde des bébés coûtant plus cher que celle d'enfants plus grands.

En revanche, si vos revenus nets vous permettent d'engager une gardienne à domicile et si le solde restant n'est pas énorme, il peut se justifier financièrement, notamment si vous tenez compte de la valeur d'une assurance de soins de santé et des autres avantages auxquels vous aurez peut-être droit en travaillant.

La décision n'est évidemment pas strictement financière. Si votre budget vous oblige à reprendre le travail, mais que vous redoutiez de laisser vos enfants et de trouver votre travail physiquement et psychologiquement épuisant, les avantages financiers pourraient ne pas être payants à la longue. Si cela vous rend heureuse, il peut valoir la peine de garder votre travail même si tout votre salaire passe en frais de crèche. Certains parents me disent qu'ils retournent travailler pour avoir un peu de repos: s'occuper de jumeaux à temps plein peut être si épuisant que la reprise du travail est le seul moyen de souffler. Dans la mesure où vous pouvez vous le permettre, prenez la décision qui vous plaira le plus, à vous et à votre famille.

FAMILLES MONOPARENTALES

Comme nous l'avons souligné tout au long de cet ouvrage, il est extrêmement difficile d'élever des enfants multiples. Qu'ils soient mariés ou non, les parents ont besoin de toute l'aide possible. Il va sans dire que nourrir toutes ces bouches, langer tous ces enfants et les éduquer est encore plus décourageant, lorsqu'on est seul à élever les enfants.

Que ce soit par choix ou parce qu'ils sont divorcés ou veufs, beaucoup de parents élèvent seuls des enfants multiples. Certains enfants sont encore adolescents. D'autres doivent se débrouiller seuls si un des parents doit s'absenter pendant de longues périodes pour raison professionnelle ou à cause du service militaire.

Nous avons demandé à plusieurs mères seules comment elles se sont débrouillées pour nourrir, vêtir, aimer et soutenir leurs enfants multiples.

Une mère que nous avons rencontrée s'est retrouvée seule quand son mari, incapable d'accepter l'idée de l'arrivée imminente de triplés, l'a abandonnée durant sa grossesse. Une autre mère était célibataire et avait déjà des enfants adolescents quand elle tomba enceinte. Elles nous ont dit avoir éprouvé les mêmes inquiétudes que connaissent tous les parents d'enfants multiples: comment faire pour que les bébés dorment toute la nuit, comment trouver assez de temps pour tous les bébés, comment veiller à la sécurité des nourrissons. Mais leurs principales inquiétudes étaient les suivantes:

• *Fatigue.* Voilà un thème qui est familier à tous les parents d'enfants multiples, notamment au cours de la première année. Mais quand un des parents est seul, la situation est encore pire. Et la fatigue s'accompagne de maladies: une véritable calamité dans les familles à enfants multiples monoparentales. Qu'advient-il des bébés quand leur maman a la grippe?

• *Problèmes financiers.* Les problèmes que nous avons mentionnés précédemment sont encore plus significatifs pour les parents seuls. Lorsqu'un des parents seul doit à la fois s'occuper des enfants et pourvoir aux besoins de la famille, les difficultés sont multipliées par dix.

• *Isolement.* Les parents seuls ont beaucoup de peine à maintenir le contact avec le monde extérieur, en particulier s'ils restent à la maison avec leurs bébés. Leur vie sociale est également quelque peu limitée. Lorsqu'un célibataire ne peut pas sortir et avoir une vie personnelle, il a du mal à entrer en contact avec les autres, à se faire des amis et à vivre une histoire d'amour. Ainsi l'isolement génère l'isolement.

En outre, un adulte seul doit gérer toutes les tensions émotionnelles de l'éducation sans avoir de partenaire avec qui les partager. C'est notamment le cas au cours des premières années quand les enfants sont encore trop petits pour offrir une véritable compagnie et pour converser.

Comment font ces mères? Elles ont toutes reconnu que la santé et la survie de leur famille dépendaient de leur capacité à mobiliser un système de soutien et à demander (et accepter) de l'aide. Comme nous l'avons répété à maintes reprises dans cet ouvrage, il est pratiquement impossible d'élever des enfants multiples sans aide extérieure. Cela vaut doublement ou triplement pour un des parents qui est seul à assumer cette tâche.

Si vous élevez seule des enfants multiples, vous devez faire en sorte de vous reposer suffisamment pour écarter tout risque de maladie. Le manque de sommeil est un réel écueil pour les parents d'enfants multiples, surtout au cours des premiers mois. Il l'est d'autant plus pour les mères seules. Quand on ne dort pas suffisamment, on devient plus sensible aux maladies, moins vigilant et moins efficace. On s'énerve plus facilement et on risque davantage d'exploser ou de punir sévèrement les enfants.

Accordez la priorité au sommeil et au repos. Quand les bébés dorment, dormez aussi; ne nettoyez pas la maison, ne vous attelez pas à d'autres tâches «constructives». Demandez à vos amis et à votre réseau de soutien de surveiller les bébés pendant que vous vous reposez. Les maladies banales sont une chose – les mères ont de tout temps survécu aux rhumes et aux grippes, mais il faut tout faire pour vous protéger des maladies graves, mentales ou physiques. Le cas échéant, demandez immédiatement de l'aide. Vos bébés ont besoin de vous à la maison, pas à l'hôpital.

Essayez de réduire votre impression d'isolement en demandant à vos amis et à votre réseau de soutien de venir vous rendre visite ou de surveiller les bébés pour que vous puissiez sortir de temps à autre. Parfois, il suffit d'avoir une poussette double ou une poussette et un porte-bébé pour pouvoir sortir avec ses bébés sans l'aide de personne.

Vous pouvez demander à un ami ou à un bénévole de surveiller les enfants pendant que vous prenez un bain. Vous pouvez vous faire masser par une amie et la masser en retour ou vous coiffer mutuellement de manière à avoir l'impression que vous donnez et recevez en échange. Vous pouvez inviter un autre parent et ses enfants à un barbecue ou à regarder une cassette vidéo. Vous pouvez demander à une amie de vous accompagner quand vous allez à la plaine de jeux ou au parc avec les enfants.

Le téléphone et les messages électroniques sont également de merveilleux moyens de combattre l'isolement. Vous pouvez chercher sur Internet – ou dans Cyber-café, si vous ne possédez pas d'ordinateur à la maison – d'autres parents qui se trouvent dans la même situation. Faites une recherche à «jumeau». Appelez par exemple la Fédération nationale «Jumeaux et plus, l'Association » et demandez-lui de vous mettre en contact avec une personne qui vit la même situation.

Outre votre système de soutien, il ne serait peut-être pas inutile de rechercher des organisations qui aident les parents à rester fonctionnels. Selon votre lieu de résidence, il pourra s'agir d'organisations communautaires, de programmes locaux de communautés religieuses. Un certain mombre d'entre eux fournissent de l'aide d'urgence, des services de garderie d'urgence, des conseils ainsi qu'une aide par téléphone vingt-quatre heures sur vingt-quatre. Vous pouvez également consulter les pages jaunes de l'annuaire téléphonique à «communauté», «famille» ou «ressources humaines».

Surtout ne craignez pas de demander de l'aide

J'ai récemment parlé à une mère célibataire enceinte de six mois et demi qui attendait des triplés. Elle a une fille de huit ans qui se réjouit de l'arrivée des bébés. Ceux-ci se portent bien, mais elle se demande comment elle se débrouillera pour aller acheter tous les vêtements et équipements dont elle aura besoin et comment elle paiera les trente couches journalières nécessaires selon ses calculs. Elle se demande aussi si son appartement, qui ne comporte qu'une seule chambre à coucher, pourra accueillir toute sa famille.

Lorsque je lui ai demandé si elle envisageait de mettre sur pied un réseau de soutien d'amis et de proches, elle m'a répondu: «J'ai du mal à me faire à l'idée de devoir demander de l'aide. Je suis indépendante. C'est un véritable bouleversement pour moi.»

Je lui ai dit que la plupart des gens hésitaient à demander de l'aide, en particulier quand ils s'en étaient passés pendant longtemps. Je l'ai vivement encouragée à prendre des dispositions immédiatement, avant l'arrivée des bébés, afin d'être dépannée par des amis pendant les premières semaines.

Elle a commencé à accepter l'idée quand je lui ai dit qu'elle se réjouirait d'aider une amie dans sa situation, en particulier si elle savait de quel genre d'aide elle aurait besoin.

Cette conversation lui a permis de comprendre qu'elle pouvait demander certaines faveurs pendant une courte période, voir ce qui fonctionnait et renégocier cette aide en fonction de ses besoins. Elle pourrait, par exemple, demander à sa sœur de venir l'aider le lundi et le mercredi soir après le travail, d'apporter un plat préparé et de surveiller les bébés pendant qu'elle dormirait trois ou quatre heures.

Elle décida de prendre contact avec sa paroisse pour savoir si elle pourrait bénéficier d'une aide bénévole et de chercher une adolescente dans le voisinage qui ferait du baby-sitting pendant quelques heures après l'école.

Je me souviens de l'appel d'une mère de triplés de deux ans. Son époux, qui était pilote, partait travailler dix jours d'affilée et la laissait s'occuper seule des enfants. L'hiver étant très rigoureux, elle ne pouvait pas sortir avec eux.

Chaque jour, elle attendait l'heure de la sieste avec impatience, le moment où elle et les bébés iraient dormir. Le jour où elle m'a appelée, elle s'était endormie, mais pas ses triplés. En silence, ils avaient arraché le papier peint d'un mur de leur chambre, sorti les plumes de leurs coussins et renversé du talc partout.

Quand elle ouvrit la porte de leur chambre, le courant d'air fit voler les plumes et le talc comme une tempête de neige. Quand elle vit ce capharnaüm, elle faillit perdre la tête. Elle ferma la porte et appela Twin Services. A mesure que nous parlions, elle commença à se détendre et se mit bientôt à penser au jour – probablement plusieurs années plus tard – où elle se souviendrait de l'épisode en riant.

La plupart des difficultés auxquelles sont confrontés les parents d'enfants multiples sont semblables à celles de cette mère: elles ne sont pas mortelles et n'impliquent pas de blessures graves pour les enfants. Elles sont interminablement frustrantes et épuisantes. Et pourtant, nous les surmontons.

De petites subventions qui permettent d'aller loin

Twin Services a sponsorisé un programme à l'attention des familles d'enfants multiples en crise depuis plusieurs années. Bon nombre de ces familles étaient monoparentales, et je fus impressionnée, à maintes reprises, par leur capacité à rassembler leurs forces et leur courage pour fournir à leurs enfants un foyer aimant en dépit des grandes difficultés.

Les subventions allouées par Twin Services étaient minimes mais les parents multipliaient l'impact de celles-ci par l'énergie et la créativité dont ils faisaient preuve pour utiliser ces fonds afin d'améliorer leur situation. En règle générale, une subvention de ce genre était accordée pour une période de trois mois pour payer une aide ménagère ou une gardienne pour les enfants.

Nos classeurs sont remplis de lettres de parents seuls qui s'en sont sortis grâce à ces petites subventions. Même si ce programme n'est plus financé, les leçons que nous en avons tirées restent valables: les parents seuls ont de temps en temps besoin d'un soutien financier, mais ils ont aussi besoin de reconnaissance, c'est-à-dire d'avoir l'impression que leurs efforts sont reconnus et soutenus.

En fin de compte, les parents seuls peuvent élever des enfants multiples et le faire brillamment. Dans certains cas, ils considèrent que leur vie familiale est plus satisfaisante qu'elle ne l'aurait été s'ils avaient dû vivre une relation tendue avec un autre adulte.

Divorce

Après ce que l'on vient de dire, il ne fait aucun doute qu'élever des jumeaux est plus simple lorsque la famille compte deux parents dévoués. Mais les parents d'enfants multiples se séparent et divorcent aussi, et cette situation pose non seulement des difficultés d'organisation, mais aussi des problèmes d'ordre émotionnel qui doivent être résolus tant pour le bien des parents que dans l'intérêt des enfants.

Bien qu'une séparation soit souvent le résultat de problèmes qui ne sont pas liés aux jumeaux, la naissance – ou la naissance prématurée – d'enfants multiples peut exercer une incroyable pression sur un couple déjà en difficulté.

Souvent, l'annonce de la naissance imminente de jumeaux est si affligeante qu'elle désunit des ménages, notamment quand l'un des futurs parents ne veut pas d'enfants ou n'en veut plus d'autres.

Parfois, la séparation est accélérée par des actes violents commis au sein de la famille ou par une tension extrême due aux difficultés que suppose la garde de jumeaux prématurés. Les pleurs à n'en plus finir, le cycle ininterrompu des soins à prodiguer, le manque de sommeil et l'absence de temps pour se consacrer l'un à l'autre peuvent poser un problème insurmontable pour un couple. Il en est parfois de même lorsque les enfants multiples souffrent de handicaps nécessitant des soins intensifs.

Il peut aussi arriver que la perte d'un ou de plusieurs bébés perturbe fortement le couple et que les parents soient incapables de communiquer ou de se consoler mutuellement.

Au cours d'une semaine mémorable, nous reçûmes les appels de deux pères dont les épouses débordées les avaient quittés, eux et leurs jumeaux nourrissons. Nous n'avons pas pu faire grand-chose pour résoudre leur crise familiale, mais nous les avons mis en contact l'un avec l'autre pour qu'ils se soutiennent mutuellement.

En cas de divorce ou de séparation:
• Parlez de la situation aux enfants en fonction de leur âge. Les très jeunes enfants n'ont pas besoin de connaître les détails des difficultés des adultes, mais ils doivent savoir qu'il y a un problème, que vous faites tout pour le résoudre et que vous continuerez à prendre soin d'eux. Expliquez-leur qu'ils n'ont rien à voir avec le divorce. Ce

conseil vaut pour toutes les situations de divorce, car les enfants peuvent craindre d'être la cause de la séparation. Dans les familles à enfants multiples, les enfants qui sont assez mûrs peuvent comprendre que leur arrivée a provoqué une tension et exercé une pression sur la famille. Ils courent plus que d'autres le risque de se sentir responsables.

• Demandez à d'autres adultes de continuer à vous aider à soutenir vos enfants: grands-parents, parrains et marraines, tantes, oncles, amis, instituteurs, toute personne en qui les enfants ont confiance et sur qui ils peuvent compter dans ces moments difficiles.

• Trouvez un service d'assistance familiale qui soit sensible à la dynamique gémellaire et qui puisse aider vos enfants à exprimer leurs peurs, les rassurer et leur garantir que tous les couples ne sont pas condamnés à se séparer. Les jumeaux sentent que leur relation est celle d'un couple et qu'elle est en quelque sorte équivalente à la relation de leurs parents. Ils pourraient craindre que leur couple ne périclite à l'image du vôtre. Tout au long de cet ouvrage, nous avons parlé du respect de la relation gémellaire; il est dès lors important de faire preuve de délicatesse dans vos discussions et vos décisions sur le droit de garde et de visite.

Le problème de la garde dans les familles multiples

Qui aura les enfants? C'est une question essentielle lorsqu'un couple se sépare et c'est particulièrement pénible lorsque les parents ne s'accordent pas sur ce qui est dans l'intérêt de leurs enfants. Par le passé, la garde des jumeaux était parfois partagée entre les ex-époux parce qu'on supposait que les enfants pouvaient être répartis comme l'argenterie de la famille à la satisfaction de tous.

Mais dans la plupart des cas, il est préférable que les jumeaux restent ensemble. Fort heureusement, les données en notre possession indiquent qu'il s'agit de la pratique la plus courante.

Un couple que je connais a vécu un divorce douloureux alors que leurs jumelles monozygotes avaient huit ans. Les parents réfléchirent soigneusement à l'impact que ce divorce aurait sur leurs filles et décidèrent que chacun aurait, à tour de rôle, un des enfants pendant trois jours.

Au début, les parents évoquaient leur bonheur de passer du temps seuls avec chacune de leurs filles. Mais leur arrangement commença à battre de l'aile. Le fait de changer de maison tous les trois jours était pénible pour tous et en particulier pour les enfants. Les jumelles n'étaient presque jamais ensemble et commencèrent à souffrir de leur séparation. Progressivement, la famille décida que les filles resteraient ensemble et passeraient de plus longues périodes chez un de leurs parents puis chez l'autre. Cette décision donna aux enfants une impression de plus grande sécurité, et les parents purent passer plus de temps seuls pour s'adapter à leur statut de célibataire.

Le mieux à faire est de parler aux enfants (toujours en fonction de leur âge), de les rassurer et de prendre ensemble des dispositions souples concernant la garde, qui conviennent aux besoins des enfants et qui puissent être adaptées à mesure que ces besoins changent.

Si les jumeaux restent ensemble, ils se serviront peut-être de leur relation pour se réconforter. Cette relation peut en quelque sorte consoler les enfants du chagrin qu'ils éprouvent à cause du divorce.

PERTE D'UN JUMEAU

Rien n'est plus déchirant que la perte d'un enfant. Qu'elle survienne en début de grossesse, à la naissance ou quand l'enfant est plus âgé, elle est peut-être le pire malheur qui puisse arriver dans une vie. Dans les grossesses multiples, où les naissances prématurées sont plus courantes, le risque de perdre un ou plusieurs bébés est plus fréquent. Il peut s'agir d'une fausse couche, de la réduction embryonnaire d'un ou de plusieurs fœtus, de la perte d'un fœtus durant la grossesse et de la survie des autres ou de la perte de tous les bébés. Il se peut aussi qu'un ou plusieurs bébés meurent à l'hôpital ou, plus tard, de mort subite.

Les parents qui ont vécu l'une de ces situations nous rappellent toujours que le deuil d'un enfant est très cruel et tout à fait personnel. En effet qui pourrait mesurer l'ampleur du chagrin, la reconnaissance d'avoir un bébé en bonne santé ou la durée du deuil?

Les grossesses multiples donnent inévitablement lieu à des situations où le chagrin se mêle à la culpabilité plus étroitement que dans les grossesses simples. Une grossesse simple peut être interrompue pour des raisons médicales ou se terminer par une fausse couche. Mais, dans une grossesse multiple, les parents peuvent avoir à décider du nombre d'embryons à épargner. Un ou plusieurs bébés pourraient être en bonne santé et un autre souffrir d'un grave handicap.

La réduction embryonnaire suscite de nombreuses interrogations chez les parents. Elle est généralement conseillée afin de sauver un ou plusieurs embryons quand le nombre de bébés multiples est élevé, habituellement des triplés ou plus. Ce terrible dilemme se pose souvent à la suite d'un traitement contre la stérilité où les bébés multiples ont été conçus ou implantés après une fécondation *in vitro*.

J'ai récemment reçu l'appel d'un futur père anxieux, désireux de connaître les risques de santé qui guettent les jumeaux et les triplés. Il m'expliqua que son épouse avait déjà fait une fausse couche et qu'ils avaient de nouveau en recours à la fécondation *in vitro*.

Il me dit que trois ovules fécondés avaient été implantés et qu'il avait dû se battre contre le médecin et son épouse pour s'en tenir à trois. Il essayait d'obtenir un maximum d'informations pour prendre une décision en toute connaissance de cause au cas où une réduction embryonnaire serait conseillée. «Je sais que, de nos jours, on peut faire des merveilles pour les petits bébés, mais j'ai peur, s'il s'agit de triplés, d'avoir trois bébés malades.»

Parfois, les parents ne parlent pas de cette décision à leur entourage. Cela les isole sur le plan émotionnel et peut aggraver leurs difficultés. Il est vraiment dommage qu'une technologie médicale aussi sophistiquée mette les parents dans une telle situation où, parfois livrés à eux-mêmes, ils sont contraints de prendre ce genre de décision sans soutien psychologique adéquat.

La perte d'un jumeau peut être compliquée par la survie d'un ou de plusieurs bébés, qui méritent d'être fêtés. Je ne peux imaginer situation plus éprouvante que des parents appelés à pleurer la perte d'un ou de plusieurs bébés tout en se faisaient du souci pour les survivants et en les fêtant.

J'ai beaucoup appris sur la situation poignante d'un couple qui avait perdu un de leurs jumeaux à la naissance. Le père s'efforça de soutenir le bébé survivant. Il apporta beaucoup de réconfort au bébé et encouragea ses frères et sœurs à le prendre souvent dans leurs bras, car «son jumeau lui manquait».

La mère me dit qu'elle profitait des moments où ses autres enfants étaient à l'école pour pleurer la mort de son bébé et qu'elle séchait vite ses larmes quand elle entendait le bus scolaire qui les ramenait à la maison l'après-midi.

Perte d'un jumeau durant l'enfance ou l'adolescence

Plus tard, durant l'enfance, la perte d'un jumeau est déchirante pour toute la famille. Le jumeau survivant doit, quant à lui, surmonter la perte d'un partenaire privilégié. Il peut éprouver à son égard du ressentiment et puis culpabiliser. Au chagrin se mêle le souvenir des bons et des mauvais moments.

J'ai récemment entendu l'histoire de deux jumelles de douze ans qui traversaient la rue, main dans la main, quand l'une d'elle fut renversée et tuée par une voiture. Aujourd'hui, deux ans plus tard, la famille et la jumelle survivante cherchent encore des conseils et de l'aide pour surmonter ce drame.

Bien qu'il puisse être difficile de trouver des conseillers compréhensifs, je recommande vivement de tout mettre en œuvre pour trouver de l'aide pour toute la famille. Nous avons beaucoup appris, au cours des vingt dernières années, sur la nature du processus de deuil. Cela vous fera du bien à vous et à vos enfants survivants d'entendre d'autres familles parler de la manière dont elles continuent à commémorer le souvenir de leur enfant mort.

Dans ses mémoires intitulés *Les cendres d'Angela*, Frank McCourt parle de la mort de ses frères jumeaux de trois ans. Le premier mourut d'inanition et le second mourut six mois plus tard pour avoir attendu en vain le retour du premier. Malgré la souffrance inhabituelle de cette famille en raison de son extrême pauvreté, cette histoire illustre le lien très fort qui unit les jumeaux.

La plupart des jumeaux qui perdent un jumeau survivent, mais éprouvent un énorme chagrin et courent le risque de souffrir toute leur vie si on ne leur vient pas en aide.

Une étude réalisée sur des jumeaux survivants a mis en évidence que l'intensité du chagrin dû à la perte d'un jumeau était plus grande chez les jumeaux monozygotes que chez les dizygotes et plus grande même que pour la perte de la mère, du père ou d'un autre parent proche.

Les parents doivent relever un double défi: gérer leur propre deuil et, parallèlement, aider le bébé ou l'enfant survivant. Il est particulièrement pénible, dans le cas de jumeaux monozygotes, de voir à travers le visage de l'enfant survivant celui de l'enfant mort.

Pendant ce temps, les parents doivent faire face à des condoléances bien intentionnées mais inappropriées. Il arrive même que le personnel de l'hôpital écarte le sujet de l'enfant mort et ignore le besoin qu'ont les parents de parler de cette perte.

Surmonter son chagrin

Jean Kollantai, fondatrice et directice du Center for Loss in Multiple Birth, a trouvé un moyen de réconforter les parents en les mettant en contact avec des familles ayant subi une perte de ce genre. Le bulletin d'information du CLIMB permet aux parents de raconter leur histoire et de commémorer la mort de leur(s) enfant(s).

Elle dit: «Le tout est de guérir d'une perte très pénible et de la surmonter. Vous avez eu un bébé qui est mort. Cherchez à savoir ce que cela représente pour vous. Cherchez de l'aide auprès de différentes associations. Il se peut que, soudain, des gens que vous croyiez vos amis ne le soient plus... parce qu'ils ne comprennent pas ce que vous vivez. Trouvez des personnes et une association où vous puissiez parler de ce que cet enfant représentait pour vous. Avec le temps, votre blessure se cicatrisera et vous serez capable de vous occuper de votre enfant survivant sans lui imposer vos sentiments.»

Pour accepter votre chagrin, tenez compte des conseils suivants:

• Autorisez-vous à admettre le chagrin que vous éprouvez et à pleurer le temps qu'il faudra.

• Si le décès survient à la naissance du bébé, donnez-lui un prénom. Faites en sorte de voir et de tenir le bébé dans vos bras après sa mort. Demandez (exigez, le cas échéant,) toutes les informations médicales concernant le décès.

• Informez-vous sur le processus du deuil. Essayez de comprendre que les gens ne vivent pas tous un deuil de la même manière ni au même rythme. Pour certains, une période de repli et de méditation est nécessaire; pour d'autres, c'est la parole qui apporte le plus de réconfort. D'aucuns retournent à leur routine familiale et à leur vie de tous les jours; pour certains, un retour à la vie normale est impossible pendant quelque temps.

• Admettez et acceptez que vous et votre partenaire gériez votre chagrin différemment. Il peut arriver qu'un des parents ait l'impression que l'autre ne le comprend pas ou qu'il se sente injustement critiqué s'il continue à vivre son deuil tout seul. Il est important de ne pas laisser ces différences se transformer en désaccord au sein du couple.

• Résistez aux pressions exercées par des parents et amis bien intentionnés qui vous poussent à reprendre le cours normal de votre vie alors que vous ne vous en sentez pas encore capables. Ils ne savent peut-être pas quoi dire, soyez-en conscients, et peut-être ne diront-ils rien. Le bébé et son décès seront peut-être passés sous silence. Vous aiderez tout le monde si vous comprenez que cette attitude est due à l'inquiétude que suscite votre chagrin, et la plupart de vos proches réagiront avec gentillesse si vous pouvez leur expliquer le genre de soutien dont vous avez besoin.

Aider l'enfant survivant

Que l'enfant survivant soit très jeune ou plus âgé, il ou elle souffrira de cette perte. En plus de votre chagrin, vous aurez à soulager la peine d'une autre personne dans toute la mesure de vos moyens.

• Si votre enfant perd son jumeau durant la prime enfance, son besoin de contact physique et de réconfort sera encore plus grand qu'il le serait chez d'autres enfants, du fait qu'il aura perdu la présence physique de son jumeau. A mesure qu'il grandira, racontez-lui l'histoire de son jumeau. La plupart des enfants veulent savoir.

• Quel que soit l'âge de l'enfant, faites-lui clairement savoir que, malgré votre peine, vous le considérez comme un individu à part entière et non comme une pièce d'un ensemble «brisé».

• Si le décès survient quand les enfants sont plus âgés, il est important d'aider l'enfant survivant à se souvenir de son jumeau. Gardez des photos de l'enfant et racontez vos souvenirs.

• Résistez à la tentation de surprotéger l'enfant survivant. Le taux de décès infantile n'est pas plus élevé chez les jumeaux que chez les enfants uniques. La mort subite du nourrisson peut néanmoins être un facteur de risque pour un enfant dont le jumeau est décédé de la sorte (nous avons parlé des précautions à prendre au chapitre 6). Il n'est pas rare qu'un des deux parents ou les deux restent continuellement auprès de l'enfant, craignant de le perdre.

Il peut aussi arriver qu'un des parents rejette l'enfant survivant parce qu'il est le reflet vivace de sa douleur.

• Sachez que vos sentiments de surprotection sont normaux et qu'ils s'atténueront avec le temps. A mesure que vos enfants survivants deviendront plus robustes, votre anxiété diminuera.

• Préparez-vous et préparez vos enfants à répondre aux questions qui leur seront posées sur l'enfant mort. Beaucoup d'enfants sont, selon toute apparence, des jumeaux ou des triplés, mais, en réalité, ils sont les survivants de triplé(e)s, quadruplé(e)s ou quintuplé(e)s. La question «Etes-vous jumeaux?» le leur rappellera constamment. Il est préférable qu'ils soient préparés et sachent comment répondre à ce genre de questions. Il est peu probable qu'il(s) ai(en)t envie de parler des détails les plus poignants de leur histoire à des inconnus, mais peut-être voudront-ils parler de leur(s) jumeau(x) mort(s) à des amis proches.

• Essayez de ne pas imposer votre deuil à votre enfant survivant. Adaptez vos sentiments à ses besoins. Il est bon pour un enfant d'être au courant de la mort de son jumeau, mais il ne devrait pas se sentir obligé de la commémorer.

Les blessures se cicatrisent

Le chagrin d'avoir perdu un enfant ne disparaît jamais entièrement, mais le deuil – s'il peut faire son œuvre – transforme la douleur. Progressivement, les sentiments les plus douloureux s'apaisent. L'angoisse se transforme en souvenirs poignants qui font partie des joies et des peines de la vie.

Comme le dit J. Kollantai: «Quand votre enfant survivant fêtera son troisième ou quatrième anniversaire, vous serez tristes, mais vous vous serez habitués et vous aurez trouvé le moyen de surmonter votre chagrin. Cela ne veut pas dire pour autant que tout sera terminé. Vous saurez que vos sentiments sont normaux et que vous faites de votre mieux. Vous vous serez adaptés au processus complexe du deuil.»

Les parents nous disent qu'il est possible de se souvenir de l'enfant mort avec tendresse tout en laissant les enfants survivants continuer à vivre leur vie.

Une mère raconte, dans un bulletin d'informations sur les naissances multiples, comment sa famille se souvenait d'une jumelle qui avait succombé à la mort subite. «Pour commémorer le troisième anniversaire de sa mort, une de mes amies acheta un nouveau livre racontant l'histoire de deux petites filles et en fit don à notre bibliothèque locale en mémoire de ma fille. C'était un cadeau magnifique et, à mon tour, j'ai fait de même pour une autre amie. Ma sœur aînée fait un don chaque année à la fondation pour la mort subite du nourrisson et m'appelle. Ce sont probablement ces marques de sympathie qui me touchent le plus. Il y a aussi des personnes qui ne l'ont jamais vue et qui me montrent qu'elles se souviennent d'elle, contribuant ainsi à garder son souvenir vivace.»

Une autre mère se fait cette réflexion: «Aujourd'hui, maintenant que cinq années se sont écoulées, je suis soulagée en pensant au chagrin que j'ai éprouvé la première année et à mes efforts pour avoir un autre bébé. D'un autre côté, je suis triste quand je pense à ce qu'aurait pu être ma vie. Ma vie est bien remplie. J'ai un enfant de cinq ans très actif et j'attends un bébé pour le début de l'année prochaine, mais je me demande ce que ce serait si je devais élever des triplés.»

JUMEAUX HANDICAPÉS

Le risque de handicap est, comme nous l'avons dit, beaucoup plus élevé – deux fois plus élevé, en réalité – pour les enfants multiples que pour les enfants uniques. Ce risque est dû en partie à la prématurité, qui est fréquente, mais parfois aussi aux tensions qu'implique une vie intra-utérine partagée.

Ici encore, le chagrin qu'éprouvent les parents d'un enfant handicapé est compliqué par la relation gémellaire: tous les bébés peuvent avoir le même handicap, différents degrés du même handicap ou différents handicaps. Un jumeau peut être en bonne santé et l'autre handicapé.

Quelle que soit la situation, les parents doivent surmonter leur tristesse et leur sentiment de culpabilité et, parallèlement, faire ce qu'il y a de mieux pour leurs enfants, dont les besoins peuvent être très différents.

Bien qu'un grand nombre de handicaps soient manifestes à la naissance, certains peuvent apparaître plus tard durant l'enfance. Quel que soit le moment où le diagnostic est posé, le fait d'apprendre que les bébés souffriront d'un handicap pendant toute leur vie est une nouvelle insoutenable.

De nombreuses informations sont disponibles sur les divers handicaps existants et sur les difficultés d'élever des enfants handicapés. Les parents doivent non seulement chercher de la documentation à ce sujet et essayer d'obtenir des aides, mais aussi faire des projets à long terme pour leurs enfants. Vous trouverez des informations et des conseils précieux auprès de l'organisation nationale qui s'occupe du handicap que présente votre enfant. Les associations de parents d'enfants multiples pourront également vous être utiles et vous mettre en contact avec d'autres parents qui se trouvent dans la même situation.

Voici quelques points dont il faut tenir compte:

• Les parents de bébés handicapés peuvent souffrir d'isolement si les autres les évitent ou refusent de reconnaître leur malheur.

• Un problème peut être diagnostiqué dès la naissance ou plus tard chez des enfants qui semblent normaux. Il est important que les parents s'adressent au pédiatre s'ils soupçonnent une éventuelle anomalie.

• Ici encore, la surprotection est une réaction dont les parents doivent être conscients et qu'ils doivent contrôler.

• Même lorsque le bébé survit, les parents doivent pleurer la perte de l'enfant «parfait».

• L'enfant handicapé a besoin d'informations sur son handicap et doit être encouragé à profiter pleinement de ses capacités.

Aider l'enfant en bonne santé

Je me souviens de l'histoire d'une mère de jumeaux de trois ans, une fille en bonne santé et un garçon présentant un grave handicap. Dès l'âge de cinq mois et pendant les deux années qui suivirent, le garçon fut hospitalisé à plusieurs reprises, ce qui affligeait sa sœur. Elle pleurait davantage et piquait des colères pendant les périodes d'hospitalisation de son frère.

La grand-mère fit remarquer que sa petite-fille avait du mal à vivre cette séparation. Tenant compte de sa remarque, les parents se mirent à prêter attention aux besoins de la fillette. «Au premier signe d'affliction, nous lui parlions des objets, des jouets, du lit de son frère; nous lui disions que nous l'aimions et qu'il reviendrait vite à la maison. A chaque fois, nos paroles l'apaisaient.»

Le jumeau en bonne santé a besoin d'être rassuré continuellement et différemment à mesure qu'il grandit. Il voudra probablement savoir s'il est responsable des problèmes de son jumeau handicapé, si le handicap n'est pas «contagieux» et si la famille continuera à prendre soin des deux enfants quoi qu'il advienne.

Voici quelques conseils de Rachel Biale, assistante sociale:

• Rendez-vous compte de la nécessité de vous adapter à chaque fois que l'enfant en bonne santé atteindra une nouvelle étape de sa maturité physique, comme marcher, par exemple.

• Aidez votre enfant handicapé à comprendre la nature de son handicap. Aidez-le à surmonter son chagrin et à accepter ses limites, comme vous le faites vous-même.

• Encouragez votre enfant à travailler ses capacités, d'une part, et à reconnaître ses limites, de l'autre. Trouvez un équilibre entre les deux. Si les limites sont minimisées ou ignorées, les enfants peuvent tous deux considérer le handicap comme une forme de punition.

• Encouragez votre enfant en bonne santé à être compatissant et gentil, mais rappelez-lui qu'il ne doit pas pour autant limiter son épanouissement en fonction des capacités de son jumeau handicapé.

• Admettez la possibilité d'un soutien mutuel si les deux enfants sont handicapés.

Selon un psychothérapeute, il arrive que, dans les familles qui comptent un enfant en bonne santé et un enfant handicapé, le jumeau en bonne santé ait moins de contact avec sa mère et et noue des liens plus étroits avec son jumeau handicapé. Dans ce cas, la mère pourrait aggraver la situation en espérant que le jumeau en bonne santé s'occupera de l'autre. Ce thérapeute conseille vivement aux parents d'un jumeau handicapé de s'autoriser à pleurer l'enfant parfait qu'il aurait pu être et de s'efforcer de réduire la pression qu'ils exercent sur l'enfant en bonne santé pour qu'il prenne soin de l'autre.

Très souvent, même dans les situations les plus difficiles, les familles font face à l'adversité de manière à permettre à leurs enfants de s'épanouir. Je me souviens d'avoir rendu visite à une famille où l'un des jumeaux monozygotes était en bonne santé et l'autre gravement handicapé. J'étais assise dans la salle à manger avec les deux garçons de trois ans et leur mère. Ceux-ci jouaient gaiement, le garçonnet en bonne santé faisant rouler son camion sur le visage de son frère. L'enfant handicapé venait de subir une intervention chirurgicale, mais leur mère, bien que vigilante, n'était ni triste ni trop protectrice. Elle aimait ses enfants tels qu'ils étaient, handicapés ou non.

Et les garçonnets, qui se roulaient joyeusement par terre comme des oursons, se sentaient bien dans leur peau et étaient heureux ensemble.

Chapitre 16

Vive la gémellité

Dès la conception, les soins que vous devrez prodiguer à vos jumeaux et autres enfants multiples mettront à mal vos ressources matérielles et personnelles et requerront une réponse créative à leurs besoins spécifiques. J'espère que le présent ouvrage vous aidera à surmonter les tensions et à profiter des joies qui accompagnent une naissance gémellaire.

Les informations données ici le sont à titre de conseils et non d'instructions. Vous et votre famille êtes des personnes en chair et en os et votre existence n'est pas réglée en fonction de statistiques. J'espère que vous en savez désormais davantage sur l'art d'élever des jumeaux et que vous pourrez appliquer vos connaissances à votre situation personnelle et à vos enfants.

Que vous soyez de jeunes parents qui apprenez à connaître les rouages de l'unité de soins néonatals intensifs et à vous occuper de vos nouveau-nés prématurés, ou une mère célibataire cherchant de l'aide, ou encore que vous observiez, intriguée, vos enfants de six ans qui jouent à faire semblant ou que vous arbitriez les disputes de vos adolescents de treize ans, vous êtes de la race des intrépides. Nous, parents d'enfants multiples, avons beaucoup de chance, mais, pendant la grossesse et au cours de l'enfance et de l'adolescence de nos enfants, nous devons nous aussi explorer de nombreux domaines qui ne l'ont jamais été auparavant.

Ce n'est pas évident de suivre un traitement contre la stérilité en espérant mettre au monde un enfant en bonne santé et de se retrouver les bras pleins de bébés prématurés; de mener sa grossesse à terme et de donner le jour à des enfants multiples qui seront confiés à un système médical qui semble préférer l'intervention technique et les traitements d'urgence aux soins préventifs; d'allaiter vos enfants multiples quand les infirmières et les médecins eux-mêmes essaient de vous en dissuader; d'accueillir et de nourrir tous ces enfants sans perdre votre équilibre et tout en gardant votre emploi; de donner à chaque enfant ce dont il a besoin quand il en a besoin; de soutenir la relation gémellaire en fonction de l'âge de vos enfants ou de décider de leur placement scolaire compte tenu de leurs besoins individuels.

Mais vous pouvez y arriver à l'instar des 52 000 familles américaines qui, chaque année, donnent naissance à des jumeaux. Elles éprouvent parfois certaines difficultés, mais élèvent leurs jumeaux avec humour et avec joie et dans l'espoir que leur vie sera toujours enrichie par cette amitié particulière.

Comme le disait une mère de deux paires de jumeaux: «Ils ne sont pas uniquement des jumeaux: ils sont bien plus que cela. Ils ont des psychologies individuelles incroyables et chacun est capable de faire ce qu'il veut.»

La mère d'une paire garçon-fille de six ans s'exprime en ces termes: «Je veux absolument qu'ils conservent une partie, ne serait-ce qu'infime, de leur relation, non pour qu'elle les empêche de vivre leur vie, mais parce que je souhaite qu'ils bénéficient leur vie durant d'un lien, d'une relation tout à fait particulière.»

Et un père de jumeaux de seize ans d'ajouter: «J'espère en secret qu'ils choisiront la même université.»

Quant à moi, je nourris l'espoir qu'un jour les parents de jumeaux disposeront d'autant d'informations que les autres parents sur la manière d'encourager le développement physique et psychologique de leurs enfants. Je pense qu'un jour nous finirons pas comprendre combien l'observation de la vie des jumeaux peut nous apporter des informations sur nous-mêmes. Les jumeaux doivent gérer une dualité à laquelle les autres ne sont pas confrontés. Leur relation est tel un pas de deux qu'ils dansent de la naissance à la mort. La plupart d'entre nous ne connaissent d'étroites relations à deux qu'après dix ou vingt ans d'existence solitaire. Ne pourrions-nous pas tous profiter de l'expérience des jumeaux, qui, en naissant ensemble, forment un couple dès le départ?

J'espère que, vous aussi, vous ferez en sorte de faire progresser la compréhension et la conscience des problèmes qui touchent les enfants multiples et leurs familles. J'espère que vous encouragerez les actions et multiplierez les gestes en faveur des enfants multiples. De nombreux parents consacrent du temps et apportent leur contribution bénévole aux groupes ou associations locales de soutien aux parents, rédigent des bulletins d'information ou collectent des vêtements et du matériel pour les vendre sur les marchés aux puces.

Surtout, lorsque vous passerez vos jours et vos nuits à vous occuper de vos enfants, j'espère que vous n'oublierez pas quelle bénédiction ils sont pour vous et la chance qu'ils représentent l'un pour l'autre.

J'ai parlé à une mère de jumeaux de dix-huit ans dont les propos m'ont fait voir la gémellité sous un jour nouveau. Elle évoque son héritage chinois pour nous livrer cette réflexion sur la relation entre son fils et sa fille:

«J'espère qu'ils connaissent la créativité et le plaisir que l'on éprouve en découvrant les réactions de l'autre, avec lequel ils ont toujours vécu; alors que les enfants nés séparément ont tant de peine à se rapprocher du sexe opposé. Les Chinois ont un symbole du bien qui incorpore les principes mâle et femelle – le yin et le yang –, et c'est pourquoi notre famille a toujours considéré cette complémentarité comme une richesse.»

Annexe

Fédération Jumeaux et plus, l'Association

28, place Saint-Georges
F - 75009 Paris
Tél : 01 44 53 06 03
Fax : 01 44 53 86 23
Email : infos@ jumeaux_et_plus.assoc.fr

La Fédération nationale «Jumeaux et plus, l'Association » est une fédération d'associations départementales françaises regroupant des parents de jumeaux, de triplés, de quadruplés. Elle comprend 9000 familles adhérentes, réparties dans 64 associations départementales.

Buts et objectifs de la Fédération :

• Entraide morale et matérielle des familles d'enfants issus de naissances multiples.

• Représentation auprès des pouvoirs publics et des organismes sociaux départementaux et nationaux.

Multiples

Le magazine des jumeaux, triplés, quadruplés et plus, de leurs parents, de leur entourage et des familles nombreuses. Bimestriel gratuit.

Multiples - c/o Cyrille Cahouzard,
Bâtiment 800, Résidence des Eaux vives
F-91120 Palaiseau
Email : paulimc@infonie.fr

Jumeaux_info.com

Le site francophone des parents à naissances multiples et des adultes, jumeaux, triplés, quadruplés, quintuplés et plus.

Le doyen du site français d'information et d'entraide aux parents.

Pleucadenc : le village des jumeaux

Chaque année, le 15 août, a lieu le rassemblement de jumeaux à Pleucadenc, dans le Morbihan.

Imprimé par G. Canale & C. S.p.A. en Italie
ISBN : 2-501-03296-9
D.L. février 2000/0099/027